中華譯學任重道宇与

以中華為根　譯與學并重
弘揚優秀文化　促進中外交流
拓展精神疆域　驅動思想創新

丁酉年冬月許鈞撰　羅衛東書

中华译学馆·出版史系列

HARVARD
UNIVERSITY PRESS
A HISTORY

哈佛出版史

〔美〕马克斯·豪尔 / 著

李广良　张　琛 / 译

ZHEJIANG UNIVERSITY PRESS
浙江大学出版社

中译本序

中国出版协会常务副理事长　邬书林

　　中外出版界出版过众多反映其他行业和机构历史的图书,但是相对而言,关于出版业和出版社本身历史的图书则显得较少,而介绍某一家大学出版社发展史的书更是凤毛麟角。这也许是由出版人不那么喜欢过多地谈论自己,信奉甘为他人做嫁衣的传统所致。这对于出版界乃至知识界来说都是一种缺憾。因此,在出版业日益发展,信息技术的不断进步使出版的存在价值面临挑战之时,翻译出版《哈佛出版史》这部反映全球著名大学出版社——哈佛大学出版社发展历程的书,可谓恰逢其时,难能可贵。

　　在这部历史中,作者以严谨的科学态度,用翔实的史料,忠实记录了出版社创办、发展过程中所经历的矛盾、挑战和重要事件,深入讨论了办好大学出版社应当处理好的几个重要关系和问题,值得我国大学和大学出版社研究借鉴。

　　高远的文化立意和创办宗旨,是大学出版社安身立命、长治久安和存在价值的根本。哈佛大学出版社是这样定位的:"哈佛大学出版社首先是为了出版高水平学术著作而创立的,它旨在通过广泛发行全世界最重要学者的作品来推动知识进步。它还通过印刷大量系列出版物来帮助及时传播原创的研究成果。但是,它并没有计划与商业出版社竞争,因为它的主要功能并不是出版发行有利可图的书籍。"①无独有偶,先于哈佛大学出版社成立的普林斯顿大学出版社在宗旨中也明确:"普林斯顿大学出版社的使命是成为大学功能的拓展与延伸,向世界传播学术思想,在作者与读者之间架起交流的桥梁。"②不论在平时还是战时,不论经济宽裕还是财务困难,哈佛大学出版社都始终秉持其宗旨。我想这是该社能获得作者和读者信任的根本所在。

处理好与母体大学之间的关系是保证大学出版社繁荣发展的关键。读完此书,我们可以发现,哈佛大学出版社繁荣发展的最好时期,往往是学校和校长重视,学者和校友关心支持,社长得力,编辑专业,由此形成合力的时期。这里有以下几个关键点。一是大学成立权威的出版社理事会。理事会由副校长主持,若干著名学者和出版社社长参加,决定大学出版社的重大事项,包括任命社长,审定重要书目,给予财务、办社场所等方面的支持。二是大学和大学出版社共同确定出书标准。大学出版社善于运用理事会、同行评议等,在机制层面制定出书标准。我们在本书中可以读到这样的表述:"不仅要出于财务的考虑,而且要出于学术的理由。如果被学位论文和其他'二流专著'所淹没,任何出版社都无法履行其更重要的职能";"除了一流的学术作品,'我还认为应当鼓励出版解读学术并向更广泛的读者展示学术成果的书,不管这些书是大还是小'"。③ 三是出版人的专业素养和学术功底是保障。书中的以下论述值得关注:出版人是"'学问的中间人'。出版社不仅是为了将科研成果从一位学者传递给另外一位学者而存在的,更应当成为'所有学者群体与外部世界之间的桥梁'"④;"优秀的书稿编辑不易觅得,也不易培训。他们究竟在编辑过程中做了什么,以及他们应该花多长时间,这些都是颇有争议而又神秘的问题,有时会让作者甚至出版人感到不解……编辑是一门艺术,不仅需要扎实的语言功底,还需要充足

---

① 摘自哈佛大学目录,1913—1914。见本书正文第 34 页。
② 见普林斯顿大学出版社网站。
③ 见本书正文第 88 页。
④ 见本书正文第 88 页。

的同理心。通过同理心,编辑才能够理解作者想要说什么,并充分把握作者风格特质的精髓。对图书未来读者的同理心更为重要,因为编辑必须具备通过读者的眼睛来看事物的能力"①。

出版经得起历史检验的学术精品,是大学出版社的永恒主题,是吸引优秀作者和各方支持的魅力所在,也是保障出版社取得良好经济效益的坚实基础。本书的一大亮点是可以让我们了解到哈佛大学出版社一批享誉世界的学术精品的出版过程,以及这些书的社会影响、经济效益。从本书中可以看出,真正的学术精品不仅经得起历史检验,历久弥新,而且一旦时代需要,这些书往往能迸发出难以想象的活力,带来重要社会影响和可观的经济收益。比如书中介绍的哈佛社的镇社之宝"洛布古典丛书",以拉丁文或希腊文与英译文对照的形式出版,成为影响世界的重要经典。又如费正清的《美国与中国》、赖世和的《美国与日本》、"俄罗斯研究中心丛书"以及"哈佛历史研究丛书"等,这些由作者和编辑费时多年精心打造的专著和系列,一出版就在学术圈里产生了重要影响,当中美关系、美俄关系、美日关系成为热点时,这些书又会成为政界、商界和其他有关人士的必读书,形成精装书、平装书一再重印的畅销状况。这些书的经济效益自不待言,其社会影响也可想而知。本书作者不惜笔墨,花了大量的篇幅介绍哈佛大学出版社出版的社会影响和经济效益俱佳的图书的案例。此外,特别有意思的是本书作者在书中讨论的资助出版的问题。书中有一处讲到当时给哈佛出版人带来最大喜悦的作者不是哈佛的教授,而是《阿基坦的埃莉诺和四个国王》的作者艾米·凯利。出版社开始想退稿,但由于她拿出了 2500 美元的赞助就接受了。此书出版后取得了巨大的成功,精装版和平装版卖出了十几万册,成了畅销书,带来了丰厚的利润。但出版社最后的结论是:"(这)一定是哈佛大学出版社从作者那里收取的最后几笔现金资助之一。出版社在马龙治下就不赞成这种资助。现在,在威尔逊治下干脆取消了。威尔逊后来称之为'很坏的东西、危险的东西'。"②这些讨

---

① 见本书正文第 91 页。
② 见本书正文第 170 页。

论值得有志办好大学出版社的人细细品味。

积极采用先进技术,不断提升出版服务学术、传播文化的水平,出版业才能与时俱进,永葆青春。哈佛大学出版社成立于1913年,此前哈佛大学已有200多年用印刷机为大学学术服务的历史。本书介绍哈佛大学出版社时,首先用了较大的篇幅讲述哈佛大学用印刷机的历史。本书作者在书中自豪地说:"1640年代之后,哈佛的出版和印刷就已经在断断续续地进行了,因为哈佛拥有并运行着英属北美殖民地的第一台印刷机。发生于1913年的事件更像是点燃了一盏煤气灯,而不是擦亮一根火柴。"[①]1990年代,我在造访牛津大学出版社时,总编首先领我参观的是一台古老的印刷机。他自豪地说那是英国使用的第一台印刷机。哈佛大学出版社成立时,印刷业规模已不断扩大,印刷技术也有了巨大的进步。正是在这种背景下,知识传播对出版业提出了全新的要求,出版自身成为一门学科,成为一个产业,导致众多的大学创立出版社,社会上的商业出版社也有了巨大的发展。从中不难看出技术进步对出版业的重要影响。当前,信息技术有了革命性的进步,社会进步对知识创新的依赖日益加深。人工智能、大数据、区块链在出版业的应用正在快速提升出版水平,同时又对出版提出了全新的要求。出版人只有跟上时代的步伐,积极采用新技术,不断创新,才有美好的明天。

改革开放以来,我国大学出版社不断发展,取得了重要的成绩,也积累了丰富的经验。同时,从世界各国经济、科技、文化竞争日益激烈的背景下看,我国大学和大学出版社又迫切需要提高质量,获得更大的发展。世界一流大学办世界一流大学出版社,世界一流大学出版社为世界一流大学服务,这是国际上的重要经验。他山之石,可以攻玉,期待本书对中国有志于办好世界一流大学和世界一流大学出版社的读者有所裨益。是为序。

2020年4月

---

① 见本书正文第4页。

致朱迪、南茜和克莱

目　录

引　言　大学及其出版社 ……………………………………………… 1

第一章　前身和创始 ……………………………………………… 4

第一台印刷机 ……………………………………………… 4

首家"大学出版社" ……………………………………………… 6

1872 年的印刷所 ……………………………………………… 9

1892 年的出版办公室 ……………………………………………… 10

空中楼阁 ……………………………………………… 13

C. C. 莱恩的集中管理 ……………………………………………… 14

哈佛大学出版社是如何诞生的 ……………………………………… 17

第二章　C. C. 莱恩治下的最初发展（1913—1919） …………… 34

图书和理事会 ……………………………………………… 36

缺　陷 ……………………………………………… 39

运　营 ……………………………………………… 42

战　争 ……………………………………………… 45

希　望 ……………………………………………… 49

第三章　默多克时代(1920—1934) ························· 56

　　财　务 ·· 58

　　治　理 ·· 60

　　图　书 ·· 61

　　排　版 ·· 65

　　波廷杰与史密斯 ·· 68

　　麻烦事 ·· 69

　　过渡期 ·· 73

　　"洛布古典丛书" ·· 75

　　选任新社长 ·· 77

第四章　马龙和更广泛的读者(1935—1943) ··········· 86

　　编　辑 ·· 90

　　图书和作者 ·· 92

　　战争又来了 ·· 103

第五章　战时的震动 ·· 111

　　分　家 ··· 115

　　混乱与不确定 ·· 117

　　理事会掌权 ·· 123

　　一位社长的淡出 ··· 126

第六章　斯凯夫:挺过来了(1943—1947) ·············· 135

　　保卫出版社 ·· 137

　　图　书 ··· 141

　　人　事 ··· 147

　　救　星 ··· 151

第七章　威尔逊与出版社的崛起（1947—1967） …………………… 160

　　威尔逊与他的时代 ……………………………………… 162

　　新大楼、新员工 ………………………………………… 164

　　图　书 …………………………………………………… 169

　　贝尔纳普出版社 ………………………………………… 173

　　"亚当斯档案" …………………………………………… 178

　　"约翰·哈佛文库" ……………………………………… 184

　　公共关系 ………………………………………………… 186

第八章　平装本、《双螺旋》及其他 …………………………… 198

　　编辑职能的重构 ………………………………………… 198

　　平装本问题 ……………………………………………… 202

　　《双螺旋》 ……………………………………………… 207

　　一个时代的结束 ………………………………………… 210

第九章　危机与重组（1968—1972） …………………………… 222

　　图　书 …………………………………………………… 223

　　基特里奇馆之内 ………………………………………… 227

　　预算和亏损 ……………………………………………… 230

　　新面孔 …………………………………………………… 236

　　爆　发 …………………………………………………… 240

　　1972 年的过渡期 ……………………………………… 244

资料来源与致谢 ………………………………………………… 253

主要译名对照表 ………………………………………………… 257

译后记 …………………………………………………………… 261

引　言　大学及其出版社

　　大学出版社是对文明有一定重要意义的机构,人们关注大学出版社还由于它是一个罕见且令人费解的"物种",其自身存在一个问题:"它是不是商业机构?"回答"它既是教育机构又是商业机构"并不一定能够解决问题,因为在不同的时间和地点,甚至在同一个时间和地点,对于大学出版社应该更强调哪一方面,人们存在着很大的分歧。

　　尽管大学出版社具有知识上的影响力,又有自相矛盾的性质,但在美国,对其前身、诞生、发展及其与母体大学关系的考察并不多。诚然,大学出版社作为一个群体有很强的自我意识,注重自我完善,并且对自己的经营做了很多研究,但还有另一种关注大学出版社的角度:关于主流研究型大学出版活动的历史记录。到目前为止,尚未有过这样的记录。1930 年代,塞缪尔·艾略特·莫里森写了一部 500 页的作品——《哈佛大学的三个世纪》,书里根本没有提及哈佛大学出版社及其诸多前身。空白在那个时候就留下了。现在①,半个世纪过去了,值得讲述的就更多了。

　　本书的目的就是填补这一空白——在大学的背景下讲述哈佛大学

---

　　① 　指本书原著出版时(后文类似表述亦同)。本书页下注皆为译者注,章后注皆为作者注。

出版社的故事,包括它作为大学的一个部门的前身、创始和演变,它那些对比鲜明的领导者,它的成功、失败和困境。

这是一部怎样的历史?一方面,显然,这是一部哈佛的历史。哈佛大学的校长、副校长、司库、教授和校友们,还有出版社的管理人员、编辑、作者以及其他直接参与其中的人,都是主角。在某种程度上看,这是一部思想史。另一方面,这还是一部印刷史,因为哈佛曾拥有过三个印刷所。近 350 年前,一台印刷机进入哈佛大学并成为其资产(这是印刷史学者非常熟悉的事实,而且莫里森教授在他的《哈佛学院的创办》一书里就有了很详细的描述)。1802 年,哈佛大学开办了一个印刷所,名为"大学出版社"(但这事实上鲜为人知)。可以想象,商业史学者也会对出版社的管理和财务问题产生一些兴趣。我更喜欢用"机构史"来指称这部详述大学出版社发展和本质的书,尽管一部机构史至少应包含对各个大学出版社的深入概括,而我却非常专注于了解哈佛的历史,因此本书基本上未与其他学校的情况进行比较。

我也应该告知读者,1960—1973 年,我曾经担任哈佛大学出版社的第一位社会科学编辑,也是史中人。但愿这能够帮助而不是阻碍我看到整个出版社的情况。

这部哈佛的故事围绕着三个主题:成就、奋斗和慷慨。

(1)成就。哈佛大学出版社已经出版了 6000 多种书,传播了研究和分析的成果。尽管哈佛大学出版社有其局限和不完善之处(有时还很明显),但是这个事实是无法抹杀的。成就更多地归功于作者而非出版社,而且也部分地归功于哈佛大学那些诞生了这其中的许多图书的杰出院系,但是哈佛大学出版社一直是一个能使作者们充分发表所思所想的机构。而且,出版社也不是一个被动的管道,对于重要项目它起到了发起、寻找和鼓励的作用。它始终坚持准确和清晰的标准,即使在学术环境中,这样的品质也不一定广泛存在。通过编辑建议和平面设计,它帮助作者更有效地阐述自己的观点。在为作者服务的过程中,它也为读者服务,毕竟读者是整个出版业中最重要的人。最后,哈佛大学出版社不仅将学者的研究成果带给了其他学者,而且还努力使自身成为学者与更广大受众之间的桥梁。所有这些功能都促进了学术发展,用哈佛大学出版社 1930 年代的社长杜马·马龙的话来说,就是"学术＋"。

(2)奋斗。哈佛大学出版社需要做的总是超出其拥有的资金和设施所允许的范围。战争和经济衰退、错误和误解、个人的失望、性格的冲突,以及大学领导的不同态度会不时干扰其成就和成就感。

(3)慷慨。如果没有一大批教师、校友和朋友的帮助,如果没有他们提供的时间和建议(甚至偶尔还有资金),哈佛大学出版社可能取得不了什么成就,而且还可能早就关门了。

人们越是思考成就、奋斗和慷慨这三个方面,就越能清楚地看到这几个主题已经渗透到了哈佛大学出版社所属的哈佛大学的历史中。

本书是亚瑟·J.罗森塔尔在 1973 年 9 月提议我撰写的。那时,他已经担任哈佛大学出版社社长大约一年了,而当这本书出版时,他仍然是社长。在他治下的前 13 年里,发生了很多事情。出版社出版了约 1500 种书,其中有许多是很有影响力的,同时年销售收入从 360 万美元增加到了 1200 多万美元,而且其组织和管理也加强了。罗森塔尔时期的历史将是哈佛大学出版社历史的重要组成部分,但现在还不是写这段历史的时候。许多机构史中的当代部分由于作者无法像对较早阶段那样进行学术历史分析而受到影响,因此我决定将本书写到 1972 年罗森塔尔被任命为社长时为止。

第一章　前身和创始

虽然名为哈佛大学出版社的这家出版机构创办于 1913 年，但是哈佛的出版和印刷在此之前就得到了充分的发展。1640 年代之后，哈佛的出版和印刷就已经在断断续续地进行了，因为哈佛拥有并运行着英属北美殖民地的第一台印刷机。发生于 1913 年的事件更像是点燃了一盏煤气灯，而不是擦亮一根火柴。

1913 年的出版社选址在大学馆，这是一幢一个世纪前由查尔斯·布尔芬奇设计的白色花岗岩大楼，坐落在哈佛园中央。A. 劳伦斯·洛威尔校长的办公室位于同一幢楼内，只需走到另一侧即可到达挑高很高的教工办公室，在那里他主持了出版社的治理实体——理事会的第一次会议。但是洛威尔最早的前任——哈佛的第一位校长邓斯特曾经有一个更加方便的办公地点，学校的印刷机就在他自己家里。这台印刷机来到他家的故事使得哈佛在美国印刷史上占有特殊的地位。[1]

第一台印刷机

1638 年的夏天，一位富有的清教徒牧师乔斯·格洛弗带着家人以及锁匠斯蒂芬·戴一家登上了驶往马萨诸塞的船。[2] 船上还有一台印刷机、活字和大量的纸张。但是没人知道格洛弗打算用这台印刷机做什么，因为他在船上就去世了。

这艘船停靠在查尔斯敦。当时，年轻的约翰·哈佛刚去世，留下了一些书和钱，以及一所以他的名字命名的刚在剑桥①开办的小学院。格洛弗的遗孀伊丽莎白住进了剑桥最大的房子之一，并为斯蒂芬·戴一家和印刷设备购买了一栋小楼。可能是斯蒂芬·戴安装好了这台设备，而他的儿子马修那时虽不到 18 岁，却很可能完成了第一次排版。³这样，剑桥拥有印刷机就比波士顿早了 37 年，比费城早了 47 年，比纽约早了 54 年。

这台印刷机接到的第一单业务只是印一段话，是一个自由人的誓言，于 1638 年年底或 1639 年面世。第二次接到的业务是印刷历书。第三次是印刷《诗篇：英文韵律全译》，该书于 1640 年发行，成为英国殖民地印制的第一本真正的书，后来被称为"海湾圣诗"。

1640 年 8 月，另一位英国牧师——30 岁的亨利·邓斯特抵达剑桥，并迅速被任命为哈佛学院的首任校长。他还娶了伊丽莎白·格洛弗并搬进了她的房子。1643 年伊丽莎白去世后，邓斯特继承了她的印刷机、活字和纸张，于是 1643 年就被理所当然地认为是哈佛开始印刷业务的年份。邓斯特很快又结婚了，带着格洛弗的五个孩子和印刷机搬入了哈佛园一幢为他建造的房子里。很可能印刷机是由马修·戴来操作的，他也是哈佛学院的校役。⁴

当马修·戴于 1649 年去世时，塞缪尔·格林接任，后者运营哈佛的印刷所长达 43 年，也开创了一个强大的印刷家族。⁵印刷所被搬到哈佛园的另一幢建筑中，并在昌西、霍尔、奥克斯、罗杰斯和英克里斯·马瑟等校长任期内继续运营。这个印刷所的业务中，哈佛的印刷需求只占了很小一部分，其主要业务是为哈佛以外的客户印制图书和小册子。随着时间的推移，格林俨然成了一个独立的商人，他向学校支付印刷机、活字的使用费以及校对费。⁶与其他殖民地印刷商一样，他几乎是真

————————

① 本书中作为地名的剑桥一般指哈佛大学所在的马萨诸塞的剑桥。

的做了一些"出版"的——也就是说,自担风险——但通常他都是对外承印,客户包括波士顿的书商。书商是第一批与印刷商分开的专业出版商。[7]

这个位于剑桥的印刷所于 1692 年解散,在到 1800 年为止的 100余年里,哈佛一直把印刷工作交给波士顿的一些私营公司。[8] 而每当这样做时,哈佛就在某种意义上成了"出版者"。例如,1723 年,哈佛出版了第一本殖民地大学图书馆藏书目录,共 106 页。哈佛第一本著名的教科书是希伯来语教师朱达·莫尼斯的《希伯来语语法》(1735)。[9] 1763年,哈佛又出版了另一本希伯来语语法书,由斯蒂芬·西沃尔改编自两位英国学者的作品。当时几乎所有的大学教科书都是从英国进口的,但是在独立战争之后,美国对国内学术书的需求不断增加,而且哈佛的教师也愿意成为作者或编者,所以哈佛与波士顿印刷商的合作也有所加强。1800 年,在教科书的"小阳春"里,印刷业又回到了剑桥。

首家"大学出版社"①

首家"大学出版社"的负责人是威廉·希利亚德。当时他只有 21岁,刚开始其作为图书销售、出版和印刷界的强有力推动者的职业生涯。他富有创新精神、雄心勃勃、不安于现状,易怒,热心公益、有爱心。他名声在外,甚至 1824 年托马斯·杰斐逊为弗吉尼亚大学开设图书馆时,也曾向他购买图书。

关于这位重要人物的文字记录非常少,而且都是简短而不甚准确的片断。[10] 威廉·希利亚德出生在科德角的巴恩斯塔布尔,他的父亲蒂莫西曾是一名牧师。在他五岁时,他们搬到了剑桥。[11] 他的父亲、两个兄弟和两个儿子都获得了哈佛大学的文学硕士学位,然而我们却没有找到他上过大学的记录。[12] 相反,他成了印刷厂(大概位于波士顿)的一名学徒,并在图书行业中接受培训。

---

① 原文为 University Press,直译即"大学出版社",实际则主要是"大学印刷所"。

当希利亚德开办印刷所时,约瑟夫·威拉德校长去他那里印了一些东西。两年后,哈佛大学迈出了更大的一步。哈佛大学的主要管理机构在当时是"哈佛学院的校长和校董们"(现在也是),由校长、司库和五位校董组成。这个管理团队被非正式地称为"哈佛大学理事会"。1802年4月10日,该理事会投票设立印刷所,即"大学出版社"。希利亚德成为其印刷人。

威拉德校长和伊利法莱特·培生负责购买设备、选择印刷工和制定印刷所规章。培生是一位精力充沛的教师,对出版有着特别的兴趣,并有志成为哈佛大学校长。培生因其名字"伊利法莱特"而被学生昵称为其谐音的"大象"(elephant),他是希伯来语和其他东方语言的汉考克讲席教授,也是理事会成员。在加入哈佛大学之前,他曾是位于安多弗的菲利普斯学院的首任校长。[13]培生监管着"大学出版社",并发挥了类似出版人的作用。而作为大学的印刷人,希利亚德除了使用自己的设备外,也使用哈佛的印刷机和活字。[14]

1802年的举措意味着哈佛第二次涉足印刷业。这也意味着哈佛在美国创办了第一家"大学出版社",并通过它发行了教科书和其他作品。然而,这个新机构不像20世纪的哈佛大学出版社那样有一个委员会来决定出版什么书。

最早印上哈佛大学出版社标识的两种书于1802年发行,是伊利法莱特·培生准备的教科书,其一是休·布莱尔写的在国外广为人知的《修辞讲座》的删节本,其二是斯蒂芬·休厄尔编写的希伯来语语法书的新的缩减版。[15]

1803年11月16日,由威拉德和培生起草的《大学出版社有关规定》获得了哈佛大学理事会的批准,并出现在当天的理事会纪要中。例如,该规定明确指出,学校将出费用向"大学出版社"提供质量最好的活字。为哈佛大学印制的所有印刷品都应使用质量上乘的纸张,以最佳方式印制,并由哈佛大学的一位代表进行校对。如果印刷人有时间,可以印制自己的私活儿,不过每一单都要由理事会批准,但是任何私活儿都不得印上"大学出版社"几个字。

希利亚德与学校的第一份合同要求学校付给他"大学出版社"收入的 12.5％。[16] 学校为他预支了营运资金，而他需要支付 6％ 的利息。后来，又改为希利亚德的公司为设备和场地支付固定租金，并继续通过支付利息来借款。1808 年前后，该公司更名为"希利亚德和梅特卡夫公司"，合伙人是伊利亚·W.梅特卡夫，他曾在家乡马萨诸塞州的伦瑟姆学过印刷，后来是剑桥的一名活跃的市民。[17] 该公司继续同时作为"大学出版社"和商业公司运作。

直到 1827 年的 25 年间，哈佛大学一直享有"大学出版社"的所有权。但是，1804 年威拉德校长去世后，培生教授因未能成为他的继任者而离开了哈佛，理事会便逐渐失去了决定出版物细节的热情。"大学出版社"继续印刷了许多供哈佛大学和其他机构使用的教科书。然而，"出版"的职能却从理事会转移到了书商，主要转移到了希利亚德那里。一些书的扉页上不仅印着"大学出版社"，还印着"卡明斯和希利亚德公司"，后者是希利亚德与约瑟夫·卡明斯在波士顿合办的图书销售公司。[18] 哈佛一直拥有印刷设备的所有权。

多年来，理事会与希利亚德之间存在许多相互不满的迹象。希利亚德要求有更多活字字体、更多办公家具、更多空间、更多营运资金贷款和个人贷款。有时他得到了他想要的，可有时候得不到。1813 年，他坚持认为只需投入 8000 或 1 万美元就能使"大学出版社"成为哈佛的利润来源。他建议印刷古希腊和古罗马的经典作品，像后来的"洛布古典丛书"。他还提出印刷《圣经》，理由是这给牛津大学和剑桥大学带来了可观的收入。这恰好是在哈佛大学出版社成立的一个世纪之前，该社就是以牛津大学出版社和剑桥大学出版社为榜样的。[19]

但在 1827 年 9 月 28 日，当哈佛处于财务危机之时，理事会以 5500 美元的价格将这一印刷机构出售给了伊利亚·梅特卡夫。[20] 哈佛保留了它在霍利奥克街上为"大学出版社"建造的新大楼的所有权，并将其租给了梅特卡夫。理事会表示，出售"大学出版社"是因为它"没有像预期那样成为收入来源，反而产生了一笔巨大的开支"。[21]

而这家私人拥有的印刷公司成了美国著名的图书印刷商之一。虽然它再也不受哈佛大学的控制,但它为哈佛大学承担了数十年的印刷工作,并且在哈佛的年度目录中被称为"哈佛大学的印刷所"。[22] 1865年,这个自称"大学出版社:韦尔奇和比奇洛公司"的印刷所从哈佛的楼里搬了出去,搬到布拉特广场上的一幢楼里,那里曾是一家酒店。1880年时,它拥有300多名员工和58台印刷机,并印刷了新英格兰几乎所有最伟大作家的原创作品。[23] 1895年,它以"大学出版社:约翰·威尔逊父子公司"的名义在查尔斯河附近的大学路上建了更大的楼。那时候,公司声称——甚至可能真的相信——它是由斯蒂芬·戴于1639年创立的。[24] 而威廉·希利亚德和哈佛大学实际创立了该公司这一事实,已经在时间的迷雾中消失了。

1872 年的印刷所

哈佛大学第三次涉足印刷业务始于1872年9月24日,当时理事会授权查尔斯·威廉·艾略特校长"在沃兹沃思楼的校役办公室楼上的房间里设立一个印刷所"。这家印刷所自那时起就一直存在了。1913—1942年,它是哈佛大学出版社的印刷部门。

1872年的这一变化使得一位名叫玛德琳·B. 斯特恩的作家将哈佛大学出版社列为美国历史最悠久的持续运营的大学出版社。她在《历史上的出版社》(1956)一书中,列出了成立于1900年以前的美国图书出版商的名录。她解释说,1913年的哈佛大学出版社是1871年(应为1872年)诞生的印刷所的延伸产物。[25]

这引发了有趣的问题。我们应该如何判断一家出版社的"年龄"?连续性对于合理的推算来说是否必不可少?我们是否应该按照使用同一名称的时间来计算"年龄"?我们是否应该按照它承担出版功能的时间来计算,而不仅仅是按照其承担印刷功能的时间来计算?如果是这样,我们应该如何定义出版功能呢?当我们细致考察特定机构的演变时,还会遇到其他问题。

这些问题并不简单,人们也已经以各种方式进行了解答。例如,哈佛大学出版社于 1963 年庆祝其成立 50 周年,原因是它在 1913 年以该名称成立,尽管哈佛在此之前已经印刷甚至出版了学术图书和期刊。约翰·霍普金斯大学出版社认为自己诞生于 1878 年(出版代理处成立时间),并于 1978 年庆祝其成立 100 周年。[26] 同年,牛津大学出版社举行了成立 500 周年的庆典,尽管 1478 年牛津大学实现了第一次印刷,但那并不是不间断印刷的开始,当然也不是任何带有牛津大学出版社名称或功能的机构的创立时间。[27] 剑桥大学出版社于 1584 年开始了不间断的运营,该社选择将这一年作为其诞生年份并于 1984 年庆祝其成立400 周年;它显然是世界上最古老的持续运营的出版社,比牛津大学出版社还要早一年。[28]

1872 年哈佛设立印刷所的原因是学校对商业印刷商的不满,特别是不满于"大学出版社"。有些不满是因为价格过高,但更多的是关于考试的问题。书面考试在 19 世纪中叶开始流行。试题被送出去印刷便制造了泄题的机会。几次丑闻之后,教师们相信,只有一家拥有坚不可摧的保险箱的大学印刷所才能阻止舞弊行为。[29]

哈佛的新印刷所不仅印刷试卷,还印刷传单、信封、门票、图书馆目录卡等。1883 年,这个印刷所抢走了"大学出版社"编写并印刷哈佛大学年度目录(共 278 页)的工作。大约在 1889 年,这个印刷所搬到了大学馆的地下室,那里空间更大。[30]

1892 年的出版办公室

当时,哈佛的目录和其他官方出版物越来越多,艾略特校长决定集中管理。而且,官方出版只是其中的一部分。学术著作也越来越体现出重要性,迫切需要出版。其他一流大学也有同样的想法。1878 年,约翰·霍普金斯大学第一任校长丹尼尔·科伊特·吉尔曼说:"大学最崇高的使命之一,就是推进知识研究,并向远方广大的人群,而不仅仅是向可以每天来上课的学生,传播这些知识。"[31]

在哈佛,各个院系不时收到校友捐赠和遗赠的出版资金。自从哈

佛 1856 年发行了一本满载天文学新知识的《天文台年刊》以后，哈佛天
文台每年出版一本，并通过商业公司（主要是"大学出版社"）进行印刷。
在 1860 年代和 1870 年代，哈佛大学一些新兴的博物馆（从比较动物学
博物馆开始）出版了一系列科学论文，直至今日。其他研究成果由格雷
植物标本馆和各个实验室出版。1886 年，一些新东西出现了：一家波士
顿公司乔治·H. 埃利斯为哈佛出版了《经济学季刊》，并且获得了由约
翰·艾略特·塞耶给政治经济学系的资助。[32] 1887 年，另一项创新出现
了：一群法律专业的学生开始出版《哈佛法律评论》，这是美国众多由学
生编辑的法律期刊的雏形。[33]

　　艾略特校长、亨利·亚当斯、阿萨·格雷、奥利弗·温德尔·霍姆
斯博士、詹姆斯·罗素·洛威尔和威廉·詹姆斯这样的著名教授可以
通过商业出版社获得读者，但学术研究的成果并不总是有市场的。学
校于 1872 年成立了一个研究生部，并于 1890 年成立了文理学院的研
究生院，因此学术专著出现了。

　　事实上，1890 年左右丛书出版热兴起了。波士顿的一个教科书公
司——吉恩出版社进入了这个空白领域，并开始出版三套关于文学和
语言的丛书——全部由哈佛大学的一些学院提供资助。首先是"哈佛
古典语文学研究丛书"（1890），这是由詹姆斯·B. 格里诺教授牵头的，
每年出版一部，并由他的 1856 届哈佛同学资助。然后权威的"哈佛东
方学丛书"（1891）开始出版，丛书由两个人创立：梵文权威查尔斯·R.
兰曼（他在这之后担任了 42 年的丛书主编）和亨利·克拉克·沃伦（他
不仅资助了这些书，并且还贡献了其中著名的一卷——《佛教经文选
译》）。[34] 1892 年，"语文学和文学研究及讲义丛书"开始出版，其指导精
神首先来自弗朗西斯·J. 查尔德，然后是乔治·莱曼·基特里奇。

　　这些丛书和其他几十套丛书最终都由哈佛出版。但在 1890 年，学
校并没有一个自己的核心出版社。

　　1892 年，校长和校董们朝着填补这一空白的方向迈出了一大步。
他们于 5 月 31 日投票决定选聘"出版代理人"，并于 6 月 13 日任命了哈
佛大学校友约翰·伯特伦·威廉姆斯，他在剑桥的河畔出版社有过 15

年的工作经验。[35]他在大学馆里开设了出版办公室,就在印刷所的楼上,并服务了 16 年。这个出版办公室就是哈佛大学出版社的前身。

艾略特校长在其 1891—1892 年报中说,"出版代理人负责印刷和发行以大学名义发布或代表大学的所有报告、公告和其他文件",负责编辑年度目录和指导大学的广告事务,并安排出版和销售那些由教师为其课程编写的教学辅助材料。他还要"开展与由大学的永久基金支持的各类出版物有关的业务"。

出版办公室与印刷所之间的关系起初可能有些不清晰,但在 1896 年印刷所完全由威廉姆斯控制了。[36]同年,来自爱丁堡的亚当·K.威尔逊被聘为该所的主管。其后近 50 年中,哈佛大学的印刷业务在行政上从属于出版。其中有 35 年,印刷所由威尔逊运营。他在做书的技术方面训练极为有素,他也作为"一个尊贵的、在大学社区中广受认可并被非常尊敬的人,并且是剑桥的公民"而为人们所铭记。[37]

出版代理人威廉姆斯全面贯彻了校长的指示,与学校教师共同承担了学术使命。例如,他在 1892 年出版了由经济学家弗兰克·威廉·陶西格编的《关于关税的国家文件和演讲》,还将历史学家阿尔伯特·布什内尔·哈特写的一些课堂指南出版为多种大部头的书。同时,出

图1　20 世纪初的大学馆。这是它南部的出版办公室,该办公室于 1913 年成为哈佛大学出版社

版办公室的业务逐渐增多。1900 年,威廉姆斯接管了声誉日隆的《天文台年刊》的印刷和发行,并接替吉恩出版社成为"哈佛古典语文学研究丛书"的出版者和印刷者。那一年,印刷所在大学馆地下室的南部占据了两个房间,共有十名工人。排版仍然是手工完成的(下一个十年才开始配置自动铸排机)。[38]

威廉姆斯管理的业务并没有冠以哈佛大学出版社之名,也没有由教工参与的管理委员会,但是与许多自称大学出版社的小机构很像。

空中楼阁

尽管如此,在那个时代,哈佛大学和外界都不认为哈佛有真正的大学出版社。这日益成为热爱哈佛的人们的一大遗憾。在 20 世纪的头十年,他们中有一个人决定要做些改变。这个人就是哈佛 1888 届校友詹姆斯·洛布。他的计划带来了非同寻常的结果。

洛布是一个三心二意的金融家,也是全心全意的文学、音乐和艺术热爱者,已经从他父亲的公司——库恩和洛布公司早早退休。他最开心的记忆就是哈佛时光。[39] 1903 年左右,他设想了一个像牛津和剑桥的大学出版社那样的哈佛出版社,于是就把这个捐赠计划跟教过他的、敬爱的查尔斯·艾略特·诺顿教授讲了。然后,诺顿找到了波士顿的丹尼尔·伯克利·厄普代克,他是梅里蒙特出版社的创始人和所有人,也是一位学术型企业家、完美主义者,意志坚定而脸皮很薄。[40]

洛布 1905 年搬到慕尼黑后,就再也没有在美国居住过,但诺顿和厄普代克认为他仍然对哈佛的出版社感兴趣,而且他们还聘请了哈佛大学建筑系主任 H. 兰福德·沃伦。1906 年,沃伦设计了一组四幢楼的建筑群,包括出版总部、印刷厂、发电所和门楼。[41] 沃伦的费用由一个 12 人组成的委员会支付,除了没上过大学的厄普代克,其他人都是哈佛大学校友。[42] 艾略特校长列了一份要立在这个新机构内的雕塑的清单,并为它们题了字。[43] 当时,大西洋两岸的一些人试图以复兴生活的美学来抵制物质主义,所有这些做法都反映了那个充满文化热情的时期的时代精神。制作图书是这个运动的一部分；印刷被认为不仅是一种技术生意，更是一种艺术。[44]

厄普代克肯定希望当上新出版社的社长。档案中显然没有任何内容说得这么明白，但是通信的语气暗含着这层意思，否则厄普代克没有必要花费那么多时间和精力在这件事上，以表示他热爱哈佛。

据说建筑设计图纸漂洋过海到了詹姆斯·洛布手上，但是并没什么结果。直到 1910 年 3 月，厄普代克告诉接替艾略特担任校长的 A. 劳伦斯·洛威尔，他虽没什么具体事情要报告，但是认为已经做了一些有用的工作。很可能当时他盼着出现另一位捐赠者。仅仅五个月之后，詹姆斯·洛布给洛威尔校长写信说，有人建议他出版希腊和拉丁作家作品的翻译对照版。[45] 1910 年年底前，"洛布古典丛书"就启动了，到 1912 年左右就已有书付梓出版了。前 25 年，哈佛并没有参与其中。1934 年，哈佛接手，现在出版到 470 多卷了。

1902 年，约翰·D. 洛克菲勒向成立不久的芝加哥大学出版社捐赠了一幢独立建筑。1911 年，查尔斯·斯克利布纳也向成立不久的普林斯顿大学出版社捐赠了一幢建筑。但是大多数大学出版社创办时都没有如此幸运。直到今日，哈佛大学出版社也从未有过专门为出版或印刷而设计的大楼。除了诞生地大学馆外，它还在食堂、两处住宅和一个植物标本馆办过公。

C. C. 莱恩的集中管理

约翰·伯特伦·威廉姆斯 1908 年去世后，由查尔斯·切斯特·莱恩（常简称为 C.C. 莱恩）继任出版代理人。他时年 24 岁，雄心勃勃，热情负责，可爱害羞。[46] 莱恩于 1883 年 8 月 6 日出生在马萨诸塞州的欣厄姆。他原本应于 1904 年从哈佛大学毕业，但是由于性子急，1903 年就提前毕业了。毕业后他去了吉恩出版社工作，在那里学会了排版，然后迅速被提拔为艺术编辑兼广告经理。

艾略特校长在聘用莱恩时已经接近他长长的任期的尾声了。他们两人都想着:有了资金,哈佛大学出版社就能成型了。[47]的确,近半个世纪后,莱恩写道,在剑桥的那些年里,他对"创办哈佛大学出版社起到了关键作用"[48]。这没错。不过,莱恩不是唯一的关键人物,出版社的创始人也不是只有一个人,但是功劳最大的恐怕还是他。

然而,在成为出版社社长之前,莱恩做了近五年的出版代理人。他在那段不情愿的学徒期里购买了两台米利圆筒印刷机和几台自动铸排机,编辑了哈佛出版物的清单并邮寄给书商和图书馆员,进一步集中了大学的专著丛书和期刊,在这些丛书之外又出版了一些新的学术著作,接手了法学院教授的案例书的出版工作,并制作了一份1300页的校友名录,不但赚了钱,还充实了学校的官方文献。他报告说,1912年年底出版办公室将发行80多种图书和期刊。[49]

到1912年,由亚当·K.威尔逊管理的位于地下室的印刷所改称哈佛大学印刷所,而莱恩每年支付其约5万美元的费用,同时向其服务对象哈佛大学院系收费。可以想见,关于收费存在着一些争议。[50]

1909年,在一次大学出版物的编辑会议之后,莱恩取代乔治·H.埃利斯成为创办了23年的《经济学季刊》的出版人,也取代麦克米伦出版社成为创办仅一年的《哈佛神学评论》的出版人。[51]然而,成为那些季刊的"出版人",仅仅意味着发行刊物、收取"出版佣金"而已;即使到了1970年代依然如故,后来那些季刊就与哈佛大学出版社没有多少遗憾地结束了合作。哈佛大学出版社从未成为重要的期刊出版商,也从未取得过芝加哥大学出版社等在期刊出版方面那样的地位。

莱恩对丛书的集中化管理,对出版社未来的运营更为至关重要。1912年,他接手了两套哈佛院系拥有的却由商业出版社负责的著名丛书,即由历史和政府系创始于1896年的"哈佛历史研究丛书",以及由经济学系创始于1906年的"哈佛经济学研究丛书"。[52]他还增加了两套全新的丛书。一套是"哈佛比较文学研究丛书",由威廉·亨利·斯科菲尔德教授于1910年创始,第一种出版物即为乔治·桑塔亚纳教授的《三位哲学诗人》。另一套是1912年创始的"哈佛闪族研究丛书",奇怪的是,第3卷——《哈佛闪族人博物馆中的苏美尔泥板》是最早出版的,因为第 1 卷和第 2 卷被推迟到了 1924 年才出版。

对莱恩来说,可能更有趣的是丛书之外的书。从 1908 年到 1912 年年底,他大约出版了 9 种这样的书,而且还有几种正在出版中(这几种在 1913 年印上了"哈佛大学出版社"的品牌)。这 9 种书中的以下 3 种值得特别介绍:

(1)《北方伐木工手册》(1909):作者为最近担任哈佛大学林业助理教授的奥斯汀·卡里,他曾经把这本书交给了几个出版社,但他们拒绝承担风险未予出版。后来该手册得到了哈佛大学校方的资助,这本书是赚了钱的。[53]

(2)《生理学实验教程》(1910):作者为沃尔特·B. 坎农博士,他主要是为哈佛医学院的课程编写了这本书。这本书出版后享有非常高的知名度,最终出了 9 版。据莱恩所说,它也被商业出版社拒绝过,如果没有医学院的保证资金,也不可能出版。[54]

(3)《应用伦理学》(1911):作者为西奥多·罗斯福。这本精装书才50 页。现在每当名人前来哈佛大学演讲时,哈佛大学出版社便抓住机会出版相关的图书,正是这本书开创了这种做法。这本美国前总统的书就是基于 1910 年"威廉·贝尔登·诺布尔讲座"的讲稿的。

莱恩于 1912 年接管了法律案例书,使书目里增加了 20 种书。此前 40 年,在 C.C. 兰德尔院长和詹姆斯·巴尔·埃姆斯院长的领导下,法学院的教授一直采用案例教学法,并在其专业领域出版了多部体现其司法观点的图书。作者们直接或者通过《哈佛法律评论》的员工与印刷商打交道,并拥有可以重印的印版。莱恩的办公室提供了可以订购这些书的平台。1913 年后,出版社重印了其中的一部分,并出版了一些新书。最终,随着案例书市场的扩张,商业性的法律出版社抢走了这些业务。[55]

1912 年的另一件事也与法学院相关,当时莱恩代表哈佛大学签约,来接手学生出版的《哈佛法律评论》。莱恩的办公室收取总收入的 10%作为佣金,接手已印好的刊物,负责发行并维护订户,还尝试销售版面广告(但是很不成功)。1913 年哈佛大学出版社成立后,这种合作又持续了六年。[56]

　　与此同时，莱恩找到很多机会来呼吁成立"真正的"大学出版社——一个获得资助来出版高品质学术作品的机构，"其价值是不能以金钱来衡量的"。[57]《哈佛校友会刊》1911年5月3日的一篇社论与莱恩的年报非常相似，呼吁立即采取行动，指出在哈佛大学诞生的学术作品不仅会提高学校的声望，还会增加人类的知识总和，"对世界各地的学者来说都有不可估量的价值"。然而，这些作品许多没能出版，"因为这些书的性质决定了它们不能带来经济效益，商业出版社也出版不起"。

　　此时只有一个问题：钱从哪里来？事实是，这个问题从来没有得到真正解决。但是一个似乎是答案的东西出现了。解决的过程始于商业管理研究生院，该学院更为人所知的名称是"哈佛商学院"。

哈佛大学出版社是如何诞生的

　　位于波士顿的印刷协会于1905年成立，旨在"研究和推动印刷艺术的发展"。1910年1月4日，宾夕法尼亚州哈里斯堡一位不寻常的印刷经营者J.霍勒斯·麦克法兰在协会里发表了演讲。他提议为未来的印刷主管们开设一个大学课程，这是"印刷人的西点军校，从事印刷工作的主管们可以在此接受良好培训以更好地履职"。他以前曾经提出过类似的建议，比如他曾努力说服康奈尔大学校长平面艺术完全和乳品业一样是一门好的大学学科，但这是第一次有哈佛商学院的院长来听他的演讲。埃德温·F.盖伊院长是一位富于创新和果断的人，后来曾参与创办国家经济研究局、外交关系委员会等重要机构。人们肯定会认为他出席此次演讲是由于当时的协会秘书是C.C.莱恩。刚刚成立两年的商学院当时就坐落于哈佛园，盖伊院长的办公室和莱恩的办公室在大学馆的同一层楼。

　　结果，1910—1920年，哈佛大学断断续续地开设了三门印刷和出版课程。直到1918年，盖伊院长都让C.C.莱恩负责。印刷协会协助组织了课程。关于具体上课的人，莱恩依赖于一支杰出的外部讲师团队，包括 D. B. 厄普代克、布鲁斯·罗杰斯和威廉·A.德威金斯,他们后来成了美国三位最著名的图书设计师。[58]

　　盖伊院长任命了一个同样出色的印刷咨询委员会。其中一名成员是纽约的世纪出版社的财务主管唐纳德·斯科特(哈佛 1900 届校友)。斯科特通过印刷出版课程对出版办公室产生了兴趣,进而成为哈佛大学出版社的创始人之一。(几十年后,斯科特在担任哈佛大学皮博迪考古学与人类学博物馆馆长时,以及在他 1967 年去世前的那些退休的日子里,曾是出版社董事会中很有影响力的人物。)

　　1912 年 4 月 3 日,盖伊院长的咨询委员会召开了一次重要会议。这次会议的主要议题是"为哈佛大学出版社建造合适的办公楼"。但委员会并没有完全同意,而是仅支持扩大一下印刷所。[59]尽管如此,正如莱恩后来追忆出版社成立时所说的,委员会的行动"标志着为出版社获得捐赠而进行的系统性努力的开始"[60]。

图 2　埃德温·F.盖伊,哈佛商学院首任院长,哈佛大学出版社创始人之一

图 3　唐纳德·斯科特,拍摄于他职业生涯的早期。他帮助建立哈佛大学出版社时还是纽约的一位年轻的出版人

斯科特没有参加 4 月的这次会议,但是收到了一份会议纪要,还请盖伊院长尽量将所有和"哈佛出版社"有关的文字材料寄给他,因为他并不知道它已有如此基础了。莱恩把出版物清单寄给了斯科特,还把一些未能出版的书告诉了他。例如,F. W. 陶西格教授起初将《经济学原理》交给了哈佛大学,但由于缺乏资金而被拒绝出版。(该书后来由麦克米伦出版社出版,截至 1953 年,第 1 卷售出超过 17.5 万册,第 2 卷超过 12.5 万册。)[61]

唐纳德·斯科特档案包含了 126 封他在 1912 年 4 月 22 日至 1912年年底这八个月间所写或所收到的有关这家未来的出版社的信件。盖伊院长鼓动斯科特组建一个委员会。哈佛大学校友会秘书长埃德加·H. 威尔斯加入了这项工作,并不时给予建议和帮助。

莱恩和盖伊起草了一篇通告,提出了"设立哈佛大学出版社的理由",然后莱恩于 6 月 25 日将其寄给了斯科特。斯科特在 8 月 15 日寄回了修订稿。他添加了一段开篇文字,认为这样对于哈佛大学校友来说更具说服力,"因为我们将尝试用这份文件像开瓶器一样从他们那里打开经费的口子"。莱恩和盖伊几乎全盘接受了这些修改,在组织筹款活动前一直留着这份文件。

修改后的版本提出了建立一个成熟的出版社的七个理由。其中之一是,一个具有充足资金支持的出版中心将大大提升哈佛大学的学术声誉。另一个理由是它可以为知识进步做出实质性贡献。它还会改进商学院印刷教学的效果。执笔者重点指出,学术出版社"在任何意义上都不会成为商业出版社的竞争者,因为它的主要职责是出版在商业上不会有什么利润可图的书籍"。然后,他们提到了芝加哥大学、普林斯顿大学、耶鲁大学、哥伦比亚大学和约翰·霍普金斯大学最近成立的出版社,并讨论说其中没有一家拥有能够与牛津大学出版社和剑桥大学出版社相媲美的印刷厂——"在这一点上哈佛大学似乎有了机会"。他们用需要的经费数字作为结论:"要配备适当的设施并资助一家大学出版社,总共需要 50 万美元。"但是有了 20 万美元的捐赠资金的话就可以启动了。

1912 年夏,盖伊、莱恩和斯科特扩大了联盟圈。盖伊院长报告说,乔治·莱曼·基特里奇"对这个项目非常感兴趣,并爽快地同意了"。基特里奇很有影响力,后来在出版社的早期治理中崭露头角,以致在他逝世很久以后,出版社以他的名字命名了总部。斯科特认为,D. 阿普尔顿出版社总裁 J. H. 西尔斯比他接触到的任何其他校友都有更多的想法。[62]

很多事情取决于洛威尔校长的态度。那一年,盖伊院长和洛威尔校长为了商学院筹款事宜发生过争论。[63]此外,洛威尔已经投身于其他筹款活动中了——为了一个新的图书馆、新生宿舍和其他设施。然而,9 月,威德纳图书馆筹款成功并即将动工,洛威尔就同意了加入出版社的筹款委员会,并以他特有的活力投入其中。10 月 4 日,他主持了莱恩和盖伊召集的感兴趣人士的会议。[64]

就像洛威尔在大多数其他问题上的想法一样,他关于大学出版社的想法也是清晰而明确的。第一,他非常希望成立大学出版社,那年秋天,他在 1911—1912 年报中使用了与筹款文件相同的论证来敦促成立大学出版社,并称"人们越来越深信,如果没有一个可以出版学者作品的大学出版社,一所伟大的学校就无法充分发挥作用"。第二,他不希望出版社四处凑钱或者花学校的钱。他在年报中说:"要建立大学出版社,捐款是绝对必需的。"第三,他不赞成一点一点地募款,而是想找到单一的捐款来源。[65]

因此,建立出版社的关键举措就变成了寻找一位大亨,斯科特开始称其为"我们的大富豪"[66]。他们要寻找一位类似于乔治·丹顿·威德纳夫人这样的人物,为了纪念溺水身亡的儿子哈里·埃尔金斯·威德纳,她捐建了威德纳图书馆。

1912 年 10 月 4 日,洛威尔会议的与会者决定由洛威尔、基特里奇和斯科特"寻找合适的人选并委任一个执行委员会"(洛威尔语)。[67]由此产生了一个七人委员会,斯科特担任主席。出版代理人莱恩将夏季时撰写的文件进行了印刷——印在三页挺括的纸上,首字母硕大、套红,标题为《哈佛大学出版社》,很漂亮——并在最后列出了新的筹款委员会成员名单:A. 劳伦斯·洛威尔、罗伯特·培根、G. L. 基特里奇、W. L.

R.吉福德、J.H.西尔斯、E.H.威尔斯和唐纳德・斯科特。[68]

在这个委员会中,基特里奇代表教师,威尔斯代表校友会,西尔斯和斯科特代表出版业。吉福德是圣路易斯商业图书馆协会的图书馆员。除了洛威尔校长之外,罗伯特・培根是对哈佛高层影响力最大的成员。

在那个年代,没有比罗伯特・培根更出名的哈佛校友了。1912年1月,他进入哈佛大学理事会。在此之前,他曾担任美国驻法国大使。而再早点,1909年,他曾在哈佛(1880届)同学西奥多・罗斯福总统执政的最后几个月里担任国务卿。在进入政府任职之前,他曾在J.P.摩根公司担任合伙人,并参与了美国钢铁公司的组建。在哈佛大学时,他曾是一位明星运动员、合唱团团长、高才生,还是毕业典礼上的杰出校友代表。[69]

图4　A.劳伦斯・洛威尔担任哈佛大学校长早期时所摄。尽管他有所担忧,但仍然同意创建出版社

图5　罗伯特・培根担任政府官员时,拍摄于1912年之前的某个时间。他的提议促成了出版社的成立

1912年年底前，事情有了进展，虽然没有得到富豪的捐款，但却有了决定。推动者就是罗伯特·培根。他建议大学理事会支持大学出版社的建立，并为图书出版提供借款。他认为出版社可以在站稳脚跟之后偿还这笔钱，或者通过获得一次性捐款来偿还。与此同时，在一开始时就应该有人担保理事会不受损失。洛威尔校长直到这之前还坚持捐款是绝对必需的，此时也被说服了。也许使他同意的主要原因是担保人就是培根本人。

没有人，甚至连洛威尔似乎都不清楚担保额应该有多大。人们也不会尖锐地质疑培根的资金状况或判断。正如关于出版社1919年危机的记录所显示的，担保额最终远小于预期。因此，我们有理由说，出版社的建立是由于培根的错误计算以及其他人的错误理解。

关于预期的借款问题，莱恩在他关于出版社创建的官方简史中写道："培根先生建议，鉴于需要立即成立出版社，大学理事会可能会每年出借1.5万至2万美元用于出版，只要有人担保不会遭受损失。"[70]

唐纳德·斯科特收到的一则电话信息使他认为理事会投票通过了一年2万美元的拨款，便于1912年12月20日向洛威尔、培根、盖伊和莱恩致信祝贺。但是，拨款是没有的。洛威尔很快纠正了斯科特："你一定是误解了大学理事会关于出版社资金问题的投票，因为理事会没有可以使用的资金。我真希望它有。会上只是建议如果能够保证利息和担保不受损，理事会或许会为此出借资金。"[71]

斯科特在给盖伊院长的信中写道："您和莱恩为此稳步无私工作有年，所有功劳属于你们。"院长回答说："我也为莱恩高兴，因为可以有一个开始了。功劳属于他，不属于我。"盖伊还手写了一则附言，告诉斯科特："如果梳理一下，我认为也有很大一部分功劳属于你。你对出版社的浓厚兴趣和你所采取的方式给洛威尔和培根留下了深刻的印象。"[72]

罗伯特·培根、C.C.莱恩、唐纳德·斯科特、埃德温·盖伊院长和洛威尔校长等五人可以说是哈佛大学出版社的共同创始人。

哈佛大学理事会正式表决成立出版社是在1913年1月13日。会议纪要没有提及资金,但是载明哈佛大学理事会任命了以下几人为出版社理事会成员——罗伯特·培根、查尔斯·H.瑟伯,以及乔治·F.摩尔、乔治·L.基特里奇、埃德温·F.盖伊、亚瑟·E.肯内利和沃尔特·B.坎农等五位教授。大学理事会还投票任命C.C.莱恩担任出版社社长。

"理事"(syndic)一词意指一个法人团体的代表。"理事会"(syndics)是剑桥大学出版社的管理机构所使用的名称,而比起牛津大学出版社使用的名称"代表"(delegates),哈佛显然更喜欢剑桥大学用的名称。[73]

哈佛大学出版社的第一届理事是一群信念坚定的人。罗伯特·培根在"过去的成功人士"和"未来的战争英雄"这两个角色之间获得了相对平静的时刻。做过大学教师的查尔斯·赫伯特·瑟伯博士是吉恩出版社的总编辑,曾为莱恩的主管。61岁的乔治·福特·摩尔是年纪最大的理事,他博览群书,是神学院的权威神学历史学家。乔治·莱曼·基特里奇是一位文学巨匠,当时就已经是哈佛的传奇人物了。忙得没有时间写书的经济史学家埃德温·弗朗西斯·盖伊正在创建美国第一所严格意义上的商学院。亚瑟·埃德温·肯内利是一位电气工程教授,年轻时曾担任托马斯·A.爱迪生的首席电气助理。医学院的沃尔特·布拉德福德·坎农博士41岁,是最年轻的理事,也是理事中第一位成为哈佛大学出版社的作者的:出版社从出版办公室接过了他那部经久不衰的生理学教科书。

这就是为了支持和管理尚未满30岁的C.C.莱恩而建立的团队。莱恩于1919年离开哈佛时,除培根和盖伊之外,其他理事都还在,其中基特里奇、瑟伯、肯内利和坎农四人一直服务到1930年代。

根据莱恩写的出版社理事会第一次会议(1913年1月15日)的纪要,洛威尔校长召集会议并提到,大学理事会"已得到不受亏损的担保",并准备为出版由出版社理事会批准的图书而出借经费。他任命培根为出版社理事会主席。培根解释说,需要每年借款1万到2万美元,"期待几年后从所出版图书的销售收入中偿还"。然而,会议纪要中的下一段话掷地有声:"大家一致认为,哈佛大学出版社的目的是出版学术性强的图书,不应成为商业出版社的竞争者。"

几天后,基特里奇教授致信洛威尔校长,祝贺这个"美好的开端"。[74] 基特里奇写道:"瑟伯博士在我们综合讨论的过程中评价说,在他看来,创建哈佛大学出版社是多年来美国推动学术进步过程中的重要一步。我们都同意他的意见。我们每个人都觉得自己见证了一个伟大机构的诞生。"

注释:

1 第一台印刷机的故事已经被多次写成各种版本。参见:塞缪尔·艾略特·莫里森《哈佛学院的创办》(哈佛大学出版社,1935),页255—256、342—348、379—380;乔治·帕克·温希普《剑桥的出版社(1638—1692)》(费城:宾夕法尼亚大学出版社,1945),页1—20。

2 格洛弗的名字以六种不同的形式出现在文件上,包括约瑟夫、何塞和杰西。他留在马萨诸塞州剑桥市的米德尔塞克斯县政府楼里的一份遗嘱誊本(对开本,页6,1653—1655)上,起始句为"我,乔斯·格洛弗"。斯蒂芬·戴的姓氏 Day 有时被拼写成 Daye。

3 温希普推测格洛弗可能带了一位训练有素的印刷工,但该印刷工也在航程中去世了(《剑桥的出版社》,页9、14—15)。马修·戴是北美第一位印刷工,这一情况得到了约翰·克莱德·奥斯瓦德《美洲的印刷》(纽约:格雷格出版社,1937)的证实,页1、40—52。

4 邓斯特无法从马萨诸塞政府机构得到格洛弗遗嘱中有关他的法律责任的一个清晰界定,于是在1656年经过大量的诉讼后,法院判定印刷机和其他一些财产也属于该房产的一部分,而邓斯特的继子约翰·格洛弗必须获得补偿。除了格洛弗的遗嘱外,相关手写文件还包括:亨利·邓斯特向马萨诸塞常设法院(1652年10月10日)提交的请愿书(哈佛大学档案之亨利·邓斯特档案,文件夹标注时间为1652—1655年);《米德尔塞克斯县记录》卷I,条目日期为1656年4月1日、5月9日、6月19日,特别是6月24日(页77—78、82—83、87—90);对开本页 12 中的一份未标日期的文档,标题为《邓斯特的要求》,显然与 5 月 9 日和 6 月 19 日的庭审有关。一些转载的文献里也有一些有用的段落:温希普《剑桥的出版社》,页 43—45、126—132、139—145;S. E. 莫里森《17 世纪的哈佛学院》卷 I(哈佛大学出版社,1936),页 315—317、345;以赛亚·托马斯《美国印刷史》,由马库斯·A. 麦克科利森编辑(纽约:风向标图书公司,1970;1810 年初版),页 43—49。

5 威廉·C. 基塞尔《格林家族:一个印刷王朝》,载于《新英格兰历史和宗谱记录》(1950 年 4 月),特别是页 81—82。

6 温希普《剑桥的出版社》,页 127、131。

7 关于美国出版的起源,见劳伦斯·C. 沃罗斯《殖民时期的图书贸易组织》,载于赫尔穆特·莱曼-豪普特、露丝·谢帕德·格兰尼斯和劳伦斯·C. 沃罗斯《美国书籍》(纽约:R. R. 鲍克出版社,1939),页 43—44。

8 很显然,1692—1800 年剑桥唯一的印刷活动发生在 1775 年 5 月—1776 年 4 月,当时塞缪尔·豪尔在哈佛园里制作了一份爱国报,也就是剑桥的第一份报纸《新英格兰纪事报》。参见:C. S. 布里格姆《美国报纸的历史和目录(1690—1820)》卷 I(马萨诸塞州伍斯特:美国古物学会,1947),页 353、394—396;S. E. 莫里森《哈佛大学的三个世纪》(哈佛大学出版社,1936),页 148—151;托马斯《印刷史》,页 176—178、274—275。

9 关于图书馆藏书目录,参见:1722 年 10 月 3 日和 1723 年 12 月 25 日的哈佛学院理事会记录;查尔斯·埃文斯《美国书目》卷 I(纽约:彼得·史密斯出版社,1941;1912 年初版),页 319。理事会 1734 年和 1735 年的记录里有很多关于"莫尼斯项目"的内容。

10 玛德琳·B. 斯特恩在她的《历史上的出版社:图书出版商和美国前沿》一书中为作为书商的希利亚德撰写了一章(布鲁明顿:印第安纳大学出版社,1956,页 24—44)。约翰·特贝尔在《美国图书出版史》卷 I(R. R. 鲍克出版社,1972)页 415—416、442—443、446 中展示了希利亚德的影响力,但却弄错了日期,使得"大学出版社"的成立信息完全错了。

11　C. F. 斯威夫特编的《巴恩斯塔布尔的家谱档案》是阿摩司·奥蒂斯档案的重印版(马萨诸塞州巴恩斯塔布尔,1888),页 69—70。

12　哈佛大学"1636—1930 年的纪念册"(五年一册)。有关希利亚德家族中多位成员的生平,参见:斯威夫特《巴恩斯塔布尔的家谱档案》,以及托马斯·W. 鲍德温汇编的两卷本《截至 1850 年的马萨诸塞州剑桥的重要档案》(波士顿,1914、1915)。

13　关于培生的概况,参见:克劳德·M. 菲斯《美国传记辞典》;莫里森《哈佛大学的三个世纪》,页 159、188—190。

14　关于大学出版社的成立,不仅可以查看 1802 年 4 月和 10 月的大学理事会记录,还可以查看理事会档案中 1800—1803 年文件夹里的培生笔记。关于设备的采购,参见:约瑟夫·威拉德致埃比尼泽·斯托勒,1802 年 5 月 20 日,学院档案,第一批,卷 IV,页 41;监事会记录,卷 IV,页 367—368、391—392。大学档案之"理事会记录"是理事会的会议记录,不能与"理事会档案""学院档案"混淆。

15　理事会档案,1802 年 10 月 25 日;《1802 年的马萨诸塞州出版商名录》由马萨诸塞州的美国出版商名录项目(工作项目管理)编写(波士顿,1942),尤其是页 19—20、69、111、117。

16　威廉·希利亚德致理事会,1813 年 4 月 16 日,学院档案,第一批,卷 VII,页 49。

17　关于伊利亚·W. 梅特卡夫,参见:约瑟夫·T. 白金汉写在 1859 年 10 月 1 日的《波士顿晚报》上的内容;弗雷德里克·刘易斯·韦斯《马萨诸塞州戴德姆的迈克尔·梅特卡夫和他的部分后人》(1940,美国古物学会的打字稿),页 233—234。

18　例如,雅各布·比奇洛的《美国药用植物学》是第一本彩色印刷的美国图书,从 1817 年开始分三册发行,该书扉页写着由卡明斯和希利亚德公司负责出版,大学出版社负责印刷。理查德·J. 伍尔夫在他的《雅各布·比奇洛的〈美国药用植物学(1817—1821)〉》(波士顿:伯德和布尔出版社、波士顿医学图书馆,1979)页 90 得出结论说,比奇洛本人应该是真正的出版方。

19 希利亚德致理事会,1813 年 4 月 16 日,学院档案,第一批,卷 VII,页 49。

20 1827 年 10 月 18 日的理事会记录总结了由纳撒尼尔·鲍迪奇、弗朗西斯·卡勒里·格雷和埃比尼泽·弗朗西斯组成的委员会的行动,该委员会已被授权可以终止大学出版社的合同或对其进行修改。

21 理事会致哈佛大学监事会,理事会记录,1828 年 1 月 17 日;监事会记录,卷 VII,页 405—417,尤其是页 412。关于哈佛财务动荡的另一个说明(包括出售出版社),是司库埃比尼泽·弗朗西斯于 1827 年 12 月 20 日提及的(学院档案,第二批,卷 II,页 169—172。

22 马克斯·豪尔《剑桥作为印刷商和出版商:名誉、遗忘和荣誉回归》,载于《剑桥历史协会会刊(44)》(1985),尤其是其中题为"1819—1883 年哈佛大学最早的年度书目的出版商和印刷商"的表格。

23 马歇尔·T. 比奇洛《剑桥的大学出版社》,载于《哈佛记录》(1881 年 6 月),页 348—349。

24 《斯蒂芬·戴和他的继任者(1639—1921)》是哈佛大学出版社 1921 年出版的一部机构发展史。更多关于哈佛大学出版社的信息,参见:豪尔《剑桥作为印刷商和出版商》。

25 斯特恩《历史上的出版社》,页 342、352、356,尤其是页 386。她列的名录上的最早的大学出版社是 1869 年成立的康奈尔大学出版社,但她在其他地方解释说,该社于 1884 年停办,然后于 1930 年重开。

26 理查德·麦克西《学者的阴影(1878—1978)》,收录于《百年学术出版》(小册子,约翰·霍普金斯大学出版社,1978)。麦克西说,约翰·霍普金斯大学出版社通常认为 1878 年标志着它的开始(页 1、4),后又在页 4 上补充道:"然而,讲述这个出版社的演变过程而不是它的成立,可能会更准确,因为约翰·霍普金斯大学出版社是逐渐出现今天的'大学出版社'的特征的。"它的第一份出版物是一本期刊;它的第一本书于 1882 年出版;它从 1890 年开始叫约翰·霍普金斯出版社,从

1972 年开始叫约翰·斯霍普金斯大学出版社。

27　彼得·苏特克里夫《牛津大学出版社：一部非官方历史》（牛津：克拉伦登出版社，1978），页 xiii—xiv、xviii。

28　M. H. 布莱克《剑桥大学出版社（1584—1984）》（剑桥：剑桥大学出版社，1984），前言和附录。

29　参见：1857 年 9 月 28 日由弗朗西斯·博文教授领导的一个教师委员会撰写的报告，学院档案，第二批，卷 XXIV，页 219—223。（这份报告在学院档案中记录的日期是错误的；它的准确日期记录在：教师记录，卷 XV，页 174。）另见：教师记录，1869—1872，页 297，以及 1872—1874，页 88—91。

30　这个印刷所的第一任负责人是威廉·H. 惠勒，1878 年古斯塔夫·温斯琴克继任。关于惠勒，参见：1875—1880 年的剑桥城市黄页；弗兰克·T. 赫尔等人的《印刷艺术》，载于《剑桥论坛报》，1914 年 5 月 9 日。关于印刷所的成本，参见：大学档案之司库报表（1871—1873），页 35、37。关于为哈佛提供的印刷服务，参见：印刷所账簿，1878 年 5 月—1879 年 9 月（大学档案 UAV 713.202）。关于温斯琴克，参见：1878 年及以后的剑桥城市黄页。根据 1889 年和 1890 年城市黄页中温斯琴克的办公室地址，可以知道印刷所搬迁至大学馆的大致日期。

31　麦克西《学者的阴影》，页 5。

32　理事会记录，1885 年 9 月 30 日、11 月 30 日、12 月 16 日，1886 年 5 月 24 日。

33　亚瑟·E. 萨瑟兰《哈佛法律》（哈佛大学出版社之贝尔纳普出版社，1967），页 197—198。

34　"哈佛东方学丛书"从第二卷开始在扉页上标注"哈佛大学出版"，但显然这只意味着这些书可以从出版办公室订购，不过是由哈佛大学编辑和出资的。直到 1912 年，出版办公室都将该丛书列为"吉恩出版社出版"。这套书正式转到哈佛大学出版社似乎是在 1915 年左右。

35　"A. P."（亚瑟·佩兰），威廉姆斯的讣告，收录于《哈佛学院

1877 届毕业 40 周年纪念报告》(1917),页 311—314。

36　同上,页 311。

37　W.沃伦·史密斯致笔者的备忘录,1979 年 10 月 17 日。古斯塔夫·温斯琴克已于 1892 年离开哈佛去了吉恩出版社,参见:托马斯·博纳文图尔·劳勒《教材出版 70 年:吉恩出版社发展史》(波士顿:吉恩出版社,1938),页 89;以及 1891 年和 1893 年的剑桥城市黄页中温斯琴克的地址,他的儿子弗雷德里克·威廉·温斯琴克继任印刷所的负责人,后者由威尔逊继任。

38　亚当·K.威尔逊《哈佛学院印刷所》,1900 年 7 月,存于大学档案"1900 年档案柜"中。

39　《哈佛学院 1888 届:秘书报告第五号》(1905 年 2 月)中关于詹姆斯·洛布的内容,页 61。关于洛布的生平概况,参见:弗雷德·贝茨·隆德写的讣告,载于《哈佛学院 1888 届毕业 50 周年纪念报告》(1938),页 206—211;阿什顿·罗林斯·桑伯恩编写的《美国传记辞典》中的相关词条。

40　C.E.诺顿致 D.B.厄普代克,1903 年 11 月 20 日(罗德岛普罗维登斯公共图书馆);诺顿致查尔斯·W.艾略特,1906 年 3 月 2 日(大学档案之艾略特档案,第 235 箱)。

41　D.B.厄普代克致 C.W.艾略特,1906 年 3 月 9 日、4 月 14 日;沃伦和史密斯公司(沃伦的建筑公司)致厄普代克,1906 年 4 月 10 日(艾略特档案,第 254 箱,厄普代克文件夹)。

42　这份名单在 1906 年 4 月 14 日厄普代克致艾略特的信中。

43　诺顿致艾略特,1906 年 3 月 6 日(第 235 箱)。

44　关于当时的时代精神的比较好的描述,参见:雷·纳什《作为一种艺术的印刷:印刷协会史(1905—1955)》(由哈佛大学出版社为该协会出版,1955),见书中多处,特别是页 23—24、26—33、37—47、64。

45　厄普代克致 A.劳伦斯·洛威尔,1910 年 3 月 31 日;詹姆斯·洛布致洛威尔,1910 年 8 月 30 日(大学档案之洛威尔档案,1909—1914,文件夹 1348)。

46 唐纳德·斯科特夫人 1973 年 12 月 12 日接受的采访。关于莱恩的早期职业生涯,参见:莱恩致系主任拜伦·S. 赫尔伯特,1908 年 3 月 21 日(艾略特档案,第 224 箱,莱恩文件夹);《哈佛学院 1904 届:第二份报告》(1910 年 6 月)中莱恩的文章,页 177。

47 《哈佛学院 1904 届毕业 25 周年纪念报告》(1929)中莱恩的文章,页 439。

48 《哈佛学院 1904 届毕业 50 周年纪念报告》(1954),页 271。

49 出版办公室 1911—1912 年报(校长年报页 229—231);《哈佛大学出版物(1912)》,其副本由莱恩批注,存于哈佛商学院档案馆唐纳德·斯科特档案中。关于印刷设备,参见:大学档案之艾略特档案,第 224 箱,莱恩文件夹中的通信内容;名为"哈佛大学出版社——活字和物料采购(1909—1926)"的破碎的分类账目(大学档案,UAV 711.288),页 9—10、59;莱恩致 A.L. 洛威尔,1912 年 5 月 3 日(大学档案之洛威尔文件,1909—1914,文件夹 1348);大学理事会记录,1912 年 6 月 19 日。

50 有一次,在医学院抱怨印刷其目录的费用后,莱恩告诉洛威尔校长,如果医学院在外面找到"低于我们收取的费用"且保证质量的地方印刷,"我认为这将是取消印刷所和解雇出版代理人的一个非常好的理由"(莱恩致洛威尔,1910 年 11 月 14 日,文件夹 1348)。

51 C.C. 莱恩致 J.D. 格林,1909 年 4 月 24 日(艾略特档案,第 224 箱,莱恩文件夹)。莱恩还随信附上了 19 种期刊和丛书的列表,并介绍了它们的出版方式。关于编辑会议(1909 年 4 月 8 日)的重要性,参见:哈佛大学出版社第一份年报(校长 1912—1913 年报,页 239—241)。

52 "哈佛历史研究丛书"的成本由威廉·M. 普里查德创立的亨利·沃伦·托里基金支付。直到 1912 年为止,拿到每本书零售价 10% 佣金的出版商是纽约的朗文-格林出版社。"哈佛经济学研究丛书"的成本由戴维·A. 威尔斯基金和小威廉·H. 鲍德温 1885 基金支付。直到 1912 年为止,出版商一直是霍顿-米弗林出版社。

53　C.C.莱恩致唐纳德·斯科特,1912 年 4 月 24 日,四页附件(唐纳德·斯科特档案)。

54　同上;莱恩致 A.L.洛威尔,1911 年 4 月 8 日(洛威尔档案,1909—1914,文件夹 1348)。

55　W.沃伦·史密斯 1973 年 10 月 24 日接受的采访;史密斯致笔者的备忘录,1979 年 10 月 17 日。关于 1912 年这些书换出版方一事,参见:《哈佛大学出版物(1912)》(唐纳德·斯科特档案);出版办公室 1911—1912 年报。

56　这份日期为 1912 年 6 月 14 日的合同在出版社存档。出版社的名字出现在 1913 年至 1919 年 11 月的月刊封面上。

57　出版办公室年报,1910—1911、1911—1912。

58　关于印刷和出版课程的详细情况,参见:马克斯·豪尔《印刷人的西点军校》,载于《哈佛商学院简报》(1979 年 1—2 月),页 12—16,转载于《平面艺术月刊》(1980 年 1 月),页 126—131。在第一年的基础课程里,厄普代克讲的课比其他人都多。除了第一次世界大战期间的一年半以外,第一年的基础课程每年都会开课。第二年的课程一共只开了四次,其中罗杰斯于 1911 年讲课,德威金斯于 1915—1916 年和 1916—1917 年讲课。另一门名为"印刷书的历史"的课程是由哈佛大学美术系教师授课的,C.C.莱恩没有参与,但商学院推动了该课程,将它作为印刷教学的一部分来宣传,并且支付了教授的头两年或三年的工资。

59　会议纪要在商学院档案馆"课程—印刷♯1"文件夹中。1912 年 3 月 29 日的建议的副本在大学档案 UAV 711.232 的第二个文件夹中(文件夹未命名),作者是沃特·S.蒂米斯。

60　C.C.莱恩《哈佛大学出版社发展过程总结》(手写),收在出版社理事会会议纪要卷 I 中。

61　唐纳德·斯科特致 E.F.盖伊,1912 年 4 月 22 日;盖伊致斯科特,1912 年 4 月 24 日;C.C.莱恩致斯科特,1912 年 4 月 24 日。这些信件都保存在哈佛商学院档案馆唐纳德·斯科特档案中;以下注释中引用的内容也是同样的情况,除非另有说明。(在这些记录中,斯科特自己的信是副本,他给盖伊的信的原件在商学院的盖伊档案中。)关于陶西格教材的销售情况,参见:约瑟夫·多尔夫曼《美国文明中的经济头脑》卷4(纽约:维京出版社,1959),页211。

62 E.F.盖伊致唐纳德·斯科特,1912年6月27日;斯科特致盖伊,1912年7月19日。

63 赫伯特·希顿《行动派学者:埃德温·F.盖伊》(哈佛大学出版社,1952),页85。

64 莱恩在《总结》里列出了与会者。除了洛威尔、盖伊、莱恩和斯科特之外,还有基特里奇教授、W.H.斯科菲尔德教授、D.B.厄普代克教授、埃勒里·塞奇威克教授、J.D.菲利普斯教授和A.W.肖教授。

65 A.L.洛威尔致E.H.威尔斯,1912年10月11日(大学档案之洛威尔档案,1909—1914,文件夹1462)。

66 唐纳德·斯科特致埃勒里·塞奇威克,1912年10月7日。

67 洛威尔致威尔斯,1912年10月11日。

68 该委员会没有公认的名称。斯科特和莱恩使用各种说法来称呼该委员会。斯科特后来称之为"洛威尔先生任命的创立了哈佛大学出版社的委员会"。参见:斯科特的自传性描述,《哈佛学院1900届毕业50周年纪念报告》(1950),页557。

69 "H.J."(亨利·杰克逊)撰写的罗伯特·培根的讣告,《哈佛学院1880届:报告九》(1920),页15—18。关于其他生平介绍,参见:詹姆斯·布朗·斯科特《罗伯特·培根:生活与信件》(纽约州花园市:双日和佩奇出版社,1923),以及蒙哥马利·舒伊勒在《美国传记辞典》中的概述。

70 莱恩《总结》。

71 洛威尔致斯科特,1912年12月21日。

72 E.F.盖伊致斯科特,1912年12月23日。附言在原始信件上,存于唐纳德·斯科特档案,尽管不在商学院盖伊院长自己的档案的副本中。

73　在《牛津英语词典》给"syndic"下的五个定义中,相关的一个定义如下:"某个作为某法人团体(如大学)的代表出席并且处理事务的人;尤其是在剑桥大学,指评议会特别委员会的成员,负有特定的职责。"

74　1912 年 1 月 20 日的信(应为 1913 年),存于大学档案之洛威尔档案,1909—1914,文件夹 1462。

第二章　C.C.莱恩治下的最初发展
（1913—1919）

　　哈佛大学出版社首先是为了出版高水平学术著作而创立的，它旨在通过广泛发行全世界最重要学者的作品来推动知识进步。它还通过印刷大量系列出版物来帮助及时传播原创的研究成果。但是，它并没有计划与商业出版社竞争，因为它的主要功能并不是出版发行有利可图的书籍。

——哈佛大学目录，1913—1914

　　从 1913 年 1 月至 1919 年年底，查尔斯·切斯特·莱恩负责经营哈佛大学出版社（包括印刷所）。那七年当然不是为出版社打造坚实基础的最好的时期，反而可能是最坏的时期。甚至在美国参加第一次世界大战之前，战争就已阻碍了这项事业。在出版社的第一次危机期间，局势的不稳定和组织的固有缺陷加剧了财务困难，因此除非作者或其他人/机构保证支付所有的费用，理事会不接受任何书稿。尽管如此，莱恩治下的出版社似乎还是出版了 156 种新的学术著作。[1]

　　甚至在"哈佛大学出版社"的品牌出现在书上之前，莱恩就有 202 种书向公众出售了。[2] 在这份在版书目中，大约 180 种是学术著作，可以

图 6　不，这并不是一位电影演员。这是 C.C. 莱恩，哈佛大学出版社的首任社长

将莱恩看作其中一些书的"出版人"，以及其他书的"代理人"。在出版社成立后的第一年里，这份在版书目的存在和"出版"这个词的含糊不清导致了出版社公布的统计数字的波动。例如，在成立仅五个月后，莱恩就宣布出版社"已经出版"了 95 种书。[3] 1913 年晚些时候，他在大学的年度目录中说，"出版社出版物"包括了大约 150 种书。但是在 1913 年一整年，只有 7 种书上出现了哈佛大学出版社的品牌。

　　成立 14 个月后，出版社发行了一册令人印象深刻的出版物，题为《哈佛大学出版社首份书目》。这份书目有 63 页，不仅收录了出版办公室和商业出版社的书，还收录了许多"印刷中"和"准备中"的书。

图书和理事会

第一种带有哈佛大学出版社品牌的书是 1910 年在法学院院长任上去世的詹姆斯·巴尔·埃姆斯的文集。该书为《法律史讲义及其他法学论文》，出版日期为 1913 年 2 月 28 日，大约在出版社创建的六周后。[4] 作为出版代理人的莱恩早已将这本书排好版，理事会于 1 月批准出版。

第二种带有这一品牌的书是"哈佛历史研究丛书"的第 18 种。这是伊利诺伊大学 A. H. 莱比耶教授的《苏莱曼一世时代的奥斯曼帝国政府》。这本书充满了新的结论，并在历史学家中引起了轰动。在莱恩时代出版的 156 种新书中，大约 80 种属于丛书，而丛书的数量也从 9 种增加到了 18 种。[5] 丛书很少畅销。然而，不可否认的是，专业丛书填补了空白，日积月累地为世界知识做出了巨大贡献。

洛威尔校长认为，哈佛大学出版社应该从出版"全世界都认为与哈佛大学相匹配"的书开始。[6] 他自己指明了方向，授权出版社于 1914 年出版了他的《法国、意大利和德国的政府》，1918 年出版了《欧洲大政府》，后来又出版了 4 种书。在莱恩时代，哈佛大学的许多教授与校长一起加入了作者队伍，包括弗雷德里克·杰克逊·特纳、F. W. 陶西格、托马斯·尼克松·卡弗、J. H. 比尔、L. J. 亨德森、麦尔文·T. 科普兰和查尔斯·H. 哈斯金斯等。

但是，出版社从来没有将作者局限于哈佛的教授。莱恩时代的书目在来源、主题和风格方面都是多元的，包括文献目录、教材、古代语言作品的翻译版，甚至罗伯特·S. 希利尔的第一部诗集。其中还包括"哈佛健康讲座系列"，这些约 50 页的精装书均基于哈佛医学院赞助的讲座的讲稿，如《儿童护理与喂养》《食品中的防腐剂及其他化学品的使用与滥用》《病房护理》《合理膳食》《如何避免感染》。[7]

理事会的七位创始成员中有五位出现在了莱恩的作者名单里。就连学术味最不浓的理事罗伯特·培根也在封面上看到了自己的名字。

当哈佛社为前国务卿伊莱休·鲁特(他的继任者是培根)出版八卷本文集时,编辑就是罗伯特·培根和詹姆斯·布朗·斯科特。后来,哈佛社在多卷本档案集成出版方面表现突出,如"西奥多·罗斯福书信集""爱默生笔记"和"亚当斯档案"。鲁特的多卷本文集为其第一种。档案项目必须获得补贴。这一次,天使近在咫尺:培根先生承诺会补偿任何损失。[8]

但是,理事中最高产的作者还是乔治·莱曼·基特里奇。首先,哈佛社在 1914 年获得了基特里奇 1902 年的一部作品《乔叟〈特洛伊罗斯〉的语言考察》的版权,当时吉恩出版社向哈佛社移交了"语文学和文学研究及讲义丛书"的起首几卷。然而,1915 年发生的才是大事件,那一年哈佛出版了基特里奇引人入胜的作品《乔叟其人其诗》。此书之长销,莱恩时代其他的书无一能够望其项背。1970 年的"55 周年纪念版"是第 15 次印刷。第 16 次印刷是在 1972 年,并成为"哈佛平装书"的第 26 种。这本书起源于基特里奇在约翰·霍普金斯大学的六次讲座。此书之后是 1916 年出版的《高文爵士与绿衣骑士研究》,几乎同时还有一本《莎士比亚讲稿》。[9]

哈佛大学出版社最难以忽视的理事就是著名的"基蒂"①,因为他的学识、他在课堂上的华丽表演、他的坏脾气、他的摩纳哥亲王牌雪茄,以及他从在哈佛读本科时就开始留的络腮胡。说基特里奇主导了首届理事会,可能不一定很准确,但是在接受或拒绝书稿方面,他确实一直是最受尊重的领袖人物。

紧随其后的是乔治·福特·摩尔,一个以其品格、学术和教学技巧而闻名的大高个儿。埃德温·盖伊院长是理事会中最关心出版社经济情况和未来的人。住在纽约的培根主席是一位父亲式的人物,而且有着资本权益,但他显然没有过多地参与运营。由于被一些比哈佛社运营更重大的事务所牵绊,他在前两年只出席了一半的会议,其后只参加了一次会议。每当他缺席时,理事会都会选出一位临时主席,通常为摩尔或基特里奇。1915 年 2 月,当出版社成立两年时,洛威尔校长和哈佛

---

① "基蒂"(Kitty)为"基特里奇"的昵称。

图 7　乔治·莱曼·基特里奇。这张铅笔素描为研究生弗朗西斯·C.沃克于 1910 年在剑桥希利亚德大街上的基特里奇家中所画

大学理事会任命了一位新的出版社理事——阿奇博尔德·卡里·柯立芝,这位历史学家也是哈佛大学图书馆的馆长。他很快成为最积极的理事之一。

"未经理事会认可,不得出版任何图书。"哈佛社第一本书目中的这一声明自那时起就成为一项基本的原则。然而,对于列入主要丛书的选题,在最初的几十年中并不需要正式的审批。确实,之前提到过的莱比耶的专著是"经过摩尔教授的审查"后才被正式接受的,但是1913年4月,理事会一揽子批准了"哈佛历史研究丛书""哈佛经济学研究丛书""哈佛古典语文学研究丛书",而会议纪要中并没有提及这些丛书中的具体选题。但是在讨论这个问题时,理事会确定了一项现在仍然坚持的原则:每一个选题都需要"某个负责的人的认可"。

在哈佛社的"现代"时期——自1947年成立董事会以来,理事会的角色一直限于管控品牌,从而维护出版社的学术水准。出版社理事会成员由校长和大学理事会任命,代表着主要的学术领域,负责指导出版社社长和编辑对书稿进行评估,有时是通过审阅,但通常是对项目发表总体建议,提议最佳审稿人,以及对审稿人的评估进行评判。出版社理事会定期开会研究通过了出版社的筛选而留下的书稿。通常,他们会批准这些书稿的出版。偶尔,他们也会拒稿,但如果是社长热情推荐的书稿,又附有社内一位编辑与社外一位或多位受人尊敬的学者表示赞成的报告,则几乎不会被否决。

最早的理事会执行的是"看门狗"的功能,甚至更多。他们还需要操心非编辑事宜,包括财务、销售代理,最初甚至还包括排版和纸张。关于书稿,他们并非全都依赖莱恩社长的推荐,而是积极地推荐书稿给出版社并获取外部意见。当时,哈佛社没有现代意义上的"编辑"人员。

缺　陷

并非每个人都欢迎哈佛大学出版社的出现。在距离哈佛园几个街区的另一家"大学出版社"那里就有些抱怨。那另一家"大学出版社"就是哈佛大学在 1802 年建立并于 1827 年卖给私人的印刷公司。这家公司的全名现在是"大学出版社:约翰·威尔逊父子公司",它不仅声称自己是在 1639 年由斯蒂芬·戴创立的,而且还在信笺抬头上展示了由三本打开的书组成的哈佛校徽。它仍然承担着哈佛大学的印务,但是已失去了大学印刷所的地位。现在它的名字被占用了。哈佛大学出版社认为自己有权独家使用其名称和校徽。[10]哈佛大学理事会咨询了律师,律师觉得任何一方都可以迫使另一方放弃该名称,尽管他们觉得商业公司使用"大学出版社"这几个字"欺骗了公众"。[11]这家商业公司被哈佛大学出版社的广告所激怒,威胁要提请税务稽核员留意哈佛印刷所,甚至暗示这将招致诉讼。洛威尔校长说:"他们想起诉就起诉吧,我想没什么可做的。"他说他对出版社的税收并不是很担心,"我们并没有从中赚钱"。[12]显然此事就这样画上了句号。

哈佛大学出版社真正的威胁并非来自任何竞争对手。出版社急需一个更健全的商业结构,以及与大学之间的更清晰的关系。盖伊院长已经向莱恩举荐了一位效率专家来重新组织印刷所的工作。[13]现在他走得更远了。在 1913 年 3 月的理事会会议上,他提议任命一个委员会来调查出版社的"财务关系状况",并提出完善建议。理事们通过了这项议案,培根主席任命盖伊为这个委员会的唯一成员。

不久之后,盖伊迈出了令人惊讶的一步。他找到丹尼尔·伯克利·厄普代克,问他是否愿意接管出版社,当时丹尼尔做了快三年的商学院印刷基础课程的首席讲师了。该洽谈得到了培根和唐纳德·斯科特的批准。莱恩有没有批准是另一个问题了。厄普代克阐述了他会考虑出售梅里蒙特出版社以及"与我的员工一起去哈佛大学出版社"的条件。其中一个条件是在哈佛社的"建立和管理"中,"我被允许尽情发挥"。[14]盖伊咨询培根后,发现培根是赞同的,但当时培根正要踏上前往亚洲、欧洲和南美洲的 5 万英里的旅程。[15]

与此同时,1913 年夏,斯科特重新开始寻找大金主。[16]在他的敦促下,莱恩准备了出版社办公楼的建筑方案。斯科特想把这些图纸展示给慈善家。[17]到了 10 月,他准备召开一年前任命但从未开过会的筹款委员会的会议,但是洛威尔校长说应该等到培根回来。洛威尔看了建筑师的图纸后打消了他们的念头,说他和莱恩认为要等到出版社取得成功后再建造大楼。[18]

培根终于在 12 月回来了,斯科特在剑桥安排了一次委员会会议,但是似乎找不到任何关于出版社创始人在 1913 年年底讨论了什么的记录,也没有再提到厄普代克做哈佛社领导的事。就这样,另一个涉及厄普代克的计划就破灭了,就像 1906 年大家期待着詹姆斯·洛布的捐赠一样。

然而,洛布却还在哈佛社的故事里。在遥远的慕尼黑,毫不知情的他现在成了斯科特和正在计划 1914 年春欧洲之行的委员会成员 J. H. 西尔斯的首要目标。斯科特利用莱恩提供的数据撰写了一份题为《哈佛大学出版社的需求》的计划书,总计约 60 万美元。[19]西尔斯把这份文件的初稿带到了欧洲,回来后,他给斯科特写了一封失望的信:

> 我在慕尼黑看到了洛布,他病得很重。我和他只见了 15 分钟,尽管我谈到了哈佛社,但他告诉我,他甚至不会考虑去看这份计划书,别的事他也不想做,不想考虑。事实上,谈到他的古典丛书时,他也是绝望的,说要是没开始做就好了。[20]

对大金主的寻求无果而终。1914 年 8 月,第一次世界大战全面爆发。1915 年 3 月,斯科特告诉盖伊,经济实在低迷,"现在,在你开口说话前,每个人都早已准备好了说'不',我想这也是无可厚非的"。[21]

与此同时,盖伊院长在以另一种方式为财务健康而积极努力,他提议在出版社与大学之间建立一种契约关系。出版社向大学理事会借款用作营运资金(不必由捐赠者担保),并为此支付利息。印刷所在为大学院系工作时收取足以支付其成本的费用,同时通过为外部客户提供商业服务而获利——在一定条件下,印刷利润可用于出版部门。[22]

出版社理事会花了很长时间来研究协议的草案。1914 年 4 月 1 日,他们把它交给了一个委员会,该委员会由盖伊、罗伯特·培根以及哈佛大学司库查尔斯·弗朗西斯·亚当斯三世组成。很快,盖伊报告说该委员会完全接受这份协议的诸原则。5 月 20 日,出版社理事会批准了该文件。但是当它被提交给洛威尔校长时,整个计划都化为乌有了。洛威尔告诉亚当斯:"我不知道大学理事会如何能够与自己的代理人签署协议,或者赋予其完全不受大学理事会控制而行动的独立性。"他说,莱恩"是我们的代理人",并"对我们负责"。此外,校长还说:"我不确定贷款给出版社并希望出版社能够支付利息是否明智。在我看来,我们不得不寻找捐赠来作为出版社的基金。"[23]

当然,大学理事会已经借了款,出版社也在支付利息,但是当时每个人都认为大学理事会得到了不受损失的担保。司库报告显示,出版社对大学的累计债务在 1914 年 7 月约为 1.5 万美元,1915 年为 2 万美元,1916 年减少了一些,但是到 1917 年 7 月却增长到了 41491 美元。1916—1917 年的利息则超过了 1000 美元。

运　营

莱恩治下最令人振奋的事件是 1916 年出版社搬到了更为宽敞的新办公室。出版社被允许离开大学馆搬到兰德尔馆,这是距离哈佛园大约一个街区、位于柯克兰街拐角处神学大道上的一幢不寻常的红砖楼。这也成了哈佛大学出版社之后 16 年的家园,印刷业务则在此地持续了近半个世纪。现在,这里建起了威廉·詹姆斯馆。

兰德尔馆原本是一个学生食堂,主房间 90 英尺长,60 英尺宽,约 35 英尺高,带有高高的窗户。排字工人(用手工和自动铸排机进行排版)、校对员和领班亚当·K.威尔逊在主房间工作。印刷机被安装在大楼北侧以前的服务间。地下室用于放置单型连铸机、加热设备、电版和存版,以及用作餐厅和洗手间。大厅前部建起了一个露台,莱恩、销售部门和会计部门等出版社的人员在此办公,通过玻璃墙可以俯瞰排字间。而露台下的主层存放着书和纸张。前门一侧的房间是发货部,另一侧的房间则是商学院印刷和出版课程的教室。[24]

当时,莱恩已经接替厄普代克做了两年的印刷协会的尊贵的主席。除了领导哈佛社之外,他还在商学院任教,指导印刷和出版课程并授

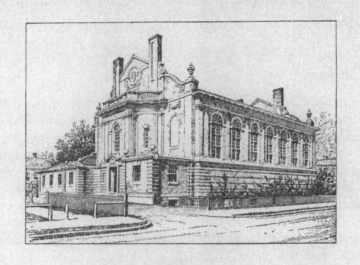

图8　1916 年发行的纪念卡,图中画出了哈佛大学出版社的第二个总部。近景即横跨楼前的柯克兰街

课。哈佛社成立后不久,他成了马萨诸塞州海岸炮兵队的一名中尉。1917年,一个后备军官训练团在哈佛进行操练,而莱恩则担任战术指导员、营长和该团的副官。[25]

在哈佛社,莱恩努力提高销售额。毕竟,他曾是著名的吉恩出版社的广告经理。现在他发出一连串的通函,以这种类型的文字起首:"亲爱的女士:您想了解在儿童饮食中应该增加哪些食品吗?""亲爱的先生:经济学的学生将在这四本新书中找到许多有趣的材料。"他分发印好的通知,包括可以贴在图书馆公告板上的小海报。他善于制作书单,制作最精心的便是出版社的年度书目。针对文学编辑,莱恩在1914年创办了一份受人欢迎的通讯刊物《文学笔记》,是1940年代的《书讯》和1960年代的《博览群书》这两份生动的通讯刊物的先驱。哈佛社还定期在《国家》杂志上刊登广告,并不定期地在《新共和》杂志及其他许多报刊上刊登广告。[26]

但直接销售给书店却是另外一个问题。根据查尔斯·瑟伯领导的一个委员会的建议,理事会选择了贝客和泰勒书店作为纽约的销售代理,选择了A.C.麦克鲁格公司作为芝加哥的代理。[27]拜访书店的成本太高,而哈佛社的"大众图书"又太少,因此派人定期向书商荐书是不可行的。大学出版社都存在着这个问题,所以一些大学出版社就联合起来,并逐步发展成了当今的美国大学出版社协会。

临近1915年年底时,莱恩向哈佛大学汇报,耶鲁和普林斯顿已经组建了"大学出版社协会"来促进销售,希望最终美国所有重要的大学出版社都能加入。耶鲁进一步提议1916年在纽约市开办耶鲁-哈佛销售办公室,但是这种合作在1920年代早期就分崩离析了。由于耶鲁做得比哈佛好得多,哈佛感觉耶鲁的书的推广更得力。此外,耶鲁大学出版社无疑出版了更多的大众图书。[28]

哈佛社的年报提到,出版物的销售总收入从1913—1914年的6.1万美元逐步增加到了1916—1917年的7.8万美元。然后又倒退了,年报开始对收入语焉不详,但根据哈佛大学司库的报表,1918—1919年再次下降至6.1万美元。[29](当然,部分收入必须转入学校里那些为出版图

书提供资金的院系。)如果不是战争影响了市场条件,销售情况很可能
会好一些,但是这种影响很难衡量。

战　争

战争造成了一种毫无疑问的伤害:它挑走了关键人物。

第一个走的是担保人罗伯特·培根。1914 年 8 月,第一次世界大
战刚开始时,他就确信美国必须参战并且最好先做准备。他本人没有
等待。他成为新任美国驻法国大使,一到法国就雇了三辆汽车来运送
第一次马恩河战役中的受伤士兵。他牵头建立了一家美国军事医院、
一家美国救护车服务机构,并安排了一辆医用火车用于运送伤亡人员。
他与英格兰的威廉·奥西尔爵士合作,在英国的一家军事医院设立了
一个美国外科部门。回到美国后,他和其他人对纽约普拉茨堡的一个
训练营兴奋不已,之后他应募入伍,成为二等兵,并在那里受训——当
时他都 55 岁了。1916 年,他围绕军事准备问题展开了激烈的竞选活
动,几近赢得共和党的纽约州参议员的提名。[30]当美国在 1917 年 4 月宣
战时,他被委任为潘兴将军队伍的少校,并与潘兴一起前往法国,负责
设立美国军事总部,后又晋升为中校,并担任美国驻英国军事总部的代
表。[31]培根于 1918 年辞去了哈佛大学理事会的职务,但从未辞去出版社
理事会主席的职务,尽管他在 1915 年没有出席任何会议,在 1916 年也
仅出席过一次会议,此后便没有参加过任何会议。他于 1919 年 4 月回
到纽约,身心俱疲。短暂的病痛后,他做了乳突炎手术,但因血液中毒
病故。

1917 年年底,哈佛社失去了另一位创始人——埃德温·盖伊院长。
这位富有创造力、精力充沛的创始人在华盛顿的战争事务机构(主要是
战争货运委员会)工作了一年半,后于 1919 年去了境况不佳的《纽约晚
报》担任总裁。他招募了唐纳德·斯科特,后者首先是担任战争货运委
员会驻纽约的代表,后来是在《纽约晚报》做他的得力助手。盖伊管理
下的这家报纸组建了杰出的编辑团队,但是发生了大额亏损。他于

1924 年回到了哈佛大学,不过没有去商学院或出版社,而是去了他在去商学院之前待过的经济系。[32]

1918 年 7 月,陆军又招走了 C.C. 莱恩。作为军务部少校,他在 11 月停战时几乎完成了海外任务的训练,但是他们总共让他在军中待了 13 个月。前 10 个月中,艺术家威廉·A.德威金斯担任哈佛社代理社长,他虽然是以 83.33 美元的月薪来兼职的,但是他尽可能长时间地驻社办公。[33]

威廉·艾迪森·德威金斯(1880—1956)是在平面艺术史上最具创意和多才多艺的人物之一。他在俄亥俄州的剑桥长大,在马萨诸塞州的欣厄姆(莱恩的家乡)生活,并在波士顿的一家工作室工作。到 1918 年,在 38 岁的时候,他就在广告设计方面脱颖而出,为哈佛大学出版社和 D.B.厄普代克做了许多与手写字体和美工有关的工作,并且两年来一直在哈佛商学院讲授印刷和出版方面的高级课程,但是他这时候还没什么国际声誉。他从 1929 年起设计的字体包括 Metroblack、Electra、Caledonia、Eldorado 和 Falcon。仅为阿尔弗雷德·A.克瑙夫出版社,他就设计了 280 种书,并参与了另外 55 种书的设计工作。[34]

管理出版社并不是令德威金斯比较欣慰的经历。他的艺术伙伴鲁道夫·鲁奇卡回忆道,德威金斯"讨厌管理其他人的事情"[35],也不善于与杰出教授谈判。哈佛社的运营陷入了混乱。莱恩和他的助手都参了军,许多女员工也辞了职投身于各种战争所需的工作。记账也落后了,出版社受到了严厉的批评。[36]出版社的部分经营重任由查尔斯·伯恩斯·布兰查德和大卫·托马斯·波廷杰承担,他们都在 1916—1917 年参加了商学院的印刷出版基础课程,此外,出版社的经营在一定程度上还依赖于从商学院借调的沃尔特·莫兰德·斯通。[37]

根据 1919 年 4 月 24 日的理事会纪要,由于个人事务的压力,德威金斯申请卸任。理事会选择了查尔斯·布兰查德继任代理社长。

此时,哈佛校方和出版社理事会对出版社的财务前景感到非常焦虑。在莱恩离开之前,他们就很急躁了。例如,在 1918 年 5 月的哈佛大学理事会会议上,司库 C.F.亚当斯就询问了出版社的财务状况,并

图 9 威廉·A.德威金斯,1918—1919 年担任哈佛大学出版社代理社长,后获得印刷大师和设计大师的美名

被告知莱恩仍然指望着罗伯特·培根"补偿任何合理的亏损"。他还被告知,在战争期间,出版社不会出版任何未得到充足的财务保障的书。[38] 对出版社理事会来说,他们厌倦了由于缺乏这种保障而拒绝优秀的书稿。因此,1919 年 4 月培根从欧洲返回时,理事会决定"就出版社财务政策咨询培根先生"显得并不奇怪。

莱恩在短暂的军事休假期间出席了 4 月的会议,会议决定由他致信培根。他在信中描述了战争导致的活动与销售的缩减,回忆了是培根"使出版社之成立成为可能",同时提到了赤字,也提醒培根他仍然是理事会主席,并称理事会"让我向您询问是否有机会在这个时候获得捐赠,或者您对我们未来的政策是否有建议"。[39] 莱恩的信写于 1919 年 5 月 6 日,但是没有收到回信。5 月 29 日培根就去世了。

在那个夏天,当出版社事务出现混乱时,洛威尔校长试图搞清楚培根到底保证了什么。莱恩汇报说,他从司库亚当斯那里了解到,亚当斯已经得到了培根的"令人满意的保证",但又补充说,"我从未见过任何正式的协议"。莱恩说:"我们的经营计划要求第一年支出 1.5 万美元,接下来的两年每年支出 2 万美元"——总计 5.5 万美元——"我们认为,在第五年年底,将由培根先生向大学补偿所有亏损"[40]。

7 月,定时炸弹爆炸了。人们在亚当斯的文件中发现了培根的一封信。写信日期是 1913 年 1 月 15 日,也就是出版社理事会第一次会议的当天,全文如下:

> 亲爱的先生:
>
> 考虑到哈佛学院设立了大学出版社,我同意在设立这个机构后的两年内弥补损失,每年至多 5000 美元,这是学院可能遭受的损失,我的全部义务仅限于 1 万美元。[41]

当莱恩被要求做出解释时,他说他从来没有见过这封信,对这样的安排也一无所知。[42]

在 1919 年 7 月的那段时间里,出版社欠大学的债务约为 5.8 万美元,而莱恩仍然留在陆军中。[43] 基特里奇告诉洛威尔校长,莱恩回归时间的不确定性是"让出版社士气低落"的原因,布兰查德证实了这一点。多年后,基特里奇回忆说,1919 年那几个月的出版社事务"几乎处于混乱状态"。洛威尔发电报给莱恩说:"你何时回到这里。出版社非常需要你。"[44] 莱恩终于在 8 月回来了,并着手清理一些问题,展现了最好的一面,同时也在安排他自己的未来。

10 月 1 日,莱恩告诉理事会他打算辞职,成为埃德温·盖伊治下的《纽约晚报》的生产经理。莱恩在 11 月的正式辞职信中表示,他不是因为对出版社最终的增长缺乏信心而辞职,而是因为想要一个更大的平台。[45] 他于 12 月 31 日正式离开了哈佛。此后,在漫长的职业生涯中,他一直在纽约报界工作。先是晋升为《纽约晚报》的业务经理,后又在《纽约时报》做了 30 年的助理业务经理和副业务经理。他也曾担任纽约出版商协会的主席和美国平面艺术协会的会长。1967 年 12 月 27 日,莱恩去世,享年 84 岁。[46]

希　望

关于 1919 年还有更多可以讲述的。在莱恩任职的最后几个月里，事态发展表明动荡不安的哈佛大学出版社还是有未来的。

10 月里，理事会像一个男子汉一样站了起来，对学校忽视出版社提出了抗议。

在 10 月 1 日莱恩宣布离职的理事会会议上，阿奇博尔德·卡里·柯立芝提议由查尔斯·瑟伯为下一次会议提供一份致大学理事会的请愿书草案，概述一个受捐赠的大学出版社的需求。理事会讨论了瑟伯的草案，做了一些修改，并印好提交给了大学理事会。10 月 22 日的记录副本存于大学档案中，其上有乔治·F.摩尔、乔治·L.基特里奇、阿奇博尔德·卡里·柯立芝、沃尔特·B.坎农、保罗·J.萨克斯、C.H.瑟伯和 A.E.肯内利的签名。[47] 显然这份文件没有公开。

理事会名单中出现了一个新的名字——保罗·约瑟夫·萨克斯，他于 9 月被任命。在 1940 年代，萨克斯将在出版社大动荡期间担任理事会主席。1919 年，他时年 40 岁，担任美术助理教授、福格艺术博物馆副馆长，是高盛银行的前合伙人。与詹姆斯·洛布一样，他曾在哈佛大学查尔斯·艾略特·诺顿的影响下研究美术，并由于对美学的热爱而离开了家族企业。

理事会在请愿书中说："由于缺乏资金，出版社不得不拒绝一些非常好的书稿。"他们告知校长和校董们，企业，尤其是出版社，必须拥有营运资金，因为"就本身的性质而言"，哈佛社的图书"大部分都属于长销书"。他们总结道："如果要保留哈佛大学出版社，就应该使其保持与国内任何一家类似机构同样高的标准，而且应该有与英国牛津和剑桥的伟大的出版社比肩的抱负。理事会认为，大学要么干脆放弃保留大学出版社的计划，要么支持它履行恰当职能并成为大学不可或缺的一部分。"

洛威尔校长很快就证明了他不打算放弃出版社。

首先,他很快指定了莱恩的继任者——一个他完全信任的人。这就是波士顿肖马特国民银行的副总裁哈罗德·默多克。11 月 10 日,就在莱恩提交辞职信两天后,哈佛大学理事会就批准了默多克的任命——从 1920 年 1 月 1 日起——不仅担任出版社社长,还担任理事会主席。

其次,洛威尔发表了一篇关于大学出版社重要性的声明,这是他关于这个主题最有说服力的一篇声明。"我们投入了很多资金在图书馆上,"他宣称,"在出版社上加大投入也是明智的。"[48]

最后,哈佛社的收入取得了令人欣喜的增长,因此 12 月的情况比 7 月看起来好了很多。莱恩在离职前告诉洛威尔,在 1919 年的最后六个月里,出版社的业务总额超过了 4.5 万美元。(而在此前的 12 个月里,却只有 6.1 万美元。)莱恩说,出版社的总亏损已经从 6 月 30 日的 57924 美元减少到了 4.4 万美元。他将减少的金额中的 3603 美元归因于账目错误的更正,其余部分则归因于"不再由出版社支付发行新书的费用"和"大力推广已经出版的图书"。莱恩还指出了两个可以进一步减少债务的现金来源。其中一个来源是培根遗产中的 22145 美元,包括原始担保的 1 万美元和培根担保的"伊莱休·鲁特文集"的当前赤字 12145 美元。(洛威尔用温和的语调写信给培根的孀妻,询问她是否愿意承担这两项担保,12 月中旬支票就到了。)另一个来源是"一般出版基金",该基金始于 1912 年尼尔森·罗宾逊的 2500 美元的捐赠,当时达到了 11866 美元,莱恩说"这代表了已经由出版社支付了成本的图书的利润"。莱恩告诉洛威尔,他认为销售额的增长"显示了可以确保的结果,因为战争已结束了"[49]。

1919 年是停战复原、通货膨胀、种族骚乱、波士顿警察罢工和全国性产业动荡的一年,波士顿加入工会的印刷工人争取到了工资的大幅增长。尽管哈佛印刷所没有加入工会,但是员工的工资也跟着上涨了,哈佛大学每周要向其 35 名印刷工和校对员支付约 800 美元的工资。[50] 劳动力成本的攀升和材料费的上涨导致莱恩于 9 月通知理事会他正在提高一些出版物的价格。尽管动荡频仍,但美国在这一年夏季和秋季的经济形势还是不错的。人们显然找到了更多的钱——即便最终没有带来捐赠,至少也买了更多的书。

哈佛大学出版社不仅需要有利的外部条件,更需要强大的内部运营基础。这是随着下一任社长而到来的。

注释:

1　在本书中,关于出版社出版物的数量,笔者是根据自己的估计得出的,主要是以出版社年报所附的列表为基础,同时根据已知的重复和错误内容进行了调整。这种估计不是非常精确、科学的。例如,什么情况下将小册子按照"书"来进行统计? 笔者试着根据每种出版物的特点来判断,而不是单纯依据页数来判断。两卷的书是统计为一种还是两种? 如果两卷以完全相同的书名同时出版,就将其算成一种。因此,在这里和后面的章节中,笔者没有对"品种数"或"本数"做区分,只是如果几卷书在不同的时间出版,即使书名相同,也将它们分别计数。修订版按照新书统计,而单纯的重印不算新书。"进口书"——原本在另一个国家出版的书,由哈佛社出了美国版——按照新书统计。至于仅为其他组织发行的书,笔者未将它们统计在哈佛社出版的图书总数中,尽管哈佛社经常在统计数据时忽略"出版"和"发行"的区别。

2　列在《哈佛大学出版物(1912)》中的书目,其副本在哈佛商学院档案馆唐纳德·斯科特档案中,再加上1912年下半年通过出版办公室出版的四种书。

3　《哈佛大学出版社》,一份1913年6月19日的印刷版声明(唐纳德·斯科特档案)。

4　《哈佛毕业生杂志》(1913年6月),页630—631、665。

5　新丛书中寿命最长的是"哈佛罗曼语言研究丛书",其第1卷为E.F.兰利编辑的《贾科莫·达·兰提诺诗集》(1915)。其他还包括"哈佛教育研究丛书"和"哈佛教育评论丛书"(均推出于1914年),以及"哈佛神学研究丛书"(1916)。

6　A.L.洛威尔致G.L.基特里奇,1913年1月21日(副本存于大学档案之洛威尔档案,1909—1914,文件夹1462)。

7 理事会纪要,1913年10月9日。

8 C.C.莱恩致A.L.洛威尔,1919年8月27日(洛威尔档案,1917—1919,文件夹58)。

9 有关版税和其他合同事宜的信息来自出版社的合同文件。基特里奇从《乔叟》一书获得的版税是销售收入的15%——比通常情况高。1918年,出版社获得了基特里奇《老农夫和他的年历》一书的版权,这本书在1904年由贺瑞斯·E.韦尔出版过。

10 C.C.莱恩致唐纳德·斯科特,1913年4月16日(唐纳德·斯科特档案);F.W.亨尼韦尔致耶鲁大学的安森·菲尔普斯·斯托克斯,1914年1月23日(大学档案之洛威尔档案,1909—1914,文件夹1406);理事会纪要,1914年4月1日、5月20日。

11 普特南、普特南和贝尔事务所致哈佛大学理事会,1914年5月22日(洛威尔档案,1909—1914,文件夹1462)。

12 A.L.洛威尔致威廉·L.普特南,1914年7月31日(洛威尔档案,1914—1917,文件夹180)。

13 E.F.盖伊致A.L.洛威尔,1912年6月17日(洛威尔档案,1909—1914,文件夹1348);哈佛社1914—1915年报。这位专家是C.B.汤普森。

14 D.B.厄普代克致E.F.盖伊,1913年5月24日(哈佛商学院档案馆梅里蒙特文件夹,以及盖伊致厄普代克的信的副本,1913年5月29日、7月29日)。另参见:唐纳德·斯科特致盖伊,1913年9月26日;盖伊致斯科特,1913年9月29日(哈佛商学院档案馆一般文件,唐纳德·斯科特文件夹)。

15 詹姆斯·布朗·斯科特《罗伯特·培根:生活与信件》(纽约州花园市:双日和佩奇出版社,1923),页177、185。

16 唐纳德·斯科特致C.C.莱恩,1913年6月23日;斯科特致朱达·H.西尔斯,1913年7月25日(副本存于唐纳德·斯科特档案)。

17 唐纳德·斯科特档案1913年9月23日至11月5日的12封

信中提到了建筑计划。

18　唐纳德·斯科特致 A.L.洛威尔,1913 年 10 月 23 日、11 月 5 日(大学档案之洛威尔档案,1909—1914,文件夹 1462);洛威尔致斯科特,1913 年 10 月 28 日(唐纳德·斯科特档案)。

19　《哈佛大学出版社的需求》,印刷于 1914 年 6 月,存于大学档案 HUF 710.10。有几份草稿存于唐纳德·斯科特档案。关于斯科特所称的"针对洛布的运动"有许多通信,例如:斯科特致 C.C.莱恩,1914 年 2 月 9 日(唐纳德·斯科特档案)。

20　J.H.西尔斯致唐纳德·斯科特,1914 年 5 月 18 日(唐纳德·斯科特档案)。

21　唐纳德·斯科特致 E.F.盖伊,1914 年 8 月 13 日、1915 年 3 月 17 日(商学院档案馆一般档案,斯科特文件夹)。

22　盖伊的报告副本(一份未标注日期的八页文件),存于洛威尔档案,1909—1914,文件夹 1462,亦存于唐纳德·斯科特档案。都夹在 1914 年 5 月的通信中。

23　A.L.洛威尔致 C.F.亚当斯,1914 年 5 月 29 日(洛威尔档案,1909—1914,文件夹 1462)。

24　关于兰德尔馆的历史,参见:威廉·本廷克-史密斯《建立一个伟大的图书馆:哈佛大学的柯立芝时代》(哈佛大学图书馆,1976),页 71—73、99—100。有关出版社和兰德尔馆,参见:《哈佛校友会刊》,1916 年 11 月 16 日,页 138—140;哈佛社 1915—1916 年报;W.沃伦·史密斯 1973 年 10 月 24 日接受的采访。

25　参见:《哈佛学院 1904 届毕业 10 周年纪念报告》(1914 年 6 月)和《第四份报告》(1920)中莱恩的自传性内容;A.L.洛威尔致约瑟夫·沃伦,1918 年 7 月 15 日(洛威尔档案,1917—1919,文件夹 1654)。

26　大量的印刷品存于大学档案和唐纳德·斯科特 1914 年的档案中。在存于大学档案的文件中,特别参见:UAV 711.202、UAV 711.205 中的文件夹;UAV 711.232 中的"海报""文学笔记""广告"文件夹;1914 年 10 月 21 日的《文学笔记》的副本(洛威尔档案,1914—

1917,文件夹 180)。

27 理事会纪要,1913 年 3 月 19 日。牛津大学出版社的负责人是在英国的代理人,一如出版办公室时期。莱比锡的 K. W. 希尔斯曼是出版社在欧洲大陆的代理人。

28 关于大学出版社协会,参见:哈佛社 1914—1915 年报;《哈佛校友会刊》,1915 年 12 月 8 日,页 190,以及 1916 年 11 月 16 日,页 139—140;理事会纪要,1916 年 5 月 10 日、10 月 30 日;W. W. 史密斯致笔者,1980 年 11 月 10 日;约翰·B. 普特南《知识分子的烟草:美国大学出版社协会的起源》,载于《学术出版》(1974 年 7 月),页 301—302。

29 这个 6.1 万美元的数字可能与 1913—1914 年的不可比,因为那一年度司库的数字是 43540 美元。在莱恩治下,出版社的年报和司库报表之间所有的销售数字都存在差异,这无疑是不同的计算方法导致的。

30 J. B. 斯科特《罗伯特·培根》,尤其是页 210—214、219 脚注、269、272。

31 同上,书中多处;亨利·杰克逊《培根的讣告》,收录于《哈佛学院 1880 届:报告九》(1920),页 18—19;蒙哥马利·舒伊勒在《美国传记辞典》中关于培根的文章。

32 《美国名人录(1928—1929)》中盖伊的条目;赫伯特·希顿《行动派学者:埃德温·F. 盖伊》(哈佛大学出版社,1952),页 139—140、147—148、156—183。

33 C. C. 莱恩在《哈佛学院 1904 届:报告四》(1920)中的文章;关于选择德威金斯,参见 C. C. 莱恩《在欣厄姆的早年时光》,收录于保罗·A. 伯纳特主编的《关于德威金斯的附言》卷 2(纽约:印刷爱好者,1960),页 158;理事会纪要,1918 年 5 月 31 日。波士顿公共图书馆收藏的德威金斯的工作日志中记录了他的在任时间和薪水。

34 多萝茜·阿贝森《威廉·艾迪森·德威金斯》(小册子,波士顿公共图书馆,1974),特别是页 5—6、8—9、16—17、22。

35 鲁道夫·鲁奇卡 1977 年 6 月 11 日接受的采访。

36 关于战时问题的叙述来自《哈佛大学出版社调查委员会报

告》,1923年5月14日,收录于《哈佛学院调查委员会报告(1919—1924)》(大学档案),页239。委员会成员之一是C.C.莱恩,但报告并未提及他助手的名字。

37　沃尔特·斯通是商学院的一名教职员工,他在1920年3月8日的一封信中告诉唐纳德·K.戴维,他于1918年"在战争期间被调到出版社"(哈佛商学院档案馆"课程—印刷♯1"文件夹)。

38　大学理事会秘书罗杰·皮尔斯致C.F.亚当斯,1918年5月15日(大学档案之洛威尔档案,1917—1919,文件夹58)。下文的几个注释中引用的信件都在同一个文件夹中。

39　C.C.莱恩致罗伯特·培根,1919年5月6日,副本。

40　C.C.莱恩致A.L.洛威尔,1919年6月30日。

41　来自文件夹58中的一份打印原稿,同时还有F.W.亨尼韦尔致C.C.莱恩的副本,1919年7月8日。

42　C.C.莱恩致F.W.亨尼韦尔,1919年7月10日。

43　金额来自哈佛司库的1918—1919年报表,页150。

44　"士气低落"和"混乱状态":A.L.洛威尔致F.W.亨尼韦尔,1919年7月23日;A.L.洛威尔致G.L.基特里奇,1919年7月30日;G.L.基特里奇,哈佛社1933—1934年报。文件夹58中洛威尔电报的副本没有标注日期;1919年7月29日莱恩以电报回复。

45　C.C.莱恩致A.L.洛威尔,1919年11月8日(洛威尔档案,1919—1922,文件夹51)。

46　《纽约时报》,1967年12月28日。

47　洛威尔档案,1917—1919,文件夹58。

48　校长1918—1919年报,1919年12月18日。

49　C.C.莱恩致A.L.洛威尔,1919年12月29日(洛威尔档案,1919—1922,文件夹51)。

50　C.C.莱恩致A.L.洛威尔,1919年8月11日、8月19日(洛威尔档案,1917—1919,文件夹58);C.C.莱恩致A.L.洛威尔,1919年10月8日(洛威尔档案,1919—1922,文件夹51)。

第三章　默多克时代（1920—1934）

　　哈罗德·默多克是一位银行家、藏书家和作家,他从 1920 年年初开始领导哈佛大学出版社 14 年,直到 1934 年 4 月去世。通过向大学收取更高的印制费,承印哈佛之外的订单,以及将印制利润用于补贴出版亏损,他确保了出版社的财务稳定。他能够做到这些,是因为他善于分析业务的困难,还因为他是洛威尔校长的好友,由此获得了哈佛大学管理层的信任,他甚至是托马斯·J.威尔逊之前最受信任的社长。洛威尔不仅任命他为社长,而且让他加入了一个重整哈佛大学财务管理事务的三人委员会。在基特里奇教授看来,"几乎就在反掌之间",默多克就将出版社"带出混沌,理出秩序"。[1]

　　在排版方面,默多克时代是哈佛大学出版社的鼎盛时期,著名的布鲁斯·罗杰斯前来参与,哈佛在图书设计方面达到了史上最高的声誉,其后也未曾超越。在默多克时代,大卫·T.波廷杰不断升职但终未获任社长。在这个时期,出版社的另一个支柱威廉·沃伦·史密斯也开始了长达 43 年的服务。默多克特别需要他们这样的人,因为他从来不是,也没说过要做一位出版家,而是把许多时间花在了阅读 18 世纪的文献上,而且他长期因病住院或休养在家而不在社里。即使是健康时,他也习惯于只有上午在社里办公。[2]

图 10　哈罗德·默多克,哈佛大学出版社
第二任社长

　　在默多克的任期里,大约 750 种图书和小册子带着哈佛大学出版社的品牌出现,平均每年 50 种,年出版新书从 20 种左右增加到了 90种。[3] 其中大部分图书的版权属于哈佛的院系和其他学术组织——出版社收取佣金,一般是定价的 15％乘以销售册数。这些书虽然在学术上很突出,但是绝大部分都太专业了,销量有限。与以前一样,营运资金的匮乏严重限制了出版社拥有版权的独立图书的出版。而且,默多克时代与莱恩时代一样,也走上了"末日骑士"之路——前面是第一次世界大战,后来又遇到大萧条时代的经济危机。1927—1928 年,哈佛社的图书销售收入增长到 13.7 万美元,但 1932—1933 年下降到了 6.4 万美元,这可能是图书馆和学者最窘迫的时候。默多克时代末期的 1934年的销售收入实际上比 1920 年还要低。[4]1932—1933 学年,哈佛出版了85 种书,但是只有 13 种是自担风险的。[5]

默多克接任社长时已经 57 岁了,此前他在肖马特国民银行做了 13年的副总裁。他身材瘦高,留有规整的髭须。一些人觉得他对人冷淡,甚至有时显得粗鲁,但是另一些人觉得他很有个人魅力。他没有大学学位,因为他 18 岁就去一家金融公司工作了。默多克在金融业工作了40 年,但是他更钟情于"珍本书俱乐部"(波士顿一个爱书人的组织)。他 20 多岁时就开始在业余时间写作历史书(由霍顿-米弗林出版),后来又建立了著名的私人图书馆,并于 1916 年获得哈佛大学艺术硕士荣誉学位。[6] 他写的一些书是由河畔出版社的布鲁斯·罗杰斯设计的,默多克后来就把这位好友延揽入哈佛,实为哈佛之幸。

财　务

默多克就任社长前两周提出了关于改变哈佛大学出版社地位的四点建议。洛威尔校长全部照准。新计划的原文是:

(1)就哈佛大学而言,印刷所与出版社的出版业务应该合并——合起来才是哈佛大学出版社。印刷所的利润应该保留在该商业实体中,而不是像目前这样每年上缴。

(2)出版社应该自主运营,有自己的银行账户,支付自己的账单,等等。为不同院系做的工作,账单应该转到学校,以支票结算。

(3)1920 年,司库应当为出版社提供(比如)5 万美元的信用额度以备所需。

(4)出版社有权对外承印,只要获得其理事会对品质的认可,出版社有权出版任何图书。[7]

印刷所和出版社都归出版社社长节制,在这个意义上它们当然是已经在一起了。然而,学校从财务上一直视其为两个独立的组织,在司库的年度报表中分别列出其支出与收入。印刷收入平均高于成本 4%,这一利润被直接视为学校的收入。[8]从默多克开始,出版社将印刷价格提至高于成本 10%,并将利润保留在"该商业实体中"。

此外,出版社还大大增加了校外非商业客户的印刷业务。[9]1929—

1930年,校外印务带来约8.7万美元收入,利润率为12％,而校内印务则带来9.6万美元收入,利润率为9％。[10]

在校内,印刷价格的问题越来越突出,而且最终在默多克和洛威尔离开多年之后造成了人们敌视出版社的风潮,出版社抛弃了印刷所,而且险些"送命"。但是在1920年代,既无捐赠(甚至无争取捐赠的活动),又无学校的年度直接补贴(显然想都不要想),是印刷所的收入让出版社存活了下来。

埃德温·盖伊院长在1914年曾经试图让出版社更加独立,但是遭到了冷遇。默多克则更为成功。出版社开了一个银行账户,不再继续通过大学财务办公室处理交易,其支出和收入就从司库的报表中消失了。默多克引入了新的财务系统,雇用了30岁的会计赫伯特·E.杰克斯来指导。[11]

5万美元是一个奇迹。但这是贷款,默多克先生对此太了解了——贷款是要还的。显然他没有贷足5万美元的全额。由于增加的销售和其他收入(如培根遗产的收入),实际上在1919—1920财年,出版社从大学贷的款减少了,也就是说经过莱恩的最后六个月和默多克的最初六个月,到1920年6月时贷款为21584美元。而后,1920—1921财年,即默多克的第一个完整财年,他利用了其信用等级,贷款上升到4.5万美元。购买第三台二号米利圆筒印刷机等许多急需的设备花掉了部分现金。[12]但是在其后的12个月,1921—1922年,4.5万美元的贷款变成了1万美元的存款。当然,出版社在往来账户上还有更多的资金。这一反转一定是由于销售的上涨和印刷利润的到来。

在默多克时代的后面几年里,只有两年的司库报表显示出版社有欠款。良好的财务能力甚至持续到大萧条时期销量跌到谷底之后。甚至在1931年,哈佛大学管理层还可以欣然宣称:"由于是默多克先生在掌管,我们的出版社一直在赢利。"[13]

关于默多克宣称的出版社有出版其理事会批准的任何图书的自由,想一想他到来之前实行的严格原则就能理解了。莱恩的表述是:"不发行任何本社承担费用的新书。"这一限制几乎要逼理事会造反了。

现在,默多克作为社长和理事会主席不再受制于这项原则。出版社确实多次拿自己的钱去冒险,不过由于新的严格原则(避免亏损,或者一旦发生就迅速终止)以及大萧条对书业的影响,这一趋势被弱化了。

默多克 1919—1920 年的计划并没有确定出版社的法律地位。这一问题于 1926 年得到了解决。

出版社一直以"哈佛大学出版社"的名义宣示版权和执行合同。合同是以交换信件的方式达成的。1926 年,默多克向洛威尔校长建议,像耶鲁和普林斯顿那样将出版社独立为公司。洛威尔回复说,他一直没想清楚,但是认为合同最好以大学的名义签署,而以社长为其代理人。[14] 此后不久,1926 年 4 月 26 日,哈佛大学理事会投票决定,合同应以该理事会的名义,即以"哈佛学院的校长和校董们"的名义签署。[15] 由此,哈佛大学出版社虽然被授权宣示版权和执行合同,但是此后都是以哈佛大学理事会的名义的。从官方意义上讲,它一直是哈佛大学的一个部门。

治　理

默多克不时与哈佛的校长、司库和审计师非正式地讨论出版社事务。[16] 在致校长的年报中,除了列举出版的图书,他讲得很少。然而,他确实注意了确保出版社理事会知晓财务情况。

但是,默多克领导下的理事会比以前发挥的作用小多了。会开得少了,出席情况也不好。1923 年左右,默多克就开始先退稿,而后再请理事会批准。很快,他就更进一步,开始先接受一些书稿,而后再让理事会追认。不过,他确实会在不开会的时候与个别理事交换意见。

基特里奇则比以往更为活跃。理事会的影响和热情的减退似乎不适用于他。他出席会议比其他任何理事都多(除了默多克),并留心寻找新书,阅读和修改书稿,甚至还会动手修改广告。[17]

只有基特里奇、查尔斯·瑟伯和保罗·萨克斯这三位理事经历了整个默多克时代。撰写纪要的乔治·福特·摩尔从一开始就是理事会的支柱,他于 1924 年卸任。继任者是神学院的另一位教授詹姆斯·哈迪·罗普斯,他任职到 1932 年。阿奇博尔德·卡里·柯立芝于 1928 年去世。沃尔特·坎农博士 1929 年 2 月最后一次出席会议(尽管在默多克的坚持下,他任职到 1932 年),A. E. 肯内利 1931 年 6 月最后一次出席会议。1934 年默多克去世时,理事会的成员包括基特里奇、瑟伯、萨克斯、罗伯特·皮尔庞特·布莱克、约翰·M. 马圭尔(首位来自法学院的理事)、汉斯·津泽博士和威廉·斯科特·弗格森。

1922—1923 年,哈佛大学监事会为出版社设立了调查委员会,首任主席为亨利·詹姆斯律师,他是威廉·詹姆斯的儿子、小说家亨利·詹姆斯的侄子。这一任命影响深远,因为在出版社 1940 年代的危机期间,詹姆斯担任哈佛大学理事会成员。1923 年 5 月,调查委员会报告说,现在的出版社"基础扎实",但是需要出版更多"学术性强或文学品质高的作品以扩大影响"。[18]

从 1923—1924 学年到 1928—1929 学年,纽约市的商人托马斯·W. 斯洛克姆接替亨利·詹姆斯担任了六年的调查委员会主席。斯洛克姆之后是波士顿金融家菲利普·斯托克顿,他担任了三年。1932—1933 年,委员会迎来了另一位波士顿金融家奥尔斯顿·伯尔,他对出版社兴趣浓厚,做了五年的主席。

图 书

很多人都认识到了对于"具有更广泛的吸引力"的图书的需求。1924 年,《哈佛校友会刊》指出,与耶鲁和普林斯顿相比,除了一些"明显的例外"情况,哈佛大学出版社的书目里"一眼就可看出缺少能够引起一般公众兴趣的图书"。[19]

在哈佛为数不多的对学术界之外产生深刻影响的图书中,有一部出版于 1922 年的关于排版艺术的重量级作品。这就是丹尼尔·伯克利·厄普代克的两卷本《印刷字体:历史、形式与使用》,由作者本人设计并印制,但是归哈佛所有。厄普代克分析了印刷术发明以来最重要的字体和排版师,为现代印刷业人士提供了经验参考。1941 年厄普代克去世后,英国印刷师斯坦利·莫里森写道,这本书的出版是"十年里最重要的事件","当时这本书对我们来讲就像是救世主"。[20]《印刷字体》50 多年来几乎不断在重印,销量虽然不是特别大,但是一直很稳定,累计售出 1.25 万册,被誉为"印刷人的圣经"[21]。

不过,这本书的出版之路也是漫长而艰辛的。1911 年,厄普代克在哈佛商学院首次进行他的 12 讲讲座时,书稿就开始成型了。1913 年,哈佛社宣布演讲稿在"印刷中",而且将于 1914 年 6 月出版。这不过是良好的愿望罢了:厄普代克花了好几年时间继续对文本进行完善。当他认为书稿差不多好了时,窘迫的哈佛社又穷得出版不了了,理事会于1918 年 5 月、1919 年 4 月两次投票,表示他们乐于出版但是无能为力。即便是在哈佛社于 1920 年 1 月接受书稿之后,厄普代克又花了两年半才拿出他自己觉得满意的书稿及 367 幅插图。[22]

在默多克时代,其他一些值得关注的丛书之外的图书有:查尔斯·H.哈斯金的《12 世纪的文艺复兴》(1927),此书的重要性直到 1971 年仍然不减,当时又重新发行了哈佛平装版;E. K.兰德的《中世纪之父》(1928);G. L.基特里奇的《英格兰和新英格兰的巫术》(1929);乔治·福特·摩尔的《犹太教》(三卷本,1927、1930),现在还在销售;年轻的肯尼斯·默多克的《英克里斯·马瑟》(1925);年轻的佩里·米勒的《马萨诸塞的正教》(1933)。版税一般为定价的 10%,不过由于大萧条日趋严重,哪怕只能拿到一点点版税也算幸运了。

在默多克的书目里,还出现了一些后来对哈佛大学出版社有重要作用的教师,例如哈里·A.沃尔夫森、威尔伯·K.乔丹、梅森·哈蒙德、亚瑟·H.科尔、亚瑟·N.霍尔库姆和拉尔夫·巴顿·佩里。默多克时期书目上的常客是英语系的海德·E.罗林斯和但丁学者查尔斯·H.格兰金特,几乎每一年的书目里都会有他们俩中的一位。

默多克治下的出版社在一般文学和语言方面实力最强(不过在美国文学方面还不强),在历史、教育、经济学、艺术和民间音乐领域也较强。在艺术史方面,哈佛社启动了钱德勒·拉斯丰·波斯特的《西班牙绘画史》,这可能是哈佛社重现最多的书名,从 1930 年到 1966 年共出版了 14 卷。

这一时期的"哈佛历史研究丛书"出版了年轻学者威廉·L.朗格、德克斯特·铂金斯和弗雷德里克·默克的作品。1932 年,历史系增加了另一套丛书——"哈佛历史学专著系列",在标准上没什么区别,但是资助方不同。第一种是《希腊化时期的雅典部落时代》,由新任理事威廉·S.弗格森撰写。

哈佛大学出版社在经济学方面的实力主要来源于"哈佛经济学研究丛书",这套书在默多克时代出版量很大,达到 25 卷。其中有爱德华·H.钱伯伦的《垄断竞争理论》(最终售出 4 万册)、爱德华·S.梅森和西摩·哈里斯等前途无量的年轻人的专著;1934 年,约瑟夫·A.熊彼特的《经济发展理论》的第一个英文版出版。

哈佛社还出版了一些科学图书,包括詹姆斯·L.彼得斯《世界鸟类大全》的前几卷、物理学家珀西·布里奇曼和地质学家科特利·马瑟的早期著作等,但是科学图书的总品种数在默多克任职期间减少了。大多数科学家有出版作品的其他途径。哈佛社在政府学和政治学领域出书不多,不过 1930 年出现了改变的信号,"哈佛政治学研究丛书"第一卷——J.F.斯莱的《马萨诸塞的城镇政府(1620—1930)》出版。

在默多克时代,哈佛社新增了 30 套丛书,使丛书总规模超过了 40 套。在 750 种新版图书中,大约 345 种属于某一丛书,而且这一比例在不断提高。几乎所有丛书(以及很多不属于丛书的图书)的版权都为外部机构所有,哈佛社以收取佣金的方式出版。1924 年,哈佛社成为"人类文化比较研究所丛书"的美国代理者,该所总部位于挪威的奥斯陆,许多出版物是非英语图书。另一套规模庞大的精品丛书是"哈佛燕京学社丛书",始于 1932 年,在中国印制。默多克时代专业丛书的大量增加虽然对哈佛社的经济贡献度不大,但是为世界学术界做出了很大贡献,也提高了组织出版的哈佛院系的声誉。具有持久重要性的受到补贴的新丛书还有:"沃特海姆学者丛书"(1927),1954 年改为"沃特海姆工业关系丛书",由约翰·T.邓洛普主持;"哈佛城市规划研究丛书"(1930);"哈佛商业史研究丛书"(1931)。

带来最广泛影响的两套新丛书是"戈德金讲座系列"和"诺顿讲座系列"。丛书作者是哈佛之外的公众人物、作家、艺术家和音乐家。

戈德金讲座于 1903 年由报刊编辑 E. L. 戈德金的朋友们创办。讲座的主题是"关于自由政府的要素和公民的责任"[23]他们没有要求讲座必须由哈佛出版。哈佛社也是直到 1926 年才挖掘出戈德金讲座这一出版资源的,并于当年出版了众议员罗伯特·卢斯的《理解国会》。默多克时代只出版了 3 种戈德金讲座图书,但是这套丛书在其后几十年中蓬勃发展。

诺顿讲座则被要求必须由哈佛出版。1925 年,1898 届校友查尔斯·昌西·斯蒂尔曼向哈佛大学捐资 20 万美元,用于设立查尔斯·艾略特·诺顿诗学讲席。每位专家将驻校一年并开设 6 次以上的讲座。所谓"诗学"意指所有形式的诗性沟通,包括语言、音乐和美术。[24]起先,丛书由捐赠收入资助出版,哈佛大学理事会拥有版权。后来,哈佛社自行投资,有时也获得了很好的回报。1926—1927 年,牛津大学希腊语教授吉尔伯特·默里担任首位诺顿讲席教授。1927 年,哈佛社将他的讲座以《古典诗学传统》为题出版。截至 1981 年,哈佛社诺顿系列共出版了 25 种图书。作者有 T. S. 艾略特、希格弗里德·吉迪恩、伊戈尔·斯特拉文斯基、阿隆·科普兰、E. E. 卡明斯、本·沙恩、莱昂内尔·特里林、奥克塔维奥·帕斯和伦纳德·伯恩斯坦。

T. S. 艾略特还参与了出版社的另一项特别工作,即 1933—1937 年的唱片出版。(这项工作直接促成哈佛社于 1978 年发行了六盒装磁带《诗人之声》。)1930 年代的唱片项目由讲授公共演讲的助理教授小弗雷德里克·C. 帕卡德启动。作为他所谓的"哈佛声音图书馆"的长期录音项目的一部分,他录制了艾略特朗诵的自己的两首诗作(《小老头》与《空心人》),C. T. 科普兰朗读的《启示录》节选,C. H. 格兰金特朗读的但丁作品节选,弗雷德·N. 罗宾逊朗读的乔叟作品节选,布里斯·佩里对爱默生与萨克雷的解读,以及 E. K. 兰德朗读的拉丁经典作品节选。[25]哈佛社在市场上推广了这些唱片,但实在不太擅长此项业务,所以出版社理事会于 1938 年 12 月经过投票将之转给了哈佛电影社。

排　版

默多克去世时,《纽约时报》在报道中说,他提升了哈佛社的品质,其图书在"国内印制和设计界首屈一指"。因为其他期刊中有同样的表述,所以这一评价很可能出自哈佛。[26]这是一个无法证明的评价,但是可能也接近事实了。布鲁斯·罗杰斯、D. B. 厄普代克、大卫·波廷杰,甚至在某种程度上也包括威廉·A.德威金斯,都在哈佛社 1920 年代的出版物上展示了他们的专家身手。

从 1923 年春天开始,美国平面艺术学会每年评选国内 50 种最佳设计和印制图书进行巡展,向在一般渠道销售的最出色的图书授予奖牌。第一枚奖牌授予了厄普代克 1922 年的经典之作《印刷字体》。1924 年,第二枚奖牌授予了哈佛社另一本书——珀西·哈森·休斯顿的《约翰逊博士》。该书设计者为布鲁斯·罗杰斯。在 1924 年的"50 种好书"中,哈佛社入选了 5 种,比任何其他出版社都多。[27]罗杰斯仔细指导了这些书的排版与印刷。1922—1934 年,哈佛社共有 24 种书被选中参加年度巡展。每种书的首席设计师是谁,似乎分不太清,不过大致是这样:罗杰斯 15 种,厄普代克 5 种,波廷杰 3 种,梅尔文·卢斯 1 种。[28]

布鲁斯·罗杰斯(1870—1957)温文尔雅,有书卷气,关注细节,极富创意,他来自印第安纳而又走遍各地,将其艺术应用于大西洋两岸的许多出版社和印刷商,被公认为第一位伟大的专业图书设计师。也有人认为他是所有时代中最伟大的。[29]他的影响力是否比德威金斯还要大(后者出名比他晚很多),取决于如何定义和怎么看。

默多克接手哈佛大学出版社时,49 岁的罗杰斯在英格兰住了一段时间后刚回到美国。在英格兰时,罗杰斯任剑桥大学出版社的印刷顾问,为这家古老的出版社在排版方面注入了新的活力。应默多克的请求,哈佛大学理事会为罗杰斯设立了一个非全职的岗位——哈佛大学出版社印刷顾问。[30]他一直任职到 1936 年,不过主要是在 1920—1928 年的八年间发挥作用。起先,他花了两三个月帮助整顿了印刷所的工

图 11 《现代色彩》(1923)，卡特勒与佩珀著，布鲁斯·罗杰斯与威廉·A.德威金斯这两位美国一流的平面设计师设计。德威金斯设计了这个封面，浅黄的底色上饰以黑色的图案

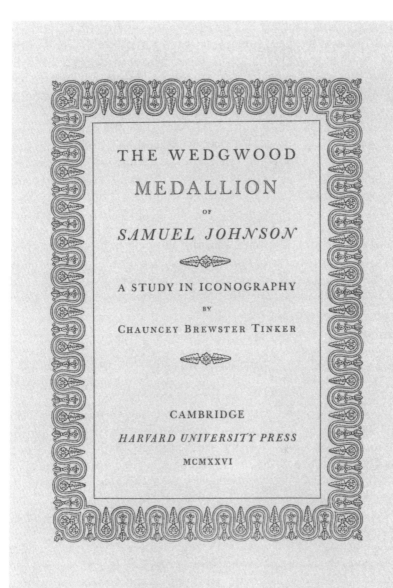

图 12　这是布鲁斯·罗杰斯在哈佛社排版声誉的高峰期所设计的一个扉页,开本瘦长,为 8.5 英寸×11.5 英寸,用的是适合关于韦奇伍德的书的浅蓝色纸张

作,其后几年间,他每年到社里一个月以上。他为哈佛社设计了大约 30
种图书。同时,他提出了具有创造性的建议,从总体上改进了哈佛社图
书、目录以及大学印刷品的观感。他的到来使出版社士气大增。[31]

至于厄普代克,他的梅里蒙特出版社为哈佛社印制的图书由他设
计。不仅包括《印刷字体》,还包括他自己写的《白天的工作》(1924,哈
佛社拥有版权,厄普代克享受版税)和《梅里蒙特出版社及其工作》
(1933,厄普代克拥有版权并向哈佛社支付佣金)。

从数量上讲,哈佛社在 20 世纪二三十年代的首席图书设计师是大
卫·托马斯·波廷杰。他与罗杰斯、厄普代克不是一个级别的,但是接
受了他们的培训,当"工匠型"设计师而无愧——用沃伦·史密斯的话
来讲,他是一个"真正的手艺人"。波廷杰深受厄普代克的讲座和示范
作用的影响。罗杰斯在 1938 年的一封信中写道,波廷杰不再需要他的
建议了,波廷杰在哈佛社的设计工作"非常棒"。[32]

波廷杰与史密斯

1920 年代初期,大卫·波廷杰是联系出版办公室和印刷所的主要
桥梁。1926 年,位于波士顿的印刷协会选举他为主席。彼时,他不仅是
一位设计师,而且是一位出版人,对哈佛社至关重要。哈佛社的广告由
他撰写和设计。书店在某种程度上也是他去拜访的,直到后来这项工
作才转给沃伦·史密斯。多年来,波廷杰参与了各种出版决策,他也越
来越多地要去与作者沟通。

波廷杰个子不高,四方脸红通通的,褐色头发,戴着眼镜。认识的
人都说他规规矩矩,急躁固执,聪明风趣,而且被低估了。1884 年圣诞
节,他出生于波士顿,1906 年毕业于哈佛后,教了十几年英语,拿出一部
新版的《哈姆雷特》,又到哈佛来读英语专业的研究生。1916—1917 年,
他注册为商学院的特别学生,修读 C. C. 莱恩指导、厄普代克主讲的印
刷和出版课程。1917 年,莱恩聘用他到哈佛社工作。[33]

波廷杰在工作和外部活动方面都相当有能力。他一生都葆有剑桥

之爱,他曾说过,他想永远住在听得见纪念堂钟声的地方。[34] 在哈佛社,默多克严重依赖他,但是又质疑他的管理能力,[35] 从不愿意给予他反映其实际上的二把手地位的名号。

威廉·沃伦·史密斯(哈佛社未来的业务经理)来自缅因州的奥甘奎特,比波廷杰年轻 16 岁。1919 年,当史密斯还是哈佛新生的时候,波廷杰就雇用他邮寄广告传单。1924 年,波廷杰给了他一份全职工作,此后他就一直在哈佛社工作,直到 1967 年退休。起先,他负责指导直邮广告地址的填写,并处理其他杂务。不久,他就开始处理订单和拜访书店。这些工作使他介入图书发货以及库存控制(后者更为重要),其后 40 年,这一直是他的重要职责之一。1927 年左右,他被任命为销售经理,成为哈佛社第一位拥有这一头衔的员工。[36]

麻烦事

大学出版社意外遇到的问题之多和类别之杂是没有限度的。下面举两个例子。

(1)1921 年,一位叫 W. W. 莱德的人针对"哈佛东方学丛书"中一本书价格的上涨写了数封尖刻的信。这本书 1908 年出版时定价 1.5 美元。哈佛社后来接手了这套丛书,莱德 1921 年购买时花了 2.7 美元。莱德宣称涨价就是卑鄙的诈骗,进而印了一本叫作《致哈佛大学出版社》的小册子。在此摘录一段他的文字:"在目前的理事会领导下的哈佛大学出版社冒充内行、牟取暴利、错漏百出、懦弱畏葸,有辱哈佛大学之名。"[37]

(2)乔治·A.莱斯纳教授的考古学巨著《孟卡拉:吉萨第三座金字塔的庙宇》也成为一个轰动的争议问题。这部巨著是哈佛大学与波士顿艺术博物馆联合开展的法老孟卡拉金字塔发掘的报告。两大机构同意哈佛拥有出版权,但是忽略了由谁支付出版成本的问题。1925 年,哈佛社理事会接受了该书,1926 年大部分书稿到稿。虽然排好版了,但是最后一章和最后两个附录直到 1930 年才交稿,因此该书于 1931 年才出版。令哈佛社懊恼的是，他们不得不承担 9909.94 美元的成本，而且资金被长时间锁定在生产过程中，损失了本来能够获得的大笔利息。该书总共才售出 209 册。[38]

除去这些任何时候都会出现的特殊的麻烦事，在默多克任期即将结束的几年里，还有一个小麻烦逐渐显露出来，后来演变为威胁哈佛社的大灾难。印刷所虽然声誉很高，但是效率下降了。1930 年年初，波廷杰就开始与 C.C. 莱恩讨论这个情况，当时莱恩为《纽约晚报》的业务经理，同时任哈佛社调查委员会成员。莱恩与他的哈佛同学、纽约印刷业销售员柯蒂斯·E. 雷克曼进行了讨论。雷克曼在乔治·格雷迪出版社工作，该社为哥伦比亚大学和纽约大学承担了很多印刷工作。雷克曼向莱恩建议，让他的老板乔治·格雷迪对哈佛大学印刷所进行调研并提出改进措施，其后雷克曼才会考虑接受哈佛的工作。[39]默多克于是委托格雷迪进行调研。

格雷迪于 1930 年 11 月 12 日提交了调研报告。他祝贺哈佛大学拥有这么一个总体不错的印刷所，可惜负责人虽然知识丰富、服务尽心，但是"早已过了高效管理和指导员工的年龄"。亚当·K. 威尔逊当时已经 73 岁了。格雷迪还建议印刷和出版部门彻底分开，分别由有能力、负责任的领导人全权管理。[40]

波廷杰认为他自己是被赋予全权以管理出版部门的合适人选。实际上，波廷杰跟莱恩说过，这一岗位就是格雷迪为他设计的。[41]关于印刷所，可能格雷迪想的是雷克曼。然而默多克否定了这个计划，波廷杰1931 年春写给莱恩的密信则显得更加担心了。院系对印刷所的抱怨日益加重。[42]

默多克最终并未聘任雷克曼或哈佛之外的其他人，而是指派会计赫伯特·杰克斯来重组印刷所。波廷杰深感失望。[43]1931 年 9 月 1 日，威尔逊退休。威尔逊离开后，杰克斯担任经理，而印刷的技术细节则由一位经验丰富的领班来管理。[44]1932 年，默多克聘任 29 岁的哈佛校友贺瑞斯·莱恩·阿诺德为纸张、装帧及其他材料的采购代理人。不久，阿诺德也成为印刷所及其客户之间的联系人，负责估算大部分业务的成本。[45]

　　同时，当 1920 年代出版项目不断增多之时，哈佛社又一次陷入了空间的匮乏。已出版图书的库存堆满了兰德尔馆，出版办公室被挤到了阳台上，着实有碍观瞻。

　　1928 年，洛威尔校长允诺哈佛社占用附近的罗杰斯楼（又称"老体育馆"），用以存放图书和发货。默多克还向洛威尔申请了查尔斯河畔的一幢老工厂建筑，它当时由哈佛维修部使用。校长的回应很强烈："先辈们曾经宣示对未被占据的荒野的权利，而出版社的先辈却对已被占据的建筑宣示权利。不管怎样，我会把你的权利宣示记录在册——你要从不甚开化的人手里夺走保护领地，或者说势力范围。"[46]由于剑桥市希望在老体育馆处建一个消防站（目前还在），因此哈佛社只在那里待了不到两年。大部分库存转移到了默多克申请过的河畔工厂。[47]

　　1932 年，哈佛社终于达成所愿，有了一个更好的办公场地。7 月 1 日，哈佛社将总部搬到南边的昆西大街 38 号，一幢位于宽街街角的木结构房子，那里后来建成了阿尔斯顿·伯尔讲堂，再后来则是萨克勒博物馆。

　　这是哈佛社的第三个总部，与第二个总部一样使用了 16 年。这幢房子建于 80 多年前，有建筑学的价值，许多名人住过或来访过。[48]不过，奇妙的电力还没有来访过。哈佛社除了支付租金之外，还得自己出钱翻新房子，如同当时翻新兰德尔馆一样。默多克、波廷杰、史密斯以及默多克的两位女助理等五人在昆西大街 38 号办公。会计、发货、印刷、校对工作留在兰德尔馆。杰克斯负责管理兰德尔馆和那里的几乎所有事务。不过，校对室是一个例外。

　　兰德尔馆的校对室不仅是校正排版错误的地方，而且是哈佛社最接近编辑部的所在。其负责人是哈佛校友约瑟夫·塔克曼·戴，他 40 岁出头，积极进取，曾在《纽约时报》、美联社和吉恩出版社等做过记者和编辑。[49]

　　那个时代像一个世纪之前一样，图书印刷厂的校对员是受过良好教育的人，他们所做的远不止改正印刷工的排字错误。与现在的校对

图 13　哈佛社 1932—1948 年的总部——昆西大街 38 号的一幢黄色的老建筑，与原来位于哈佛园东北角的办公室正处于对角线上

员相比,不管是在排版之前还是之后,他们都对写作本身更为关注,也会向作者提出更多的问题。学术"校对员"有时有很高的声誉。

1929 年加入哈佛社的戴有一项使命,他是这样表述的:"重组校对部,承担各种编辑职责",包括"从原稿到清样阶段,都要密切联系各种作者"。[50]他管理着八个人,而且直接汇报给哈罗德·默多克而非印刷所的管理人员。

在美国,当时的书稿编辑工作大多已经从印刷厂转到出版办公室。[51]哈佛的这一转变较晚,英国的大学出版社则更晚。整个 19 世纪,校对与润色作者的文字都是印刷者的技能,他们有详尽的体例手册作为指导。但是到了 20 世纪,所有这一切都变了。[52]哈佛社似乎比大多数出版社都更晚设立现代意义上的编辑部,这可能是由于其校对室人手充足,工作有效,也可能是由于许多书都受益于校内院系或基特里奇教授的编辑。

过渡期

在默多克生命的最后几年,两个外部事件深远地影响了哈佛大学出版社的未来。

其一是詹姆斯·洛布于 1933 年 5 月 29 日在他的巴伐利亚庄园去世了。他将"洛布古典丛书"遗赠给了哈佛大学。虽然他没有在遗嘱中提到哈佛大学出版社,但是这笔遗产的消息让波廷杰和史密斯充满了期待和兴奋。

其二是詹姆斯·B. 柯南特继任哈佛大学校长。本来,哈罗德·默多克之子、哈佛文理学院院长肯尼斯·B. 默多克被很多人认为明显是洛威尔的继承人,但是最终未获任命。柯南特是哈佛杰出的化学教授,于 1933 年 9 月 1 日就任,时年 40 岁。哈罗德·默多克这时已经 70 多岁了,而且健康状况不断恶化,他早些时候就表露出希望从出版社卸任的意愿,但是洛威尔校长本人也即将退休,希望由新校长遴选新社长,所以就留住了默多克。[53]默多克于 10 月 19 日最后一次出席了出版社理事会。基特里奇自 12 月 7 日起主持了其后的理事会,而且一做就是两年。1934 年 4 月 5 日,默多克去世。[54]

这时,柯南特校长已经开始选任新社长。同时,从 1933 年 12 月左右默多克不再主持社务开始,出版社进入了长达两年的过渡期,直到 1935 年 12 月 1 日下一任社长才就任。

与 1971 年的德里克·C.博克一样,柯南特就任校长时认为哈佛大学出版社将会成为一个问题。他们都预料对了。

在过渡期,大卫·波廷杰成为代理社长,但是大学理事会从未赋予他这一职位,哈佛社 1933—1934、1934—1935 年报的落款都是"出版社理事会代理主席 G.L.基特里奇"。基特里奇主导着书稿的决策,达到了他在出版社的权威的顶峰。波廷杰承担了更重的职责,人们也更多地征询沃伦·史密斯关于各项工作的意见。赫伯特·杰克斯继续负责印刷所。关于财务问题,出版社严重依赖于财务副校长约翰·威尔伯·洛斯。他是英语系教授约翰·利文斯顿·洛斯之子,这一职位是 1934 年新设立的。[55]

后来,也就是 1940 年代,柯南特认为哈佛大学可以没有出版社;但是,在 1930 年代,他刚开始 20 年的任职之际,他付出了大量努力来选任最好的社长。他希望从商业出版界找到一位领军人物,所以就自然地向在这一领域做到高层职位的哈佛校友寻求帮助。

起先,柯南特考虑任命 1897 届校友罗杰·利文斯顿·斯凯夫。斯凯夫时年 58 岁,是一位波士顿的出版人,过去九年一直担任哈佛社调查委员会的成员。此时,斯凯夫刚刚从服务了多年的霍顿-米弗林出版社辞职,加入了利特尔-布朗出版社担任副总裁,但是仍然让柯南特相信他会欣然赴任哈佛。[56]柯南特确实邀请他了,但这已是几乎十年之后的事情了。

出版社理事会没有提出社长候选人,但是他们对哈佛社的未来有着强烈的期待。在默多克去世前后,出版社理事、哈佛大学图书馆馆长罗伯特·P.布莱克写了一份备忘录,建议以 1936 年哈佛大学创办 300 周年为契机为哈佛社寻求捐赠。理事会对备忘录进行了修改,并由基特里奇以理事会的名义于 1934 年 4 月 26 日提交给了校长。[57]

　　理事会告知柯南特,没有补贴的图书只占到出版社总品种的 20%,偶然的外部财务环境"对业务的有序运转有相当大的危害"。他们提出急需两项新的出版基金:(1)一笔 25 万美元的捐赠,带来的收入可以保证出版"具有学术价值和持久重要性的图书"而不亏损;(2)另一笔 25 万美元,理事会计划用于出版一套新的专著丛书,由出版社而非院系出资,以得体而不昂贵的方式印制,印数 600 册。

　　但是这一计划没什么结果。没人为理事会的这两个项目出资 50 万美元,而且实际上柯南特看起来并没为出版社呼吁捐赠,甚至在他的年报里也没提。柯南特没去接触金主,而是继续寻找新社长,并在 1934 年频繁通信。12 月,他精选了一个四人名单:W. W. 诺顿,W. W. 诺顿出版社的总裁;柯蒂斯·希契科克,他曾任世纪出版社的副总裁,当时正与尤金·雷纳尔合作创办新的雷纳尔和希契科克出版社;理查德·H. 桑顿,亨利·霍尔特出版社的总裁(哈佛社未来的一位社长托马斯·J. 威尔逊正在该社历练提升);以及艾伦·S. 威尔伯,F. S. 克罗夫茨出版社的副总裁。这四人都没有主动应聘。柯南特选择了柯蒂斯·希契科克,并获得了哈佛大学理事会的非正式批准。但是 1935 年 2 月,校长说他将重新开始遴选,所以希契科克显然是拒绝了。[58]

　　在柯南特档案里,1935 年 4 月 15 日有一份考虑聘任为社长的 28 人名单。校长最感兴趣的是诗人阿奇博尔德·麦克利什,他也是《财富》杂志的杰出编辑和作家。柯南特与麦克利什进行了探讨。麦克利什虽然感兴趣,但是急于追求他的写作事业。哈佛大学理事会投票任命了麦克利什,监事会也同意了,但是麦克利什拒绝了。柯南特继续坚持,但是麦克利什再次拒绝了。[59]

"洛布古典丛书"

　　在所有这些任命和失望发生的时候,在波廷杰和基特里奇的带领下,哈佛社还是在努力出版着学术著作。哈佛社比以前更人文了,其半年书单中大多为一般文学和古典学、艺术和考古学、历史和哲学的书。图书和小册子稳定在大约每年出版 90 种。

在过渡期的不确定中，由于另外两家出版社的支持，哈佛社也在壮大着。

吉恩出版社通过其编辑、哈佛社理事查尔斯·瑟伯，重新开始把一些哈佛相关图书的版权转给哈佛社。这些书当然已经过了销售高峰期，但是远没有"死掉"。其中之一就是 1912 年出版的标准参考书《美国历史研究和阅读指南》，由爱德华·钱宁、阿尔伯特·布什内尔·哈特和弗雷德里克·杰克逊·特纳编写，这是钱宁与哈特 1896 年的《美国历史研究指南》的第二版。（20 年后，哈佛出版了第三版，名为《哈佛美国历史指南》。）[60]

另一项支持几乎增加了 300 种在版图书。这是由于哈佛大学理事会安排出版社介入了"洛布古典丛书"。这套丛书的宏大目标是囊括所有重要的古典文献。每一本口袋书都包含希腊文或拉丁文文本，以及当时能找到的最好的英文译本，左右页对照。希腊文系列用的是绿色封面，拉丁文系列则是红色封面。

1933 年，洛布将这套丛书遗赠给母校，同时投入 30 万美元作为"洛布古典丛书"基金（最终用于古典学研究）。这份含糊的遗嘱导致了六七十年代时的恼人纠纷。遗嘱提到了"大约 375 卷"的目标，而且这套丛书不止一次宣布结项了，[61] 但是到 1980 年代中期已经出版了 470 余卷，而且还在增加。

然而，1933 年时还不用担心这个问题。波廷杰 1934 年 1 月赶赴伦敦并待了五个星期，安排哈佛接收"洛布古典丛书"事宜。[62] 当时，这套丛书有三位编辑：英格兰的 T. E. 佩奇、W. H. D. 罗斯和普林斯顿的爱德华·卡普斯。最后决定，印刷仍然放在英格兰。伦敦的出版商威廉·海涅曼有限公司继续监督生产并在英国发行。根据洛布的遗嘱，哈佛大学理事会设立了一个三人委员会来管理"洛布古典丛书"基金。哈佛拉丁文蒲柏讲席教授亚瑟·斯坦利·皮斯担任首任主席 30 年，直到 1964 年去世。波廷杰成为该委员会秘书。1934 年 7 月 1 日，哈佛社正式开始负责"洛布古典丛书"。

哈佛社是整个"洛布古典丛书"的"出版者",抑或其美国的出版者,还是仅为其出版代理者,是一个没什么本质区别的语义问题。不论如何,哈佛社立即在其 1934 年秋季书目的封面上写下了"哈佛大学出版社,'洛布古典丛书'出版者"。作为"财务代理者",哈佛社需要"支付所有类别的所有成本",包括与海涅曼公司定期清账。作为"出版代理者",哈佛社需要与海涅曼公司、三位编辑、三位理事"密切沟通",并开拓美国的销售市场。编辑问题由三人理事会督导,包括选择图书予以出版、选择已出版图书进行修订等。[63]哈佛社从原美国出版者普特南出版社那里接手了大批已装订图书。这些图书后来的书名页都印上了海涅曼和哈佛两家出版社的名字。

在截止于 1936 年 4 月 30 日的财年,"洛布古典丛书"在美国的销售收入为 27405 美元,约占哈佛社 104457 美元的图书销售总收入的四分之一。该丛书一半以上的收入注入了哈佛"洛布古典丛书"基金。当然每一卷都不能断版,哈佛社努力向图书馆推销整套丛书。新品种成批到货——还有老书的重印版、修订版,最终,由于销售收入和利息,该基金不断壮大,远远超过最初的 30 万美元。哈佛社早期保留每一卷22%的销售码洋,这也称不上是利润,因为这很可能还无法覆盖管理费用,但是洛布项目还是令人振奋的,它提升了哈佛大学出版社在全世界出版界的声誉。

选任新社长

与此同时,柯南特校长正在计划做最终的努力,即在做出从内部提拔波廷杰的决定前,从外部寻找一位社长。1935 年 8 月,他收到马克·安东尼·德乌尔夫·豪的一封信。1887 届校友马克·豪是一位多产作家,做过编辑,他是比肯山上的智者,也是哈佛大学监事会成员。从这时起,波廷杰就没机会当社长了。马克·豪推荐杜马·马龙担任社长。马龙是《美国传记辞典》的主编,当时该项目在华盛顿特区已经接近完工了。[64]

马龙时年 43 岁,来自南方,是毕业于耶鲁的历史学家。马克·豪是这部多卷本传记辞典的主要撰稿人之一,他的来信很有说服力。马克·豪随信附上了《美国名人传》中的"马龙"词条,在信中说他认为在美国没有比马龙更懂出版的学者了。柯南特向其他人咨询关于马龙的意见,回应都是高度赞许。斯克里布纳出版社(《美国传记辞典》的出版方)的麦克斯·珀金斯说这一任命非常合适。

基特里奇当时正在表达对于"社长和重要捐赠"的双重迫切需求。[65]波廷杰和副校长洛斯急于对印刷所进行整顿。他们显然感到应该等新社长就任后再进行重组,不过波廷杰和洛斯采取了先期行动。波廷杰跟洛斯提到了纽约咨询师乔治·格雷迪,他五年前曾经调研过哈佛印刷所。1935 年夏,洛斯委托格雷迪重新进行调研。格雷迪照做了,并提出了压缩成本和提高效率的建议措施。[66]

柯南特校长 11 月向杜马·马龙发出了担任社长的邀请。马龙提出,他还离不开原工作,因为《美国传记辞典》已经出版了 17 卷,还剩 3 卷处于收尾阶段。柯南特同意他开始时可以兼任社长。11 月 18 日,大学理事会投票任命马龙为哈佛大学出版社社长以及出版社理事会主席,自 1935 年 12 月 1 日起生效。[67]

波廷杰向洛斯提出希望明确他自己的位置。12 月 4 日,哈佛大学在宣布马龙的任命之时,也宣布波廷杰将担任副社长。[68]波廷杰给马龙写了一封热情洋溢的欢迎信,承诺予以支持,随信附了一份出版部门的 14 位员工的名单,包括其薪水和职责。[69]波廷杰相当轻描淡写地说,这份工作"可能看起来会有困难,起码是在开始时"。他还说:"但是我可以向你保证,它也将带来持久的满足感。"50 岁的波廷杰和这位比他年轻的领导都还不知道,满足感更多地出现在他们开始打交道的阶段,而困难更多地出现在最后几年。

注释:

1 　引自哈佛社 1933—1934 年报,由 G. L. 基特里奇作为"理事会代理主席"签署。关于默多克整顿与重组公司的能力以及他与洛威尔的友谊的信息,来源于大卫·W.贝利1973年12月8日接受的采访。关于该三人委员会的工作,参见:大学档案之洛威尔档案,1919—1922,文件夹19,以及洛威尔的1921—1922年报,页28。

2　默多克不佳的健康状况以及较短的办公时间("10时至中午"),大卫·T.波廷杰在《哈罗德·默多克》中曾提及,载于《马萨诸塞州历史协会会刊(68)》(1944—1947)(1952年出版),页455—457。沃伦·史密斯1973年10月24日接受采访时提到,默多克一般由司机开福特汽车送到哈佛社,中午乘地铁去波士顿,在联盟俱乐部用过午餐后,到古德斯皮德书店购买和谈论珍本书,下午其他时间都花在马萨诸塞州历史协会的图书馆里。

3　关于品种数的估计,参见本书第二章注释1。

4　基于哈佛大学司库的报表(1918—1919)而计算;哈佛社1919—1920年报;哈佛社1933—1934年销售记录。笔者在全书中没有试图转换为"真实的美元",也就是说,笔者没有调整数据以反映通货膨胀和紧缩。

5　出版社理事会致J.B.柯南特校长的备忘录,附于理事会纪要(1934年4月26日)之后。

6　个人生平内容引自《美国名人传》以及1934年4月6日的《纽约时报》讣告。

7　理事会纪要,1920年1月8日。

8　根据司库报表,1913年7月1日—1919年6月30日,印刷所的收入为512479美元,支出为490969美元。

9　报告日期为1923年5月14日,参见:《哈佛学院调查委员会报告(1919—1924)》,页239—241。

10　乔治·格雷迪致哈罗德·默多克,1930年11月12日,附件2,页2(柯南特档案,第41箱,1934—1935年文件夹)。对外承印虽然引起了城里的商业印刷商的不满,但是后期哈佛社还在为非营利组织印刷,不过可能没有努力推销罢了。

11　大卫·T.波廷杰1934年9月10日致J.B.柯南特校长的备忘

录《哈佛社的组织》(柯南特档案,哈佛社编年文件),页 1—2、5;另见波廷杰《哈罗德·默多克》,页 456。

12　哈佛社 1919—1920、1920—1921 年报,以及分类账“哈佛社:1909—1926 年采购的字型与物料”,存于大学档案(UAV 711.288),页 60、62。另见大纲文件《哈佛学院印刷所设备的库存(1920 年 1 月 1 日)》,存于大学档案(UAV 711.232),其中列出了价值 73733 美元的设备。

13　大学理事会秘书 F.W.亨尼韦尔致宇宙出版社的 R.W.比奇,1931 年 9 月 16 日(洛威尔档案,1930—1933,文件夹 80)。比奇建议印刷所的工作转到他的公司。

14　哈罗德·默多克致 A.L.洛威尔,1926 年 4 月 5 日;洛威尔致默多克,1926 年 4 月 6 日、26 日(洛威尔档案,1925—1928,文件夹 67)。

15　另见文件夹 67 中洛威尔与律师小 C.P.柯蒂斯的有趣的通信。

16　波廷杰《组织》,页 1—2。

17　同上,页 2。

18　《哈佛学院调查委员会报告(1919—1924)》,页 239—241。

19　《哈佛校友会刊》,1924 年 2 月 21 日,页 568。

20　斯坦利·莫里森,载于莫里森与鲁道夫·鲁奇卡《回忆丹尼尔·伯克利·厄普代克》(波士顿:珍本书俱乐部,1943),页 2。另见劳伦斯·C.沃思的判断,载于 H.W.肯特等《丹尼尔·伯克利·厄普代克与梅里蒙特出版社》(纽约:美国平面艺术学会,1940),页 33。

21　关于“印刷人的圣经”,参见:马克斯·法兰德为《梅里蒙特出版社的工作及其创始人》(展览目录,加利福尼亚州圣马力诺:亨廷顿图书馆,1942)所作的序,页 8;马克·安东尼·德乌尔夫·豪在《厄普代克:美国印刷人及其梅里蒙特出版社》中的文章(纽约:美国平面艺术学会,1947),页 95。

22　出版计划在 1913 年 11 月的“即出图书”中提到过(哈佛商学院档案之唐纳德·斯科特档案),在埃德温·F.盖伊与 D.B.厄普代克之间的起码 15 封信(1911 年 11 月 27 日—1916 年 11 月 27 日,存于商学院档案馆,"梅里蒙特出版社:印刷课程"文件夹)中也提到过。厄普代克拿到的版税为销售收入的 15%,后来默多克主动将版税提高到定价的 15%(哈佛社合同文件)。第一版曾于 1923 年、1927 年重印。第二版于 1937 年出版,1951 年重印。第三版于 1962 年以哈佛大学出版社之贝尔纳普出版社的品牌出版,1966 年重印。1975 年,哈佛社任其断版。多佛出版社后来出版过一个平装版。

23 《哈佛大学 1974—1975 年课程目录》,页 949—950。

24 同上,页 956—957。

25 哈佛社 1934 年春、秋,1935 年春,1937 年秋的半年"通告";理事会纪要,1933 年 10 月 19 日,1938 年 5 月 25 日、12 月 7 日;哈佛社《断版书目录(1913—1976)》科普兰、艾略特、格兰金特、佩里、罗宾逊名下;小弗雷德里克·C.帕卡德 1981 年 3 月 15 日接受的采访;斯特拉蒂斯·夏维亚拉斯《诗人之声:诗人朗诵与评论自己的作品》导言(磁带,哈佛大学出版社,1978)。

26 《纽约时报》,1934 年 4 月 6 日;《内陆印刷人》,1934 年 5 月。《波士顿先驱报》(1934 年 4 月 6 日)将表述改为图书经评估被认为是首屈一指的。《新英格兰印刷人》(1934 年 4 月)改为"在国内印制和设计界是一流的"——这个表述更为稳妥。

27 乔治·帕克·温希普《哈佛良好的印刷工艺》,为载于《哈佛校友会刊》(1924 年 5 月 29 日)的一封信,页 981—982;《出版商周刊》(1924 年 5 月 17 日),页 1587—1589;另见 1963 年左右美国平面艺术学会提供给哈佛社的一份清单,该学会的爱德华·M.哥特沙尔致笔者的两封信(1974 年 3 月 19 日、4 月 8 日)中有所修改。除了《约翰逊博士》,哈佛社 1924 年入选的图书还有:《现代色彩》,卡尔·戈登·卡特勒与斯蒂芬·C.佩珀著;《华兹华斯新视野》,埃米尔·勒古伊著;《昨日的先知及其对今天的预言》,约翰·科尔曼著;《一些喜悦》,海德·E.罗林斯编。

28 关于罗杰斯为哈佛社设计的书,罗切斯特理工学院的赫伯特·H.约翰逊曾给予笔者有益的建议,他指出其中两种虽然没有入选"50种好书"巡展,但是在设计上是"伟大的""罕匹"的。这两种书即C.B.廷克的《塞缪尔·约翰逊的韦奇伍德徽章》(1926)与C.B.廷克、F.A.波特尔的《詹姆斯·鲍斯韦尔新传》(1927)。梅尔文·卢斯与印刷商威廉·E.拉奇有来往。哈佛有一种书是关于布鲁斯·罗杰斯的,也是由罗杰斯设计的,曾于1926年入选"50种好书"。该书即《图书设计师布鲁斯·罗杰斯》,弗雷德里克·沃德著。

29　参见:约瑟夫·布鲁门萨尔《布鲁斯·罗杰斯》(《格罗里俱乐部杂志》,1970年10月)中的讨论,页5—6、15,特别是页8。

30　哈佛社1919—1920年报。

31　大卫·T.波廷杰《B.R.在哈佛社》,载于保罗·A.贝内特编《布鲁斯·罗杰斯:自评与他评》(纽约:排版爱好者,1946),页91—95、100—101;另见罗杰斯自己的回忆,同前,页65、67。

32　W.W.史密斯1973年10月24日接受的采访;布鲁斯·罗杰斯致杜马·马龙,1938年1月5日(哈佛社一般文件,1938,文件夹R)。

33　关于波廷杰自己对于个人经历的表述,参见:《哈佛学院1906届报告》(1926、1931、1936、1941、1946、1951、1956),最长的是《毕业25周年纪念报告》(1931)。

34　格蕾丝·A.布里格斯1973年12月5日接受的采访。关于对剑桥的总体感受,参见:大卫·T.波廷杰《我也在乐园》,载于《剑桥历史协会会刊(35)》(1953—1954)(1955年出版),页113—114。

35　D.T.波廷杰致C.C.莱恩,1931年5月17日,副本由他的女儿安·波廷杰·萨博于1974年在波廷杰档案中发现。

36　这一段落基于W.W.史密斯1973年10月24日接受的采访。

37　哈佛大学档案馆有一本显然是印于1922年的莱德的小册子。哈佛社试图向莱德解释,"哈佛东方学丛书"的定价是由查尔斯·兰曼教授决定的。莱德说,这与哈佛社宣称为该丛书出版者是矛盾的。

38　关于该事件的时间主要参考了G.A.莱斯纳的序言,作于1930年11月15日。数据则来自哈佛社记录。

39 C. C. 莱恩致 D. T. 波廷杰,1930 年 6 月 6 日,存于安·波廷杰·萨博掌握的波廷杰档案。关于雷克曼的职业生涯,参见《哈佛 1904 届报告》中他自己的叙述(存于大学档案),特别是 1934 年、1939 年、1954 年的三份报告。关于格雷迪,参见简要的讣告(《纽约时报》,1956 年 1 月 23 日,第 25 版)。

40 乔治·格雷迪致哈罗德·默多克(上文注释 10),页 2、3,特别是页 8、10。沃伦·史密斯记得亚当·K. 威尔逊是"一位管理员工和工厂的老练的经理","让内部保持平静,年复一年产出着优质的印刷品"(致笔者的备忘录,1979 年 10 月 17 日、1981 年 5 月 6 日)。

41 D. T. 波廷杰致 C. C. 莱恩,1931 年 5 月 17 日,副本在安·波廷杰·萨博手中。

42 波廷杰致莱恩,1931 年 3 月 28 日。

43 波廷杰致莱恩,1931 年 5 月 17 日。

44 关于威尔逊的退休日期,参见大学档案之人事记录。新的领班为沃尔特·斯坦尼斯劳斯·格里格森,他生于英国,从 1902 年起就在哈佛印刷所做印刷工人。

45 关于格里格森与阿诺德的职责,参见波廷杰致柯南特(上文注释 11)。关于阿诺德的职业生涯,参见《哈佛 1924 届报告》中他自己的叙述,存于大学档案。

46 A. L. 洛威尔致哈罗德·默多克,1928 年 3 月 7 日(洛威尔档案,1925—1928,文件夹 67)。另见哈佛社 1926—1927、1927—1928 年报。

47 默多克致洛威尔,1928 年 9 月 21 日;洛威尔致默多克,9 月 22 日;哈佛社 1929—1930 年报。

48 关于这幢房子的历史,参见:大卫·T. 波廷杰《昆西大街 38 号》,载于《剑桥历史协会会刊(23)》(1934—1935)(1937 年出版)。1950 年,当要拆除这幢房子为阿尔斯顿·伯尔讲堂腾地方时,1940 届校友德尼斯·迈尔斯在致《哈佛校友会刊》的信(1950 年 11 月 25 日,页 199)中,恳求对之进行保护而无果,他称之为"剑桥尚存的 19 世纪中期浪漫主义美国民居最典型的实例"。关于搬迁概况,参见:默多克致洛威尔,1932年4月27日;洛威尔致默多克,4月28日(洛威尔档案,1930—1933,文件夹80);哈佛社1931—1932年报。

49　关于戴的叙述,参见:《哈佛1912届报告》。

50　《哈佛学院1912届毕业20周年纪念报告》(1932),页71—72。

51　埃莉诺·哈曼《反思书稿编辑》,载于《学术出版》(1976年1月),特别是页147、148。

52　同上。

53　W.W.史密斯1973年10月24日接受的采访。

54　有关出版社理事会关于默多克的决议,参见:理事会纪要,1934年4月12日;《哈佛大学杂志》,1934年4月21日。

55　G.L.基特里奇在哈佛社1933—1934年报中写道:"关于超出出版社理事会的权力与职能的问题,财务副校长进行了指导并做出了决定。"他在1934—1935年报中写道:"所有财务问题都征求了财务副校长的意见,他非常关心出版社,不遗余力地推动出版社的工作。"关于该职位的创设,参见J.B.柯南特的1933—1934年报。

56　J.B.柯南特致卡斯·坎菲尔德,1934年3月12日。该信及关于选任新社长的其他文件,除非特别指出,都存于柯南特档案(哈佛社文件夹,1933—1934年及之后)。柯南特写的信为副本。

57　该备忘录与基特里奇关于发信的短信附于理事会的手写纪要(1934年4月26日)之后。4月12日、19日的纪要也涉及该文件。最终稿由布莱克教授与威廉·S.弗格森教授执笔。

58　柯南特致A.W.佩奇,1934年12月7日;佩奇致柯南特,1934年12月13日;柯南特致佩奇,1934年12月20日;杰罗姆·格林关于大学理事会1935年1月决议的备忘录。关于"重新开始遴选"的表述,参见:柯南特致W.W.诺顿,1935年2月4日。

59　柯南特致A.W.佩奇,1935年6月18日(柯南特档案),以及与麦克利什的通信。

60　关于吉恩出版社转来的图书目录,参见:理事会纪要,1934年

3月1日(列出了14种书),1935年2月7日、4月11日。

61 大卫·霍恩的长长的报告《"洛布古典丛书":背景与问题》,1972年4月19日。该报告与詹姆斯·洛布的遗嘱(1931年7月18日)存于哈佛社文件中。

62 哈佛社1933—1934年报。

63 大卫·霍恩的报告,特别是材料 V 与材料 VI。

64 M.A.德乌尔夫·豪致J.B.柯南特,1935年8月6日(柯南特档案),以及关于马龙的其他信件。

65 哈佛社1934—1935年报。

66 安·波廷杰·萨博手中的大卫·T.波廷杰档案中的1935年通信。格雷迪报告的副本今不可见,但是其要点可以从引用了报告的信件、沃伦·史密斯的回忆以及1936年年初发生的事情中推论出来。

67 J.B.柯南特致杜马·马龙,1935年10月16日、11月12日;大学理事会记录,1935年11月18日。

68 《哈佛校友会刊》(1935年12月6日),页339。

69 D.T.波廷杰致杜马·马龙,1935年11月25日,副本存于波廷杰档案。波廷杰说他自己"临时负责出版社;特别是广告、设计、合同、一般信件"。沃伦·史密斯的职责:销售、库存记录、调整。赫伯特·杰克斯:负责印刷所,总体监督会计。海伦·L.法朗士:波廷杰的秘书,同时负责理事会记录。埃莉诺·彼得森:速记员、广告记录助理。查尔斯·M.汤姆森:负责管理图书评论文件。米尔德瑞斯·卡米亚:负责订单处理,电话接线员。克拉拉·M.德基:首席会计。玛丽·迪伊:出纳。多萝茜·迪伊与玛格丽特·迪伊:会计。弗里德·巴斯滕:发货员。唐纳德·麦克斯威尔:发货员助理。鲁斯·H.索耶:一般速记员。

第四章　马龙和更广泛的读者(1935—1943)

　　哈佛大学出版社前三任社长的任期非常相似。每一任都可以分成两个部分,第一部分生机勃勃,充满希望和好的感觉,第二部分则是机构遭遇外力的打击,也暴露了内在的缺陷。在 C. C. 莱恩治下,出版社勇敢起家,却在第一次世界大战中四分五裂。在哈罗德·默多克治下,出版社成长为出版专业学术作品的重要机构,却又陷入了大萧条。在杜马·马龙治下,出版社将学术成果带给了更广泛的读者,并大大提升了其出版重要著作的声誉,但是在第二次世界大战期间,财务问题恶化,大学当局转而开始敌视出版社。

　　杜马·马龙因其著作《杰斐逊及其时代》而闻名,这是一部在他离开哈佛社之后撰写的六卷本作品。他于 1892 年 1 月 10 日出生于密西西比州,在佐治亚州长大,毕业于埃默里大学,在第一次世界大战中当过海军陆战队队员,并于 1923 年在耶鲁大学获得博士学位。他在弗吉尼亚大学迅速成为历史专业的教授后,于 1929 年受邀担任《美国传记辞典》的联合主编,并于 1931 年成为独立主编。该辞典出版时达 20 卷,共有 2243 名撰稿人提供了 13633 篇文章。这个庞大的项目得到了《纽约时报》的阿道夫·S. 奥克斯的 50 万美元捐赠才得以完成,而后者正是哈佛大学出版社从未在其校友中发现的那种捐赠人。[1]

马龙自 1935 年 12 月 1 日起担任哈佛大学出版社社长,为期七年半,在前六个月左右的时间里,他将时间分配在辞典和哈佛社之间。他和蔼可亲,博学善言,有主见,愿意做出不受欢迎的决定。自 1936 年 7 月起的七年里,出版社一共出版了 541 种书,平均每年 77 种。年出版新书从 95 种逐渐下降到 61 种。起初,出版社主动制定政策,不鼓励个人资助的一般专著的出版,加速了年出版新书品种下降的趋势。[2] 后来,战争减少了从海外进口的新书的数量,包括在英国印刷的"洛布古典丛书"的多卷以及在挪威印刷的"人类文化比较研究所丛书"。由于缺少作者和各院系资金缩水,哈佛大学各院系的部分专著丛书或者放缓了出版进度,或者停止出版。[3] 与默多克时期不同,马龙时期只新增了少数几套丛书。

新书品种与销售收入之间从来都没有确定的相关性。出版社的年度销售收入在马龙治下翻了一番多——从 104500 美元增至前所未有

图 14　杜马·马龙,哈佛大学出版社的第

三任社长

的 217700 美元——尽管海外市场在战时有所损失。马龙将这种增长主要归因于出版了本质上更有趣味的图书，以及建立了这类图书的书目。[4]

马龙对他的使命的本质非常清楚。他是一位"学问的中间人"[5]。出版社不仅是为了将科研成果从一位学者传递给另外一位学者而存在的，更应当成为"所有学者群体与外部世界之间的桥梁"。1938 年 1 月，在出版社成立 25 周年庆祝宴会上，他呼吁图书要超越"学问的平铺直叙"，并将其策略命名为"学术＋"。[6]

一个月后，在费城的美国哲学学会，他又发表了题为"学者与公众"的演讲。他论称，学术出版社在选择选题时应该更加严格，不仅要出于财务的考虑，而且要出于学术的理由。如果被学位论文和其他"二流专著"所淹没，任何出版社都无法履行其更重要的职能。将出版物作为推动职业进步的一种手段是不恰当的，因此大学必须"设计出成本较低的测试来判定未来教授们的学术能力"。然而，哪怕销售前景相对令人沮丧，大学出版社也还是应该出版一流的学术作品。[7]

除了一流的学术作品，"我还认为应当鼓励出版解读学术并向更广泛的读者展示学术成果的书，不管这些书是大还是小"。重要的发现和理念"应该与任何有能力理解的人分享"。他指出，这"不是对学问的贬低，而是在公众的真知灼见面前，对学术的解读和更有效的表达。我所指的不是不够学术的书，而是比学术多点什么的作品"。[8]

马龙把哈佛大学出版社视为一个知识和教育机构，其目的与大学本身的目的相似，而不是一个服务机构或商业公司。对他来说，印刷所则是一个服务机构，一直是令人头疼的问题，因为它使各院系对出版社产生敌意，而各类行政管理问题也耗费着他的时间和精力，这是他在接受管理者职位时并没有预见到的。

马龙最初的行动之一就是执行已经做出的关于印刷所的决定。"我有点像个高级刽子手。"马龙回忆说。[9]负责印刷业务的会计赫伯特·杰克斯被解雇了。负责校对室的编辑 J. 塔克曼·戴也被解雇了。[10]柯蒂斯·E.莱克曼被他引进到印刷所并取代杰克斯成为经理，这是可以预料的。大约八个月后,曾在三个州的五家印刷公司工作过的 J. 阿尔伯特·梅尔接替了莱克曼。大约在这个时候,出版社购买了第一批三台莱诺铸排机。所有这些重组和装备都是为了加快工作速度,减少向大学各院系收取的费用。[11]

在财务事务中,杰克斯曾担任总会计师,负责监管簿记及出版和印刷的账务。出版社聘请了哈佛学院和哈佛商学院的毕业生威廉·柯立芝·鲁格来接替杰克斯。[12]

曾在印刷所负责购买耗材和估算费用的贺瑞斯·阿诺德被调到了昆西大街 38 号,作为出版部门与生产部门之间的对接人。由此,他成为出版社的第一位全职的生产人员,也因此成为波廷杰的小兄弟。他们的联合是 1940 年代初的分歧中的一个重要因素。

出版社最大的变化之一是重组了理事会。在出版社的历史上,之前或之后,都没有出现过类似的颠覆性变革。这是根据柯南特校长的指示完成的,校长告诉马龙要"从头开始"。[13]全部原任理事都提交了辞呈,而哈佛大学理事会全部予以批准,自 1936 年 7 月 1 日起生效。那一年,乔治·莱曼·基特里奇已经 76 岁了。柯南特认为他在出版社掌权太久了,而且确实应该从教职上退休了,他是以私人名义请求基特里奇这么做的。基特里奇也接受了。[14]哈佛社 23 年以来一直仰仗着基特里奇的服务和权威,但是此刻必须学会在没有他的情况下运作。

大学理事会立即重新任命了曾在纽约做过金融家的现任美术系主任保罗·萨克斯;他是前任理事中唯一留下来的。后来的事件表明,校长喜欢有他在出版社。萨克斯是一位有影响力的人物,习惯于让人们听从他的判断。理事会纪要显示,在担任理事的前 17 年中,他通常每年只出席一两次会议,但是在重获任命后,他开始定期出席。

大学理事会已经任命马龙为出版社理事会主席。现在,除了萨克斯,理事会还任命了由马龙选出的以下教职员工:爱德华·S.梅森,即将成为哈佛最杰出的经济学家和管理人员之一;托马斯·巴伯,博物学家,比较动物学博物馆的馆长,活跃而有趣;小泽卡赖亚·查菲,法学教授;A.贝尔德·黑斯廷斯,医学院的生物化学教授;詹姆斯·B.穆恩,英语教授;以及拉尔夫·巴顿·佩里,哲学教授,因其创作的威廉·詹姆斯的传记而获得了普利策奖。

这次任命第一次明确了任期——最初是两年、四年或六年,但是第一个任期结束时,每个人的任期都被延长了六年。[15]1938年,大学理事会又增派了商学院市场营销学教授马尔科姆·P.麦克奈尔担任理事,马龙很快就后悔了,因为麦克奈尔成为批评马龙最刻薄的理事之一。[16]

这就是马龙的理事会,直到1942年大学理事会免去其出版社理事会主席职务并改变了理事会的性质。在此之前,出版社理事会和马龙合作得很好。理事会支持马龙的政策变化,包括对大学的其他实体的态度更加坚定。马龙援引出版社对其品牌的权威,坚持由出版社把控所有出版图书的印刷、排版格式和编辑标准,即使是由哈佛院系拥有并资助的丛书也应如此。[17]马龙还开始将丛书以及其他书稿拿到理事会讨论。

编　辑

1936年10月,马龙在昆西大街38号组建了编辑团队。这一举措完全契合他的"学术＋"的理念。"毫无疑问,"他写道,"把好书做得更好,是出版社应该执行的最重要的功能。"[18]出于这个目的,他从已经完工的《美国传记辞典》引进了两位书稿编辑。

她们是埃莉诺·多布森和多萝茜·格林沃尔德。她们都认真细致,坚持高标准,对重要作者也不惧怕。马龙说,包括丛书在内的所有书稿都要通过编辑之手,并尽可能都由他们进行编辑。[19]起初,这两位编辑并没有充分认识到校对室的功能范围。"后来,我们发现,"多萝茜·格林沃尔德回忆道,"多年来,校对人员的出色工作真的是令人钦佩,他们捕捉到不一致的地方,并对错讹进行纠正。有时,我都怀疑我们能否做得更好。"[20]但是,编辑部很快就以帮助好书精益求精而得到了广泛认可。

埃莉诺·罗比内特·多布森(1951年后随夫姓改为埃莉诺·多布森·丘尔)主持不断扩张的编辑部长达30年。在漫长的哈佛职业生涯中,她极其耐心地解决下属编辑遇到的问题,坚决捍卫他们不受批评,更注重质量而非书稿流转的进度,对印刷人员的实际问题有着敏锐的意识,有时会与生产经理争执,并且在社内非常正式,对社长从不直呼其名,也不鼓励编辑对她本人直呼其名。

在 1930 年代及其后很长一段时间里,哈佛社的编辑部并无组到好的书稿和决定出版什么的责任。这些至关重要的工作都是由出版社社长及其助手在理事会的帮助下完成的。编辑团队由书稿编辑组成。时至今日,这样的员工团队一直是哈佛社的主要特点之一。确实,书稿编辑常常要对来稿进行"初审",给出是拒绝还是进一步考虑的建议。但是他们的主要工作还是在书稿被接受后,承接书稿、逐句审读、清除障碍,提出各种各样的建议,大体上避免在校对环节进行大的改动(因为这种做法既过时,花费又大)。哈佛社的书稿编辑比商业出版社典型的"文字编辑"对书稿承担了更多的责任。他们直接和作者打交道,并掌控从书稿接受到成书送达之间的书稿所经历的所有阶段。

优秀的书稿编辑不易觅得,也不易培训。他们究竟在编辑过程中做了什么,以及他们应该花多长时间,这些都是颇有争议而又神秘的问题,有时会让作者甚至出版人感到不解。编辑对书稿的修改量主要取决于书稿需要修改多少(完美的书稿不需要修改,只需要对印刷工加以指导)。但是,由于所谓的"需要"无法科学地测量,因此编辑的工作量还取决于作者希望得到多少帮助、该书的重要性、特定的出版社盛行的编辑态度以及编辑的知识和心理构成。编辑是一门艺术,不仅需要扎实的语言功底,还需要充足的同理心。通过同理心,编辑才能够理解作者想要说什么,并充分把握作者风格特质的精髓。对图书未来读者的同理心更为重要,因为编辑必须具备通过读者的眼睛来看事物的能力。

1937 年 5 月 26 日,在上述两位编辑加入哈佛社员工队伍八个月后,一位新的秘书前来昆西大街 38 号报到。尽管当时没有人意识到,但这是一个重要的事件,因为这位新人是格蕾丝·阿尔瓦·布里格斯,她把人生中接下来的 35 年都奉献给了哈佛社。她曾在波士顿的《教育杂志》工作了11年。马龙聘请她担任沃伦·史密斯和贺瑞斯·阿诺德的秘书(她大部分时间都是在为史密斯工作),很快她就开始负责处理一些耗时但又不可避免的出版幕后工作。"没人做的工作,都由我做。"她回忆道。销售订单、书评文件、"洛布古典丛书"(包括销售和管理)、版权、许可、翻译、资金募集——这些她都做过。她主要是在史密斯的指挥下做这些工作,其间她于1940年代担任业务经理的助理,并于1960年代担任助理业务经理。

这幢坐落在昆西大街上的黄色的老房子,每个房间都带有壁炉,有些墙纸也已经剥落。随着格蕾丝·布里格斯的到来,这里一共容纳了九个人,与占满了兰德尔馆的排版人员、印刷工人、校对员、簿记员和发货员相比,不过是一个小团体。这九个人是:一楼的马龙、波廷杰和他们的秘书们,以及二楼的史密斯、阿诺德、多布森、格林沃尔德和布里格斯。基本上就是这九个人负责在马龙的任期里平均每年出版77种书。

图书和作者

在那个时期出版的有影响力的作品中,有两部获得了普利策奖,有几部的销量已经超过了10万册。直到马龙离开后许多年,人们才充分意识到这些书的"分量"。在商业出版中,一本书的成败一般在第一年就显而易见了。当大学出版社出版一本学术畅销书时,成效可能会通过几十年内的小幅增长的累积而显现,以此证明其持久价值。

亚瑟·O.洛夫乔伊的《存在巨链》是马龙时代哈佛社的第一部经典之作。这本书在马龙到来之前好几年就已经进入出版流程了。它出版于1936年。48年之后的1984年,销量远超10万册,包括1.1万册哈佛精装版、6万册"哈珀火炬丛书"的平装版、3.2万册哈佛平装版,以及至少3000册外文翻译版。[21]这本书成为大学阅读书单上的重点书。哈珀公司1959年购买平装本版权时,向哈佛社支付了5000美元预付金,版税为定价的7.5%,并称这笔预付金是他们提出的最高报价,比其他书"高很多"。[22]当哈佛社1971年启动自己的平装书产品线时,洛夫乔伊的这本书是它从其他出版商收回的第一批图书之一。

洛夫乔伊是约翰·霍普金斯大学的哲学教授。这本书是根据他1933 年在哈佛大学所做的威廉·詹姆斯讲座撰写的,讲座条件中要求交由哈佛社出版。前 500 册洛夫乔伊没有版税,而 500 册之后的版税为定价的 10%。[23]

宇宙是"存在巨链"(由从最底层到绝对层根据等级顺序排列的链接组成)的观念,直到 18 世纪末一直被大多数受过教育的人所接受,但是在洛夫乔伊之前没有人追溯过这个观念的时代演变并分析其含义。以往的思想史通常都是围绕着一代代伟大思想家而编写的,而洛夫乔伊对某个理念进行追踪的方法对学者产生了很大影响。

1936 年是哈佛大学三百周年纪念年,充满着令人激动的事情。庆祝活动的高潮发生在 9 月,大约 70 位世界顶尖思想家莅临并宣读论文或发表演讲。1937 年,哈佛社出版了 5 种书——由大学赞助的"哈佛大学三百周年纪念出版物"。其中之一是《决定人类行为的因素》,该书于1937 年 2 月被科学图书俱乐部选中。[24] 这也难怪,因为在那本书中,让·皮亚杰、C. G. 荣格、皮埃尔·珍妮特以及其他几位外国名人都成了哈佛社的作者。

但是这个周年纪念活动还有更大的出版效应:它将哈佛社的名字与历史学家塞缪尔·艾略特·莫里森牢牢地联系在了一起。1936 年6 月,哈佛社出版了《哈佛大学的三个世纪(1636—1936)》,这是他关于哈佛历史的最后一本书。这并不意味着终曲;莫里森的叙述成了未完成的交响乐。他关于这个主题的早期几种书是《哈佛学院的创办》、《17 世纪的哈佛学院》(两卷本)和《哈佛大学的发展(1869—1929)》(由莫里森与他人合著)。那些早期的作品是官方的三百年史的一部分,由莫里森作为哈佛大学的官方历史学家撰写,由大学资助。《哈佛大学的三个世纪(1636—1936)》是不同的;为了能在 1936 年出版,莫里森把它的后半部分"非常仓促地"(莫里森语)拼在了一起,从没想过把它写成一本完整的参考书,正如他在序言中所说的,是"为阅读和欣赏而作"。莫里森还计划了另外两卷,涵盖 1708—1805 年和 1805—1869 年的时间段,但是其他出版社的项目却占用了时间。[25]尽管如此,他的一些最好的作品还是在哈佛社这批深红色封面的书里。伯纳德·贝林曾说过,关于哈佛大学的创办时期和 17 世纪其余时间的书,以及后来的克里斯托弗·哥伦布的传记(由其他出版社出版的),"应该是莫里森笔下最好的作品"。[26]

哈佛社在马龙时代继续出版了许多纯文学类图书,但是引起最多关注并取得最大销量的书却是其他领域的,包括商业、法律、哲学和建筑。哈佛社在商业领域的崛起特别引人注目。思想激荡的哈佛商学院在这一崛起中起到了核心作用,但是在销量和影响方面引领群雄的书却是由新泽西贝尔电话公司的总裁撰写的。

他就是切斯特·I.巴纳德,他于 1938 年出版了《经理人的职能》一书,首印 1500 册。前 1200 册巴纳德没有任何版税(超过 1200 册为10%)。前六个月的销量为 932 册,作为哈佛社的书来说还不错,但是接下来的年销量仅为 465 册、307 册和 242 册——显然是逐渐减少,似乎卖不动了。在那个时候,谁又能预测到它即将反转,在为接下来的 40 年积蓄速度?1940 年代的年均销量为 870 册,1950 年代年均 1800 册,1960 年代年均 3000 册,1970 年代年均 4500 册。截至 1984 年,其英文版售出了 11.5 万册,包括精装本 7 万册、平装本 4.5 万册。此外,还售出了 9000 多册日文版、约 5000 册其他语种的版本。哈佛社拒绝了该书所有平装版权的报价,并于 1971 年出版了自己的平装版。

巴纳德的书像洛夫乔伊一样来源于讲座。这次是在波士顿的洛威尔研究院举行的讲座,这是一个众人仰慕的成人教育中心。杜马·马龙看到了系列讲座的通告,并征求了商学院的意见,便来组稿。后来,不止一次,巴纳德将《经理人的职能》一书的成功归功于马龙,因为是马龙"鼓动"他将讲座转换成了书。[27]

巴纳德人才难得(在后来的职业生涯中,他做过洛克菲勒基金会和国家科学基金会的主席),但他并不是一个有经验的作者。在他重写了讲稿后,马龙和埃莉诺·多布森认为书稿的后半部分"相当吸引人"(多布森语),但是前半部分却"可读性很差"。[28]三个月后,他们把修改过的

图 15 分别初版于 1936 年、1938 年和 1942 年的三部经典。这是 1971 年出版的这三部书的平装版,装帧悦目

书稿给到了作者,上面有许许多多的编辑建议。巴纳德起初很震惊,但他随之创作了一个新版本,被哈佛社誉为"卓越"且"漂亮"。[29]

巴纳德的目的是提出一种正式机构里的合作行为的综合理论——不仅是在商业公司。他怀疑,对组织的普遍特征的研究已经被关于(在国家和教会中)权威的思考习惯和夸张的"经济人"观念所制约。他将组织的基本要素确定为沟通、个人的服务意愿和共同的目标。他总结道,经理人的职能不是"管理一群人",而是提供沟通系统,提升服务意愿,制定和确定目标。他优雅而连贯的论证使该书成为组织研究的长盛不衰的基础著作之一。[30]

F. J. 罗特利斯伯格的商业管理作品与巴纳德的作品同样出色。罗特利斯伯格是哈佛商学院一个小组的后起之秀,该小组正在确立人际关系在企业管理中的重要性。他的第一本书《管理层与工人》是与西部电气公司的 W. J. 狄克森一起撰写的,并由哈佛社于 1939 年出版。这本书被认为是关于工厂工人的经典研究,已售出 3.5 万册英文版(全部为精装版)和数千册翻译版。他的第二本书《管理与士气》于 1941 年出版,薄一些,卖得更好——约 4.7 万册英文版(也全部是精装版),以及 2.1 万册日文版和至少 4000 册其他语种的版本。

《管理层与工人》分析记录了西部电气公司1924—1932年在其芝加哥的霍桑工厂开展的实验。公司管理人员聘请商学院的教授帮助解读实验的结果。该公司的研究始于改变小组的工作条件,最终从该工厂的4万名工人的一半中获取了数据。研究观察到的现象之一是,比起物理条件的变化,工人们似乎对他们从实验者那里得到的积极关注反应更为强烈,这被称为"霍桑效应"。[31]

在那些年,哈佛社借助于商学院走在了商业史这门新兴学科的前沿。[32]1931年,N. S. B. 格拉斯教授启动了"哈佛商业史研究丛书",并在马龙担任社长期间出版了第2卷到第7卷。

哈佛社还开始获得各类奖项,体现其受到全国性的认可。1938年,艾琳·L. 安德森的《我们美国人》作为关于"种族关系"的最佳作品获得了约翰·阿尼斯菲尔德奖,而莫里森的关于哈佛大学的未完成的历史也作为关于"北美历史、地理、考古学、民族学、语文学和钱币学"的最佳作品,为他赢得了哥伦比亚大学每五年评选一次的"卢巴特奖"。[33]

哈佛社首次荣获普利策奖是在1939年,凭借的是弗兰克·路德·莫特的作品。获奖作品是美国史领域的《美国杂志史》第2卷和第3卷(1938)。[34]莫特曾在爱荷华州和密苏里州担任过新闻学院的负责人。他的杂志史既内容丰富,又有可读性,将他的名字与这个主题紧密地联系在了一起,就像巴特利特与名言辞典一样。[35]莫特计划写六卷。[36]可是当他于1964年去世时,还没有写完关于20世纪初的第5卷;哈佛社在其身后出版了不完整的这一卷。

哈佛社拿下《美国杂志史》的过程,是一个幸运和主动的故事。这得益于霍华德·芒福德·琼斯对于哈佛社的第一次服务。第1卷已于1930年由D. 阿普尔顿出版社出版。当莫特完成了第2卷2000页的打字稿时,大萧条不断加剧,该出版商便拒了稿。1936年,琼斯加入哈佛大学成为教师。在阅读了书稿之后,他致信莫特说"此书必须出版",还说他要与马龙接洽。[37]理事会接受了这本书。哈佛社还花623.8美元购得了第1卷的版权。与此同时,莫特完成了第3卷的写作,于是哈佛社于1938年11月将前三卷以自己的品牌出版。(19年之后,哈佛社出版

图 16 令人兴奋的莫特《美国杂志史》五卷本

了第 4 卷,该卷荣获班克罗夫特奖。)

　　哈佛社第二次获得普利策奖是在 1941 年,即第一次获奖的两年后。获奖图书是 1940 年出版的《大西洋移民(1607—1860)》。作者马库斯·李·汉森永远不会知道自己获奖了,甚至不知道这本书出版了,因为他在 1938 年就去世了。老亚瑟·M. 施莱辛格将汉森的草稿润色为书稿,并交给了马龙。施莱辛格在自传中这样写道:"伊利诺伊大学的马库斯·李·汉森年仅 45 岁就去世了,他花了 20 年的时间收集关于殖民时期到内战之间美国移民团体的社会经济背景材料,主要来源是旧世界的档案;在生命的最后时间,他表示希望要么由我把这份书稿最终完成,要么将其销毁——而后者会造成知识的重大损失。"[38]

　　另一本有关移民的开创性作品是奥斯卡·汉德林的第一本书,该书于 1941 年出版,这在当时是超前的,后来其影响力越来越大。该书基于施莱辛格教授指导下的博士论文,作为"哈佛历史研究丛书"的第 50 种出版,书名为《波士顿移民(1790—1865)》。当时,汉德林才 26 岁,刚刚在历史专业领域和哈佛大学开始长期发展。在哈佛,他做过出版社的作者、理事、代理社长和董事长。他的第一本书是在城市和种族研究领域做的尝试,当时这两者都还没有被认为是历史研究的专业领域。该书为汉德林赢得了美国历史协会的邓宁奖。这本书只售出了 657册,并在 1950 年绝版。但是哈佛社于 1959 年出版了修订版,书名为《波士顿移民:一项关于文化适应的研究》,截至 1984 年,销量已上升至约 6 万册,其中精装版 4300 册、雅典娜神殿出版社平装版 4.6 万册、哈佛平装版 9800 册。

马龙时代哈佛社的法律书并不太多,但是其中三种却吸引了很多关注,每种销量都在 8000 到 1 万册之间,并在 1970 年代绝版。即:

《霍姆斯大法官与最高法院》,由当时在哈佛法学院的费利克斯·弗兰克福特所著。该书于 1938 年 10 月出版,三个月后,弗兰克福特本人也被任命为最高法院大法官时,该书销量更好了。[39]

《霍姆斯与波洛克通信集》于 1941 年出版。编辑是马克·安东尼·德乌尔夫·豪之子马克·德乌尔夫·豪,他当时是布法罗大学法学院的年轻院长。

《美国的自由言论》,由哈佛大学法学院教授、出版社理事泽卡赖亚·查菲所著。这本书是马龙和其他理事让他撰写的,于 1941 年出版。

与法律书一样,哈佛社的科学书也不多,但其中有一些特别重要。正如哈佛社档案所显示的,理事协助向出版社引荐科学类书稿。例如,1939 年哈佛社出版了珀西·E.雷蒙德教授的《史前生命》,马龙正是在理事托马斯·巴伯的建议下去找的作者。[40] 而 1940 年哈佛社出版了亚瑟·K.索罗门的《为什么打破原子?》,这位哈佛大学的年轻研究员是由理事贝尔德·黑斯廷斯引荐给哈佛社的。1941 年,哈佛社还出版了未来的诺贝尔奖得主珀西·布里奇曼的《热力学的本质》。

还是在 1941 年,哈佛社出版了《本杰明·富兰克林的实验》——一个由富兰克林亲自记录他的电学工作的权威版本,由当时 27 岁的 I.伯纳德·科恩与卡内基研究所的一位研究员共同编辑。这本书只售出1361 册,但是对科学史做出了重要贡献,并开启了科恩在该领域的职业生涯。[41] 显然,富兰克林一书没有满足马龙的标准——广受欢迎,而是属于他的另一个类别——"一流的学术作品",即使销售前景相对较差,大学出版社也应该出版。

同年出版的另一本书《美国经济的结构(1919—1929):均衡分析的经验应用》也是如此,该书由年轻的副教授瓦西里·W.列昂惕夫所著。30年后,列昂惕夫因其用"投入—产出"法来阐释经济活动总的相互依赖关系而获得诺贝尔奖。1941年的这本书包含两张巨大的折叠的投入—产出表,是他关于这个主题的第一本书,也是那个时代哈佛经济学家最重要的贡献之一。[42]该书只印了614册,花了六年才卖光。

说实话,科恩和列昂惕夫这两本书的销量在哈佛社算是典型的,哈佛社的书大多数销量不到2000册。与此形成鲜明对比的是,同时期的另外两本(关于哲学和艺术的)创新性的书的销量远超10万册,而且在1980年代依然卖得很好。这两本书的作者分别是拉德克利夫学院的教师苏珊·K.朗格和瑞士艺术与建筑历史学家西格弗里德·吉迪恩。

苏珊·K.朗格的著作《哲学新调:关于理性、仪式和艺术象征的研究》于1942年出版。她之前写过两本书,被视为逻辑学家,但是直到46岁都没有当上教授。哈佛社并不是第一次出版女性作者的书;事实上,在1913年哈佛社创办那一年,第一位女性作者就出现在书目上了。[43]但是,几乎没有人,无论是女性作者还是男性作者,为哈佛社写出过销量超越朗格的书。

截至1984年,《哲学新调》已售出至少54.5万册。这个数字包括哈佛社精装版约1.2万册,平价的商业平装版44.7万册(更多相关内容见第六章),1971年开始销售的哈佛平装版4.3万册,日文翻译版至少3.2万册,以及另外9个语种的翻译版约1.1万册。这本书成了语义学、一般哲学、英语、美学、音乐和舞蹈专业学生的必读或推荐图书。

作者在1941年夏天把手稿交给了马龙,马龙将其交给哲学系的威廉·欧内斯特·霍金征求意见。霍金还没读完就不禁致信马龙说,这是一部重要的书,并得出结论:"我对女性写的哲学书有偏见:根据这种偏见,没有哪个女人能比她写得好。"霍金共写了三封信。他指出,书名中的"新调"切合了当下人们对意义和意义符号的兴趣,"逻辑、文学、艺术和哲学在这一主题中交融"。他说,作者"指导那些被愚蠢的实证主义者——因勤奋应得好报,因愚蠢应下地狱——欺骗的公众,感受、仪式、神话、音乐和其他艺术形式中都有意义"。她的书"将把'语义学'的讨论带到更广泛的用途中,带到对仪式、神话和艺术的解释上,而不仅限于对词义的批评"。为了做到这一点,她"在人类的象征性倾向中提出了语言起源论,并做了很好的示例"。[44]

苏珊·K.朗格从来没有声称发现了新的解释——其他人已经发现了——而是"仅仅证明了其为新的解释这一未被认可的事实",并且表明它如何"改变了哲学问题"。[45]对这一阐释学问并与公众分享的完美例子,马龙一定很高兴。即便如此,鉴于1941年出版社的财务状况,马龙认为最好不付首印的500册的版税。当马龙于1943年离开哈佛时,这本书的销量比500册也没多多少。

来自苏黎世的西格弗里德·吉迪恩是1938—1939年的查尔斯·艾略特·诺顿讲席教授,他个子不高,容易激动,作为访客常抱怨剑桥没有散步的地方。他的书是《空间、时间与建筑:一个新传统的成长》。出版这本书"要比出版一打普通的书的难度都大"(沃伦·史密斯语)[46],当它在1941年出版时,它就已经是哈佛社的一个传奇了。43年之后,它更加富有传奇色彩,因为哈佛社总计售出了12.9万册,皆为精装本。[47]世界上的许多建筑师、艺术史家、城市规划师和其他读者都认为这本书帮助他们培养了专业素养。

吉迪恩的诺顿讲座手稿的标题起初很乏味——"历史在当今的作用",而且稿件质量很差,以致马龙建议他用母语德语来写,然后再翻译成英语。[48]吉迪恩为了演讲,已经这么做了,后来又在两位新译者的帮助下,用了近一年时间拿出了一份新的书稿。随后为了在变成617页的书稿里排布321幅插图,作者、设计师和哈佛社之间发生了三角斗争。作者试图从瑞士指挥工作——当时希特勒正在占领欧洲,通信变得非常困难。自由设计师赫伯特·拜尔则在纽约市,他将校样黏合成假书,并在出版时间之前进行调整(有时会拖延到预定的出版时间之后)。在出版社,大卫·波廷杰和贺瑞斯·阿诺德不得不协调涉及印刷所的一切。而且在波廷杰和阿诺德离职后,这种情况也部分地重演了;1941年版是五个版本中的第一版,每一版都有相当大的工作量,在此过程中,书的页数增加到 953 页,插图增加到 531 幅。

实际上,建筑史和吉迪恩的这本书是一起演变的,直到他去世。在他去世的前一年,也就是 1967 年,第五版出版,这一版本身就是一部销量不错的畅销书,销量超过 4.4 万册。吉迪恩的书不仅是建筑史,他在书中还专注于建筑新传统的发展,"目的在于展示它与其他人类活动的相互关系,以及今天在建筑、施工、绘画、城市规划和科学中所使用方法的相似性"[49]。因此,像洛夫乔伊和朗格一样,吉迪恩的书也是跨学科的。

使《空间、时间与建筑》这本书载入哈佛社史的原因还包括其排印工艺和财务情况。

到当时为止,哈佛社几乎所有的书的设计都是朴实而雅致的,这本书则大相径庭。吉迪恩想要的是不同的东西。"新的排印风格"出现了,赫伯特·拜尔是其主要代表人物之一。[50]拜尔和吉迪恩说服哈佛社以博多尼字体印在光滑的厚纸上,外边距很宽,无书眉,段落首行不缩进,插图醒目,四边出血。这本书如此受欢迎的部分原因很可能就是其现代主义的设计。

至于财务情况,按照大学出版社的标准,多次再版和重印的生产成本是巨大的。如果吉迪恩不是诺顿讲席教授,哈佛社或许根本不可能出版这本书。当然,如果没有大笔补贴,也是不可能出版的。与当时的其他诺顿系列图书一样,该书属于大学,哈佛大学的诺顿委员会支付成本并获得除出版社佣金以外的收入。然而,1947 年,哈佛社卖出大约 1万册之后,该书的所有权就转给了哈佛社。出版社估计,1941—1984 年的生产总成本(包括编辑费)为 35.8 万美元,作者的版税至少是 16.2万美元。现有记录显示广告支出约为 2 万美元,销售总收入为 79.1 万美元。这似乎表明,不计间接费用的"利润"约为 25 万美元(间接费用包括工资、房租、用电、设备及其他不归入特定图书的支出)。

哈佛社很晚才开始将间接费用计入单本书的成本,因为直到 1940年代,哈佛社还以为出版的间接费用将由关联机构承担,也就是说由印刷厂承担。因此,如沃伦·史密斯所说,"实际上我们所有书的定价都低得不合理"。此外,早期有一个经验法则说,定价高于每页一美分的书将被市场淘汰。而且,人们普遍认为,因为大学出版社是非营利性组织,还经常获得补贴,所以应该把书价定得更低些,图书馆和教授们对这个观点极为相信,简直"到了荒谬的地步"。据史密斯说,这些因素共同导致了哈佛社的定价不切实际。[51]显然,第一份关于出版的间接费用的详细研究是由出版社的财务主管威廉·鲁格在1937年做的。根据他的计算,实际的间接费用占销售收入的45%。[52]但是,当时这还没有被纳入某本书出版前的成本估算中。各出版社计算间接费用的方法各不相同,哈佛社近几十年来就采用过多种方法。到1980年代初,它将每本书的间接费用计为预估生产成本的135%。

马龙时代的哈佛社继续活跃于艺术领域,他也着力在音乐方面做了很多事。最令人印象深刻的艺术书是艾格尼丝·蒙根和保罗·J.萨克斯的三卷本《福格艺术博物馆的绘画》(1940)。受欢迎的音乐书有雨果·莱希滕特里特的《音乐、历史和观念》(1938)以及阿奇博尔德·T.戴维森的《合唱指挥》(1940)。马龙个人在音乐领域的最大成就是他从1940年开始的对德国难民威利·阿佩尔的鼓励,后者的《哈佛音乐词典》成了哈佛社最著名的图书之一。该书于1944年出版,也就是在马龙离任后的第二年。

马龙时期的其他作者包括:欧内斯特·J.西蒙斯,他的《普希金》被誉为关于这位俄罗斯最伟大的诗人的所有语种里最优秀的传记;B.斯普拉格·艾伦,他的《英式审美的流变》为文学研究提供了极好的背景;克莱恩·布林顿,他的《尼采》开启了一套名为"现代欧洲缔造者"的持续不太久的小丛书;威廉·布鲁斯特(关于鸟类的书)、伯纳德·德沃托(关于马克·吐温的书)、小约翰·H.芬利(关于修昔底德的书)、乔治·萨顿(关于科学史的书)、威尔伯·K.乔丹(关于英格兰的宗教宽容的书)、B.J.怀廷、乔治·C.霍曼、理查德·W.利奥波德、丹尼尔·J.布尔斯廷、查尔斯·沃伦、鲁道夫·卡尔纳普,以及包括贡纳尔·米达尔、罗杰·鲍德温、罗伯特·摩西在内的一系列戈德金讲师。

战争又来了

　　1940 年春末,当法国正在经历失败,英国军队被迫撤往敦刻尔克时,伦敦的 J. 伯恩公司的仓库里估计存有 20 万册的"洛布古典丛书"。直到那时,往美国发货还是按需求小批量出货的——每种新书 500 册,可能每次不超过两三千册。这时,沃伦·史密斯一人做主下了一个大订单:在接下来的几个月内从英国发货 122675 册。结果,一艘载有 9643 册书的船沉到了海底,但是其余的 113032 册书安全抵达了美国。[53] 1940 年 7 月 10 日,德国人开始大规模空袭,试图征服英国。秋天,德国在不列颠之战中败北后,消息传来,一枚炸弹击中了伯恩公司的仓库,摧毁了近一半的"洛布古典丛书"。在 1941 年年初的又一轮闪电战中,另一枚炸弹击中了同一地点,摧毁了所有"洛布古典丛书"的库存。[54] 八年前在德国去世的詹姆斯·洛布永远不会知道他选择定居的国家对他心爱的经典做了些什么了。

　　史密斯的这一措施是哈佛社历史上最有影响的行动之一。轰炸之后,该丛书的英国出版商海涅曼几乎一直缺货,但是哈佛的"洛布古典丛书"销量在战争期间实际上却增加了,而且哈佛社由此获得的收入帮助其度过了困难期。截至 1946 年,已出版的 369 卷中有 158 卷都卖光了。[55]

　　关于国际事务的书在哈佛社的书单上变得更加引人注目。有些与战争有关的书相当实用。如《海外服务健康手册》,这是一本口袋书大小的医疗急救手册,在防水纸上用防水油墨印刷,第一作者是热带医学临床教授乔治·奇弗·沙特克医生,销量超过 1.3 万册。

　　然而,哈佛社受战争启发的最重要的书还是十几种用于日语和汉语学习的词典和教科书。这是为当时成立了 14 年的哈佛燕京学社出版的,后者的时任社长为哈佛大学的叶理绥。这些书中的九种是 1942 年匆匆赶制出来的,其余的也很快出版了。新词典不可能编纂得如此之快;这些书原是在日本和中国出版过的著名作品,现在未经许可进行

了重印。至于教科书,三本主要的是由叶理绥和赖世和编写的,后者是
一位年轻的语言教师,后来成为美国驻日本大使以及哈佛社最著名的
作者。他们的第一部作品是《大学生基础日语》,哈佛社的广告称之为
唯一的专门为美国大学生编写的日语语法书。哈佛燕京学社的这些书
在军队里广泛使用,为国防做出了突出贡献。[56]

哈佛社一直负责打理哈佛燕京学社的出版物,所以这些词典和教
科书由哈佛社出版是很自然的。由于书里有很多中国和日本使用的表
意文字,这些书是在默里印刷公司和其他商业印刷厂"影印"的,这也是
哈佛社首次大规模使用胶印。(词典的印版是通过拍摄早期版本而制
成的。)这些书的销售与生产速度一样惊人。由于这项工作是与战争有
关的,因此这些书几乎是以成本价销售的。但是哈佛社的佣金还是积
累了不少,因此哈佛燕京出版物的成就对哈佛社的财务健康多有助益。

战争结束后,有两部汉英词典还在印,成为哈佛社的长销书。其中
之一是 C. H. 费恩的《5000 字词典》的修订版,这本口袋书是最初于
1926 年在北京出版的。截至 1984 年,哈佛社售出了 3.45 万册布面精
装版、1.83 万册哈佛平装版。另一部是《麦氏汉英词典》,这是一部
1931 年在上海出版的标准著作。哈佛社对其进行了修订与更新。截至
1984 年,哈佛社售出该书逾 4.5 万册。

1942 年 10 月 1 日,在为战争而努力的情感氛围中,哈佛社出版了
由哈佛大学领导人创作的两种有说服力的小书。一种是詹姆斯·B. 柯
南特校长的《我们的战斗信念》,主要由他对本科生的讲话组成;另一种
是拉尔夫·巴顿·佩里的《我方是正确的》。两种书的销售情况都令人
失望——柯南特的大约卖了 3500 册,佩里的大约 2000 册。

《我们的战斗信念》是柯南特做校长九年来出版的第一本书。他希
望该书能有广泛的读者,所以将书稿交给了利特尔-布朗出版社的罗
杰·L. 斯凯夫,后者又交给了马龙。哈佛社很快就将它出版了。马龙
的批评者认为他没有安排好这个项目。[57]校长的一位助理抱怨说,他在
哈佛广场都找不到《我们的战斗信念》。于是,沃伦·史密斯说服附近
的所有书店都将之陈列在橱窗里。根据史密斯多年后的回忆,几乎所

有这些书都被原样退了回来。[58]

1944 年,当马龙离开哈佛社时,《我们的战斗信念》已售出约 3000 册,而柯南特得知另一家出版商新出版了一本同名书。对柯南特来说,这意味着这家出版商从未听说过他的书。他在致马龙的继任者的一封信中写道:"恐怕这仅仅是又一个证明,表明哈佛社这样运营,一个人宁愿把书扔进大西洋,也不会想通过这个平台(哈佛社)出版。"[59]

是什么糟糕的事情导致哈佛大学的校长发表这样一番评论?《我们的战斗信念》只是其中一个小小的原因。出版社与大学之间关系的恶化,漫长、复杂,而且令人痛苦。

注释:

1 马龙"项目简介",收录于《美国传记辞典》卷 20(在 12 卷本的重印版中收录于卷 1)。

2 哈佛社 1937—1938 年报,页 439(这些报告页码多的原因在于它们是作为校长年报的一部分印刷的)。马龙在该报告中表示,哈佛出版了 84 种新书,仍然居于三大大学出版社之列。关于选择的政策,也可参见:哈佛社 1936—1937 年报(页 393—394)、1938—1939 年报(页 483)。关于作者资助的专著,参见:理事会纪要,1936 年 11 月 4 日、1937 年 1 月 6 日。

3 关于进口书的情况,参见:哈佛社 1939—1940 年报(页 455)、1941—1942 年报(页 487)。关于资金的缩水和丛书出版的放缓,参见:哈佛社 1937—1938 年报(页 441)、1938—1939 年报(页 483—484)和 1939—1940 年报(页 456)。例如,因为资金耗尽,"哈佛语文学和文学研究及讲义丛书"于 1938 年终止,"哈佛英语研究丛书"于 1939 年终止,都出版了大约 20 卷(詹姆斯·B.芒恩致杜马·马龙,1938 年 6 月 21 日,存于哈佛社一般文件,1938,"M—O"文件夹)。

4 哈佛社 1938—1939 年报(页 482)、1939—1940 年报(页 456)、1940—1941 年报(页 460—461)。按财年统计的销售收入来自哈佛社的记录。

5　马龙 1973 年 11 月 28 日接受的采访；《哈佛大学出版社调查委员会报告》，1939 年 2 月 27 日，收录于《哈佛学院调查委员会报告（1937—1942）》，页 155。

6　哈佛社 1937—1938 年报（页 438）；《哈佛校友会刊》（1938 年 1 月 28 日），页 479。宴会于 1938 年 1 月 7 日在福格艺术博物馆举行。

7　杜马·马龙《学者与公众》，载于《美国哲学学会会刊》1938 年第 80 卷第 1 期，页 28—29、31—32。

8　同上，页 29—30，特别是页 35。

9　马龙 1973 年 11 月 28 日接受的采访。

10　解雇发生在 1936 年 1 月 7 日。后来，J. T. 戴写了三封信给杜马·马龙，表达了他的痛苦（1938 年 1 月 7 日、1 月 11 日，另一封信没有标注具体日期，存于哈佛社一般文件，1938，"D"文件夹）。哈佛档案馆的人事档案表明，领班沃尔特·格雷格森没有被解雇，虽然他不再负责管理，但他一直待在印刷所里，直到 1948 年他 71 岁时退休。他在该机构共服务了 46 年。

11　哈佛社 1936—1937 年报（页 391—392）、1937—1938 年报（页 440—441）。和那个时代的其他一些优秀设计师一样，大卫·波廷杰一直更喜欢自动铸排机。根据沃伦·史密斯的说法，波廷杰抵制整行铸排机和平版印刷。关于莱克曼，参见《哈佛学院 1904 届毕业 50 周年纪念报告》（1954）中他的个人介绍。

12　关于鲁格，参见《哈佛学院 1921 届毕业 25 周年纪念报告》（1946）。

13　杜马·马龙 1973 年 11 月 28 日接受的采访。

14　詹姆斯·B. 柯南特《我的多重人生：一个社会发明家的回忆录》（纽约：哈珀和罗出版社，1970），页 112—115。在柯南特当校长之前，哈佛没有规定的退休年龄。在《我的多重人生》中，柯南特没有提到基特里奇与出版社的关系，但马龙回忆说，柯南特曾告诉他，关于哈佛社理事会，基特里奇"控制得太久了"。基特里奇于 1941 年去世，享年 81 岁。

15　大学理事会记录,1936 年 6 月 1 日、10 月 5 日,1938 年 5 月 16 日,1940 年 6 月 19 日,1942 年 12 月 7 日。爱德华·S. 梅森于 1941 年搬到华盛顿参加国防工作,爱德华·H. 钱伯伦便在哈佛社理事会接替了他的工作,直到 1943 年钱伯伦也去了华盛顿为止。

16　40 年后,爱德华 S. 梅森激动地谈到麦克奈尔和马龙之间的"敌意"。在 1981 年 2 月 14 日的采访中,他说麦克奈尔瞧不起马龙,说马龙不懂业务,马龙则认为麦克奈尔是一个"最糟糕的庸人"。

17　理事会纪要,1936 年 11 月 4 日、12 月 2 日;杜马·马龙《备忘录》,1936 年 11 月 19 日(柯南特档案);特别参见哈佛社 1935—1936 年报(页 379)、1936—1937 年报(页 392)。

18　哈佛社 1936—1937 年报(页 392)。

19　马龙《备忘录》;哈佛社 1935—1936 年报(页 379)。

20　多萝茜·格林沃尔德致笔者,1981 年 6 月 29 日。

21　该书和其他书的销售数据来自哈佛社记录,由琼·奥唐纳等人提供。

22　哈佛社洛夫乔伊文件,梅尔文·阿诺德致托马斯·J. 威尔逊,1959 年 3 月 30 日。

23　版税信息一般来自哈佛社的合同文件,此处是来自 1935 年作为合同的信件。

24　哈佛社 1936—1937 年报(页 392、396)、1937—1938 年报(页 443)。

25　S. E. 莫里森致杜马·马龙,1937 年 6 月 4 日(大学档案之出版社通信,UAV 711.5,文件夹"M")。

26　伯纳德·贝林《莫里森:一种钦佩》,载于《马萨诸塞州历史协会会刊(89)》(1977),页 118。

27　切斯特·I. 巴纳德致哈佛社,1956 年 9 月 12 日;威廉·B. 沃尔夫《与切斯特·I. 巴纳德对话》(纽约州伊萨卡:康奈尔大学纽约州工业和劳动关系学院,1973),页 14。1937 年和 1938 年的信件存于哈佛社的巴纳德文件中。

28 马龙致巴纳德,1938 年 4 月 12 日。

29 马龙致巴纳德,1938 年 8 月 17 日;埃莉诺·多布森致巴纳德, 1938 年 11 月 17 日。

30 切斯特·I.巴纳德《经理人的职能》(哈佛大学出版社,1938)。特别参考 1968 年版,页 xxviii—xxx、73、82、216—217。关于该书及其影响的分析,参见肯尼思·R.安德鲁斯为 1968 年版写的导言。

31 F.J.罗特利斯伯格《难以捉摸的现象:我在哈佛商学院组织行为学领域的工作自述》(哈佛商学院研究部,1977;哈佛大学出版社发行),页 46、48—51。

32 参见:小阿尔弗雷德·D.钱德勒《比较商业史》,收录于 D.C.科尔曼和彼得·马蒂亚斯主编的《企业与历史》(剑桥大学出版社, 1984)。

33 艾琳·安德森写到的"种族"族群是爱尔兰人、美国北方人、法裔加拿大人、犹太人、意大利人和德国人。她曾将书稿取名为"佛蒙特州伯灵顿的族群关系"。《我们美国人》这个书名是由出版社的外部审读者——哥伦比亚大学的社会学家罗伯特·S.林德建议的,只是他给"美国人"一词加了引号。林德审读书稿收到了 25 美元——这可能是哈佛社支付的第一笔审读费。几乎所有的外部审读者都是哈佛大学的教授,当时他们没有收到任何审读费。关于卢巴特奖,参见:哈佛社 1937—1938 年报,页 440;《纽约时报》,1938 年 5 月 9 日,第 2 版。

34 哈佛社 1938—1939 年报,页 483 页;《哈佛校友会刊》(1939 年 5 月 12 日),页 907。

35 霍华德·芒福德·琼斯为弗兰克·路德·莫特《美国杂志史》第 5 卷写的前言(哈佛大学出版社之贝尔纳普出版社,1968),页 ix。

36 弗兰克·路德·莫特《未完成的故事;或阅览室的男人》,这是他的《时间足够:自传随笔》一书的第 11 篇(教堂山:北卡罗来纳大学出版社,1962),页 169—180。该篇讲述了该杂志项目的故事,后收录于《美国杂志史》第 5 卷,页 341—350。

37 莫特《未完成的故事》,页 174(后收录于页 345)。

38 亚瑟·M.施莱辛格《回顾：一位历史学家的经历》(纽约：哈考特-布雷斯和世界出版社，1963)，页113—114。

39 1938年6月29日杜马·马龙写信给弗兰克福特时，提出了10%的版税。弗兰克福特1938年7月20日回复说："当然了，你开的条件对我来说是O.K.的，你都已经用了钦定版《圣经》的文字了。"(哈佛社合同文件)

40 对于马龙的建议，雷蒙德回答说，他不知道怎么处理这本书，因为他试图使它成为"具有可读性的叙述"之书，结果它既不是"大众"读物，也不是教科书，两头都不靠。马龙说："这正是我们特别感兴趣的类型。"

41 马龙是从佩里·米勒教授那里了解到科恩项目的。在哈佛社的科恩文件中，以下信件特别有趣：佩里·米勒致杜马·马龙，1940年1月12日；马龙致I.B.科恩，1940年1月16日；卡尔·范多伦致马龙，1940年10月7日。科恩没有收到任何版税，因为首印的1500本书是没有版税的。

42 爱德华·S.梅森《从创始到二战时期的哈佛大学经济系》，载于《经济学季刊》(1982年8月)，页424。由于误解，后来哈佛社失去了列昂惕夫这位作者(参见：哈佛社列昂惕夫档案中的他与T.J.威尔逊在1949年和1950年的通信)。

43 即图书馆员狄奥多拉·金伯尔，《城市规划》的合著者(与J.S.普瑞合著)。

44 威廉·欧内斯特·霍金致杜马·马龙，1941年8月6日、8月16日、9月10日(哈佛社档案)。

45 苏珊·K.朗格，第一版序言，1941年写于剑桥。

46 W.W.史密斯致哈佛社社长罗杰·L.斯凯夫的备忘录，1944年1月25日(大学档案之柯南特档案)。

47 哈佛社不拥有吉迪恩的书的外语版权。其书翻译版的销售数字暂无，但可能很大。

48 杜马·马龙致西格弗里德·吉迪恩，1939年3月3日；理事会纪要,1939 年 3 月 15 日、11 月 8 日。

49　《空间、时间与建筑》第一版,页 v。

50　《哈佛大学出版社 1941 年春季公告》。

51　W. W. 史密斯致笔者,1981 年 6 月 23 日、1982 年 3 月 15 日。

52　1947 年 3 月 17 日,杜马·马龙将出版间接费用研究发给了财务副校长 J. W. 洛斯,该文件保存在柯南特档案中。

53　哈佛社 1940—1941 年报,页 461—462。

54　"洛布古典丛书"基金的受托委员会纪要,1941 年 6 月 9 日。关于轰炸造成的损失,哈佛拿到了战争险赔偿。

55　受托委员会纪要,1946 年 11 月 25 日。

56　哈佛社 1941—1942 年报,页 487;格伦·W. 巴克斯特 1981 年 12 月 11 日接受的采访。

57　例如,戴维·W. 贝利致罗伊·E. 拉森,1942 年 11 月 20 日(副本藏于福格艺术博物馆档案馆保罗·J. 萨克斯档案,"哈佛大学出版社:罗伊·E. 拉森"文件夹)。

58　W. W. 史密斯 1973 年 11 月 24 日接受的采访。

59　J. B. 柯南特致 R. L. 斯凯夫,1944 年 3 月 6 日(哈佛社绝版图书文件,标有"我们的战斗信念"的柯南特文件夹)。

第五章　战时的震动

　　杜撰"没有什么生意像娱乐生意一样"这一滥调的人，要么是忽视了出版领域非理性的、不可预测的、古怪的行为的巨大可能性，要么是对这些一无所知：公众口味难以琢磨；怪诞的市场体系在外行人看来像是纯粹的无政府状态；会计方法使那些想要成为会计师的人听命于另一种会计师；作者们比歌剧男高音还要神经质。

　　当你把这个马戏团似的东西放到大学里，只能观察、不可理解的行为方式的可能性就呈几何级数增加了。因为你给这个方程式增加了许多不可预测的因素：校长、理事会、董事会、校友、作为个体作者的教授以及以院系团体行动的教授。[1]

　　——保罗·赫尔曼·巴克，哈佛大学文理学院院长（1942—1953）、哈佛大学教务长（1945—1953）

　　1940 年代早期，哈佛大学出版社一度有关门之忧。不论是在财务方面，还是在组织方面，1942 年都是恐慌和重组的一年。印制和出版走上了各自独立的道路，这两个组织的最高管理者也是如此。新的校领导也来了。我们可以想见，20 世纪里长期困扰美国大学出版社的问题一股脑儿汇聚到了同一个学术舞台上，这时到了紧要关头：资金匮乏，人相为敌,关于大学出版社应该是什么样、应该由什么样的人来运营的观点也大相径庭。直到 1940 年代中期,杜马·马龙解脱到托马斯·杰斐逊的世界之后很久[①],哈佛大学出版社才明确地存活下来。实际上关于这种困境的警示在 1942 年之前就出现了。

起先,人们没怎么注意到这些迹象。1938 年 1 月哈佛大学出版社25 周年庆上的气氛或许是最和谐的。柯南特校长主持了 70 多人参加的宴会,提议为"哈佛大学出版社的未来——实力雄厚、举足轻重、成就非凡"[2] 而举杯。第二天,他对马龙在宴会上发表的关于"学术+"的演讲表示祝贺,并称哈佛大学幸运地找到了他来做社长。[3]

然而,这位社长已经就财务状况提醒过哈佛大学管理层。1937 年3 月,出版社对间接费用进行了调研,不仅发现了出版的间接费用占到销售收入的 45%,而且对其后果进行了探讨。例如,出版社在校内院系拥有的图书上正在亏钱。根据关于间接费用的报告,收取定价的 15%作为处理费,只覆盖了一半的出版成本,理论上应该收取 30%。而且,对于出版社拥有版权的图书,销售收入也远远覆盖不了成本,要覆盖成本就必须有"长期稳定的增长",也就是要出版更多出版社拥有版权的图书,而这是 1937 年的财务资源无法承受的。出版社的报告提出,以当下的销售收入和间接费用来核算,每年 2.1 万美元左右的出版赤字看起来是正常的。从 1920 年起,这种赤字是由印刷利润来弥补的。马龙及其同事认为,为出版更多出版社拥有版权的好书,需要更多自有资金。间接费用报告在结尾处提出:"应该合理考虑直接补贴出版部门的可能性,即便不是立即考虑,也应在不久的将来予以考虑。"[4]1937 年 4月,作为应急措施,主管财务的副校长 J. W. 洛斯批准了大学开设借款账户(不超过 5 万美元),为出版独立图书提供营运资金。这使出版社可以 4% 的利息借得资金。[5] 这一安排与 1920 年哈罗德·默多克时期的做法大致一致。

与前任们一样,马龙也希望出版社获得捐赠以带来直接补贴,"实

---

① 指马龙后来投身到杰斐逊传记的撰写工作之中。

图 17 1933 年的詹姆斯·布莱恩特·柯南特,他在这一年成为哈佛大学校长

际上就像其他所有大学出版社以这样或那样的方式获得的一样"[6]。然而，他在 1940 年退而求其次，采用了比较温和的募款方案，并求助于调查委员会以推行该方案。同时，他向调查委员会主席罗伊·E. 拉森寻求支持并得到认可。拉森是 1921 届哈佛校友、时代公司总裁，马龙认识且敬重他。[7]马龙的这个募款的新想法是"循环的出版资金"——1000美元或更多的小额捐赠，用以直接投资新书，而其收益可以再投资其他书。拉森对这一计划表示出了兴趣，而且调查委员会的 1918 届校友、纽约律师莫里斯·史密斯对此充满激情。[8]史密斯的激情确实带来了财务帮助——不过已是 36 年之后的事了！他的遗孀遗赠给哈佛大学出版社一笔基金，名为"莫里斯和卢拉·布拉德利·史密斯纪念基金"，1984 年积累到 34.4 万美元。但是，1940 年的方案则没有太大收效。

在创办后的几十年里，为什么哈佛大学出版社在吸引捐赠方面终无大成？有两个很明显的原因。其一，成长中的哈佛大学总是有各种更明显的需求，如图书馆、实验室、运动设施、资助教席等，这些都可以为捐赠者带来更多荣耀，而且大学管理层不愿努力为从某方面看起来是一个商业组织的机构募集资金。其二，哈佛社急切寻求外部帮助的时机都不好——都正赶上世界大战爆发。

第二次世界大战使柯南特成为一位非全职的校长，这也伤害了哈佛大学。要客观看待出版社的危机，必须意识到柯南特在校内还遇到了比出版社更大的问题，在校外则又深度参与了原子弹研发等重大的问题。例如，1939 年，哈佛大学的"愤怒教师的抗议"（柯南特语）迫使他承认错误，改进了关于晋升和终身教职的程序。[9]1940 年，罗斯福总统延揽他进入新的国防研究委员会（范内瓦·布什任主席），他将国内的化学家组织起来开展与战争有关的研究。1941 年，他接替布什担任该委员会主席，同时成为其母体、新机构——美国科学研究局的副局长（布什任局长）。1941 年 12 月美国参加第二次世界大战之后，他每周都要在华盛顿工作数天。[10]

即使在哈佛园，柯南特的活动也大多与战争相关。如他在自传（这部 700 页的自传并没有提及哈佛大学出版社）中所说，哈佛"主要变成了一所战时大学"。教授和研究生大批离开了,本科生从 3500 人锐减到 850 人,针对军官的培训课程则遍布校园。[11]

分　家

印刷所在 1936 年的重组并没有消除院系对出版社的不悦。早在 1938 年 11 月,文理学院院长办公室就提出证据指出,一些印务的价格增长得惊人,而且高于外部承印商的报价。[12]一些哈佛院系放弃了哈佛社,转而选择商业出版商。[13]哈佛社做出了抗议,大学理事会指示出版社理事会调查所有与哈佛相关的出版和印刷事宜。[14]1939 年 11 月,出版社理事会提出了建议,其一是所有哈佛出资的材料都不能由商业出版公司出版,"除非由本理事会指定的委员会批准为明确例外的"。[15]由此,柯南特召集了一个计划于 1940 年 1 月召开的会议,但是又被推迟了,以致最终取消。出版社理事会的纪要没有再提起他们的报告,大学理事会看起来也没有对此采取什么行动。

关于出版社的财务及其在大学中的功能的问题令人不安,而且又是一年左右悬而不定。同时,哈佛社出好书的名声继续提升,甚至直到 1941 年柯南特还对马龙说:"出版社过去一年总的情况绝对值得你为之骄傲。我表示祝贺和良好祝愿。继续干!"[16]然而,马龙治下的出版社与大学管理层的关系以后再也没有这么好了。

关系恶化的关键因素是约翰·威尔伯·洛斯的离开。他于 1941 年 3 月作为海军上尉服役去了。他离开后,大学管理层终止了他的财务副校长的职位,并接受了他离开哈佛大学的辞呈。[17]监管出版社商业事务的角色就由大学司库小威廉·H. 克莱弗林接任了。

克莱弗林曾任一家糖业公司的总裁,也曾是波士顿一家经纪公司的合伙人。哈佛的司库不是全职雇员,但是克莱弗林比大多数司库都积极得多。他任职于 1938 年至 1948 年,这正是哈佛历史上的艰难时期。战争期间,他充满热情地投入到大学的财务和商业事宜中。司库是哈佛大学理事会的当然成员,而副校长则不是。这种形势,再加上柯南特在校外另有急务,使克莱弗林拥有一种高度的权威。

在克莱弗林看来,他的职责就是在非常时期保障大学的财务稳定。他对出版问题没什么了解,而且恐怕没什么机会来欣赏马龙正在出版的重要图书。哈佛有一条闻名的原则——每个机构都必须自力更生,毫无疑问他感到有责任阻止出版社对这条原则的冒犯。他不是多有耐心的人,可能也不会以柔性的方式处理问题(耶鲁的情况正相反,大学司库乔治·帕姆利·戴还是耶鲁大学出版社的创办人和社长)。

在马龙看来,洛斯"人很好,也很理解出版社的问题"。但是"克莱弗林不一样",他不懂什么出版。后来,在发现洛斯授权了 5 万美元的营运资金贷款额度,而出版社截至 1941 年 6 月已经支取了 3.5 万美元时,克莱弗林愤怒不已,下令不得再从此项基金支取更多款项。马龙认为,校长对作为出版人的他产生敌意,正是始于战时一次回校收到克莱弗林的一份报告。[18]

1941 年 6 月,马龙开始给克莱弗林讲解出版社的本质。马龙说,出版社的地位长期以来都是"不妥的",如果得不到澄清,他会对"其未来非常怀疑"。他向克莱弗林提出了 8 个问题,其中之一是:"如果出版社的出版部门(而不是印刷部门)提供了一种学术服务,而没有从大学获得任何直接的财务援助,这是公平的吗?"[19]

不久之后,柯南特校长就指定了一个委员会来调研哈佛的出版问题,由克莱弗林等身边的助手们组成。[20]乔治·亨利·蔡斯担任主席,他曾任研究生院院长,但新近获得了不寻常的"大学学监"(Dean of the University)职位。8 月,马龙向蔡斯委员会建议,所有为本校院系提供的印刷服务应基于真实成本,而"大学将与由此获得的印刷利润等额的款项用于出版部门"。经出版社理事会一致认可,他最终于 10 月提议出版社从印刷职能中彻底解放出来。[21]这一安排获得了校方批准并立即生效。分离的正式日期为 1942 年 2 月 14 日。马龙在 40 年后对我说,他认为出版和印刷的分离"可能是我在出版社做过的最好的事"。

价值 3 万美元的活字神秘消失了,这也是印刷所令马龙恼怒的一个原因。1941 年夏天,一家新的审计公司发现了这一损失。[22]这件事至今没有得到解决。[23]

　　起先,印刷所及其50多名员工的未来并没有确定。1942年1月,克莱弗林聘用了纽约富尔顿的印刷商詹姆斯·W.麦克法兰来处理分家的细节。麦克法兰回忆说:"我并不太想管印刷所。"[24]但是,克莱弗林对他印象很好,所以当大学理事会正式批准两个机构分立时,麦克法兰被选为印刷所主任。

　　由此,印刷所再一次成为哈佛大学的一个独立机构,如同50年前一样。哈佛大学出版社立刻获得了寻找外部印厂的自由,而且越来越多地使用外部供应商。詹姆斯·麦克法兰担任印刷所主任长达25年。1962年,哈佛夷平了老的兰德尔馆,为威廉·詹姆斯馆高高的白色建筑腾出地方,印刷所就搬到波士顿奥尔斯顿的一幢新建筑了。

混乱与不确定

　　对出版社本身来说,1942年的分家是一件复杂的事。出版和印刷的账务必须分离。有些人的薪水一直涵盖这两项业务,现在出版社就必须独自向这些人支付全额薪水,包括马龙、波廷杰、贺瑞斯·阿诺德以及几位财务人员。出版社也必须为了财务人员和货运员工保留兰德尔馆的空间,并按月支付租金。哈罗德·默多克那么看重的出版社的独立经常账户也放弃了,出版社的支付回归到学校财务,如同1920年之前,而且自此之后再未改变。[25]

　　人们预料到了调整的困难。但是学校并未提供直接补贴来补偿损失的印刷利润,这一后果令出版社始料未及,马龙也极为震惊。马龙以为校方已经认可了这种支持的必要性,他还预测过年度金额略多于2万美元——"大约是两位教授的年薪"。[26]在分家时,他见过柯南特校长,并向出版社理事会报告说"大学理事会已经认识到出版办公室肯定会在亏损的情况下继续运营的"[27]。六个月之后,理事泽卡赖亚·查菲致信理事保罗·萨克斯说:"我在分家时的担心坐实了。学校吞下了印刷利润,而后又来担心出版的亏损。"[28]后来,马龙在写给校长的1941—

1942 年报中说:"虽然学校同意了承受原来由印刷利润来弥补的出版亏损,但是财务责任的准确限度并没有说清楚。由此发生了人事和财务上的混乱和不确定。"

司库克莱弗林坚信出版社应该提高佣金、减少支出,并像商业实体一样去管理,以填补亏空。他停收了昆西大街那幢房子的 1600 美元的年租金。[29]现在,像马龙建议的那样,他允许出版社提高由它出版但不属它所有的图书的处理费用。马龙开始与校内院系进行新合同的谈判。原来定价的 15%的处理费涨到了 25%。一些院系平静地接受了,另一些则气愤不已。[30]

但是马龙所说的并不是对非自有图书收取更高的处理费就能让出版社盈亏平衡,他只是说这能够减少出版社在"那些图书"上的损失。[31]出版社肯定还是会亏损。紧接着一场关于预算的痛苦斗争开始了。

前几年,出版社虽然有半年财报和年度审计,但是没有准备过精确的预算。然而,1942 年春,克莱弗林希望看到一份 1942—1943 年的预算,这是出版社分家之后的第一个完整年度。几个月后,出版社在还不清楚未来的自有图书能够带来多少收入的情况下,就被要求提交一份收支平衡的预算。最终,马龙尝试提交了一份文件,推测大约会出现 2 万美元的亏损。出版社理事会一致通过。但是,克莱弗林没有批准。6 月底,大学理事会授权克莱弗林在出版社确定预算之前,在他认为合理时批准支出。[32]

然而,这时关于出版社当前财务状况的新情况让预算面临的形势更加恶化了。当出版社试图提出一个收支平衡的下一年度预算而无果时,人们了解到本财年(截至 1942 年 6 月 30 日)出版社将亏损约 2.6 万美元。马龙解释说,这一年不正常,而正常年份的亏损应该是 2 万美元或更少。[33]但是,即使是 2 万美元,克莱弗林也不能接受。柯南特也不能接受,他残存的对出版社的友善也消失殆尽了。

校长和司库一起讨论了这个问题,柯南特决定安排一家商业公司来出版哈佛图书。5 月,他们二人与罗杰·斯凯夫吃了一顿午餐,当时斯凯夫已经在出版社调查委员会任职 18 年了。第二天,斯凯夫给他在利特尔-布朗出版社的同事写了一份备忘录,开头是:"柯南特校长想要让大学摆脱出版部门的困扰,他想将出版工作转给某一家出版商。我想如果利特尔-布朗出版社希望接手,像'大西洋'那样,他是会乐意的。他的想法是只保留位于剑桥的理事会,以及一位代理人。这个代理人现在可以由杜马·马龙担任。"[34]斯凯夫进而解释说,出版公司将只出版理事会推荐的书,自己承担一部分图书的风险,而大学承担另一部分图书的风险。出版公司负责编辑、生产、推广和销售所有图书。斯凯夫说,看起来柯南特认为"出版不属于大学的职责"。

利特尔-布朗出版社否决了这一提议。斯凯夫报告给了柯南特,还说他认为大学出版社在哈佛应享有"独特的地位"。[35]

同时,在收到斯凯夫的信之前,柯南特和克莱弗林与马龙见了面,提出了他们对于哈佛社价值的疑问,并说明了他们的计划。[36]有证据表明,柯南特曾让马龙(或在其时,或在更早)寻找商业公司负责发行,而马龙没有提交关于这个问题的报告,这加剧了校长此后数月的敌意。[37]无论如何,马龙考虑了辞职问题,而且据他后来讲,要不是时世艰难,而且认为自己的离开会伤害出版社,他肯定当时就辞职了。[38]

相反,马龙转而求助于出版社理事会的支持。7月,他召开了一次特别会议,告知理事们应该采取行动,而且要"尽快",并请求他们起草一份致柯南特的备忘录。他说,七年前柯南特就曾指出希望出版社基于学术而运行,因此"现在不应基于商业,而应基于对知识和学术生活的贡献来衡量出版社"。

这次非同寻常的仲夏会议的纪要是副社长波廷杰撰写的最后的纪要。这份纪要写起来肯定非常棘手,因为他与马龙的沟通已经非常不畅了。[39]

1942年的这个7月,哈佛福格艺术博物馆的保罗·萨克斯开始执掌出版社的主要权力。出版社理事会决定让他进入应马龙所请而撰写备忘录的委员会。更重要的是,柯南特命他领导一个理事委员会,秘密会面并向校长建议应该采取的措施。

萨克斯称之为"出版社委员会",或简称为"特别委员会"。致信柯南特时,他则称之为"您的委员会"。在萨克斯档案里,我们可以清楚看到,所有理事都受邀参加会议——除了马龙。很快,萨克斯委员会成为实际上的理事会,只是少了名义上的主席马龙和秘书波廷杰。

然而,理事会备忘录的所有内容恰是马龙所期待的。现已不清楚校长是否看到过这份备忘录。可以确定的是,萨克斯委员会于 7 月 20 日把它发给了克莱弗林,并邀请他参加晚餐,表达了他们能够与他快速解决问题的信心。[40] 此前的 1919 年和 1934 年,出版社理事会曾两次迫切恳求过校方管理层。这一次,1942 年,另一个委员会(萨克斯三次都参与了)提出了以下观点:

• 哈佛大学出版社达到了发行高品质图书的期望值。

• 理事会准备调查财务及任何其他问题。

• 印刷所是一个服务机构,如果可以从外部以较低价格获得印刷服务,则可以撤掉它。

• 出版社在战时同平时一样都是值得支持的。

• 不应该期待出版社每年都有盈利,反而应该像图书馆等机构一样归属于"负预算部门"。

• 大学理事会很有必要明确表述其政策。出版社不确定的地位"不论从哪个角度来看都是令人泄气、沮丧的,也是不公平的"。

• 假手他人销售图书"既不实际,也不经济"。

7 月 28 日,与克莱弗林的晚餐安排在了夏蒂山,那是萨克斯在剑桥的庄园。出席晚餐的理事有五位。克莱弗林可能被他们写的备忘录打动了。不论如何,他跟委员会说了一些令人吃惊的话。

根据萨克斯在第二天为记录而写的备忘录,克莱弗林说,如果需要,校方愿意面对亏损,"只要我们都认为哈佛社运行得是最好的"。萨克斯在这份备忘录中写道:"在最后的分析中,讨论实际上集中于马龙能否胜任这种工作,特别是波廷杰能否胜任。"[41] 这使整个形势得到了改变,整个问题就被推迟到了秋天。

在那个夏天,克莱弗林极力迫使马龙缩减支出。马龙起先踌躇不决,但是最终承认了裁员的必要性。当编辑多萝茜·格林沃尔德接到密歇根大学商学院研究生院的工作邀请时,他感到不能再敦促她留下了。她的离开，让编辑人数减少了一半。下一步，马龙计划裁掉波廷杰的亲密同事、生产经理贺瑞斯·阿诺德。波廷杰则竭力反对。

9月，波廷杰突然提交辞呈——这显然是冒险的赌博，他是想着哈佛会拒绝，并让他做社长。

波廷杰在出版社服务了25年，大多时候处于职责繁重的岗位。在哈罗德·默多克治下，他承担了运营这个组织的主要责任，但是没有获得与之匹配的职位和认可。默多克去世后，他曾任代理社长，并（理所应当地）期待着继任社长，但是在最后一刻被弃之不用。在马龙治下，他继续承担着繁重的工作，而且越来越感觉自己被欺骗了，看到马龙花时间投身于历史写作与讲课，他也很气愤。[42]

马龙1935年成为社长时，并没有选择二把手的权力。直到1939年左右，他才跟波廷杰看起来能配合了，但是关系已经相当不睦了。埃莉诺·多布森认为，波廷杰和阿诺德"并不想让马龙先生好看"。事后，马龙认为，波廷杰的活动与来自克莱弗林的财务压力共同制造了"最终导致我辞职的危机"。[43]

1942年9月25日，波廷杰给克莱弗林写了两封信。一封信简单地提出辞呈，并提到是因为"无法在现行管理下有效开展出版社工作"。在另一封信中，他询问克莱弗林是否应当与萨克斯教授磋商以继续为学校做点事。同一天，他"应克莱弗林先生的要求"，请求同萨克斯约时间面谈。[44]

克莱弗林和萨克斯肯定知道波廷杰并不是真的想辞职。对他的想法最直接的证据来自沃伦·史密斯的证言。波廷杰曾跟他说，是哈佛大学的一位高管给他提的建议，如果他提出辞职，将会被拒绝，而且成为赶走马龙的武器，并将他提升为社长。[45]

萨克斯委员会召集波廷杰参加了一次特殊会议，除了马龙之外所有理事都到场了。根据会议纪要，波廷杰将马龙描述为没有为出版社贡献任何前瞻性理念、一点都不懂做书原则的人。马龙外出时，办公室毫无规矩。编辑部门的成本过高。关于印刷和出版的分家，波廷杰说克莱弗林只是做了他建议了多年的事。当理事们询问波廷杰辞职原因

图 18　1942 年左右的大卫·T.波廷杰，
当时他已在出版社服务了 25 年

时,他说最近的事情触发了长期以来他对马龙的能力的怀疑,接着还表达了不满。[46]

波廷杰的证词没有得到马龙的回应,因为马龙根本就不在场。萨克斯委员会一致向柯南特建议哈佛大学接受波廷杰的辞呈,并准予其带薪休假直到该学年结束。[47]10 月 19 日,哈佛大学理事会就批准了。留在出版社的人的工作负担更重了,而裁掉阿诺德的计划也被放弃了。

一年之后,马龙离开了,波廷杰想回到出版社,或者做社长,或者承担其他职责,但是出版社理事会投票拒绝了。[48]他转而加入了 D.C.希斯出版社担任生产调度,后来成为其大学部的编辑。他于 1951 年退休,1958 年去世。去世前数月,哈佛大学出版社出版了他的著作《法国旧制度时期的图书贸易(1500—1791)》。

理事会掌权

1942 年秋，马龙还是和校方管理层对着干。就算还是要有一个出版社，也越来越不可能让他接着做社长。

罗杰·斯凯夫心里显然有一个担任这个职位的候选人——就是他自己。这位经验丰富的图书出版人慷慨地投入了越来越多的精力，提出了越来越多的建议。9 月，他建议克莱弗林扩大或调整理事会，引入有实际头脑的文化人和出版人。[49]

克莱弗林和柯南特认可了在理事会里安插人的主意。经萨克斯委员会提议，大学理事会任命了斯凯夫与另外三位出版人——时代公司的罗伊·拉森、J. B. 利平科特出版社的乔治·斯蒂文斯、雷纳尔和希契科克出版社的柯蒂斯·希契科克。[50]

以前也任命过非哈佛教师担任出版社理事，1913 年的最早的理事会就包括了主席罗伯特·培根和吉恩出版社的查尔斯·瑟伯。1942 年改组的最主要结果是吸收了斯凯夫。其后的 43 次理事会例会，他出席了 40 次，比其他不住在波士顿的理事多多了。

理事会不仅吸收了新面孔，而且地位也提升了。哈佛理事会授予其出版社董事会的职权，并任命了一位新主席取代马龙。萨克斯委员会 11 月 6 日建议了这些措施，大学理事会 23 日就批准了。在这两个日期之间，萨克斯和他的同事们也没有闲着。

首先，萨克斯委员会明确告知马龙，社长是"一个全职的管理工作"，马龙和理事会"都有责任"，"依然存在非常严重的组织问题，如果不尽快有效解决，可能很容易引发校方关闭出版社"。[51]

其次，委员会开始寻找一个人担任权力很大的新职务（后来被称为业务经理），这个职务"与社长是相当的"。[52]

罗伊·拉森和罗杰·斯凯夫认为，大卫·W. 贝利可能很适合这项工作。贝利原来是报社记者，也是波廷杰的老朋友，当时是哈佛的出版代理人（哈佛官方出版物的出版人），也是印刷所的大客户。他并不是主动要到出版社来做事的。他跟斯凯夫说,只有满足以下条件,他才会考虑:(1)柯南特本人明白无误地表达出对保留出版社的支持;(2)马龙与出版社的关系进一步恶化;(3)以某种方式重新利用波廷杰的能力和经验。[53]贝利告知萨克斯委员会,让马龙来管的话,出版社没有未来。带着(从贺瑞斯·阿诺德处获得的)出版社编辑成本的统计,他重复了波廷杰提出过的许多批评。在我看来,贝利对马龙不利的证言给一些理事留下了深刻印象,包括新任理事罗伊·拉森,他是贝利的哈佛同学和好友。拉森虽然没有参加这次会议,但是贝利给他写了一封长信追述了自己的证言。[54]

贝利的三个条件显然是得不到满足的,所以他跟柯南特说不会考虑出版社的工作。柯南特跟他说,他认为哈佛不应该卷入商业化的图书出版业。[55](贝利后来成为大学理事会秘书。)

大学理事会11月23日关于出版社理事会的新规定简洁而明确。出版社理事会将"在哈佛大学理事会领导下,对与出版社运行相关的所有事务拥有总的权威"。社长应向该理事会汇报工作。社长提出的预算应由该理事会审议与调整。该理事会的主席定期向大学理事会汇报出版社的情况。

由谁担任理事会的新主席?萨克斯敦促柯南特任命罗杰·斯凯夫,但是柯南特决定应由萨克斯本人担任主席。大学理事会对萨克斯做出任命,任期自1942年11月23日至1944年7月1日。马龙没有反对。他致信柯南特说,在他看来,理事会成为真正的管理委员会是最好的可能的安排。[56]

在昆西大街38号,工作负担很重的员工继续在出版学术图书,对于高层斗争的确切信息知之甚少。即使是马龙也不知道萨克斯委员会在干什么。沃伦·史密斯回忆说,由于信息真空,人们越来越相信柯南特已经决定要放弃出版社,并指派萨克斯来攻击马龙乃至"出版社的每个人",以迫使员工离职,出版社也就自然关闭了。史密斯认为,广受尊敬、与人为善的萨克斯对这项工作感到痛苦,甚至他的健康都受到了影响。[57]

　　档案显示,萨克斯不仅不希望关闭出版社,反而试图以自己的方式挽救出版社。1942 年 12 月开始,他的方法是拿起武器反对马龙。可以这样来理解:当萨克斯试图理解柯南特的态度时,校长没说社长什么好话。而且,印刷所的新主任詹姆斯·麦克法兰向萨克斯表达了对出版社的很多不满,特别是针对编辑部门,并都归咎于马龙。[58] 大约就在那个时候,萨克斯宣称他原本是"保护马龙,甚至实际上是在为他粉饰",但是他开始对这个角色"厌倦"了。萨克斯开列了一份人们对马龙的批评的清单。[59]

　　同时,业务经理的选聘也没什么进展。1943 年 3 月,萨克斯任命了一个选聘委员会,成员有拉森、斯凯夫、黑斯廷斯和他自己。马龙敦促他们尽快,因为现状"几乎无法忍受"了。[60]

　　4 月 5 日,理事会在纽约市的河畔俱乐部召开了一次非同寻常的会议,由罗伊·拉森主持。大家一致同意任命沃伦·史密斯为业务经理,职责是在社长的领导下负责"全面管理出版社"。[61] 使业务经理与社长对等的主意被放弃了,但是这个新职位确实是一个责任重大的角色。马龙将办公室的职责写在纸上,告知史密斯他将成为办公室的执行业务官(executive business officer),负责生产、推广、销售、货运、会计、办公空间以及图书库存管理。他也将针对出版社理事会已经批准的书稿的出版可行性向社长提出建议,针对与作者的财务安排发表意见,并准备财务报表。[62]

　　事后看来,河畔会议似乎是出版社的某种转折点。查菲教授的纪要反映出理事们新的信心。沃伦·史密斯健壮、蓄须,处事冷静谨慎,已经在出版社工作了 19 年,似乎在不确定性中提供了持续性。理事会并不是一开始就决定任命他担任这个职务,而是逐步意识到的。如果不是史密斯在出版社最近的困难时期坚守到底,校方很可能毫不犹豫地就关掉出版社了。同时,销售也在继续。马龙向河畔会议报告说,1942—1943 年的亏损将不到 1 万美元,而且这次会议认为大学理事会应该同意面对年均 2.5 万美元的亏损(甚至大于马龙提出的平均数),因为日语词典的销售可能无法持续。

图 19　W. 沃伦·史密斯于 1943 年担任业务经理前后

理事会还决定为史密斯配备一位业务助理、两位推广和销售助理，为贺瑞斯·阿诺德加薪，并给予他生产经理的正式职务。不过阿诺德很快就离开了出版社。他总是与马龙格格不入，还恳求过萨克斯和其他理事留下波廷杰。史密斯很快选到了其替代者——阿尔弗雷德·V. 朱尔斯，他曾任波士顿殖民出版社的销售代表，后来在哈佛社担任了五年的生产经理。1944 年，阿诺德成为麦克法兰治下的印刷所的助理主任。

一位社长的淡出

在此过程中，马龙本人可以说是一个跛脚鸭领导人，致力于出版《哈佛音乐词典》等书，虽然对出版好书保持着兴趣，但是对这份工作的细节则少有乐趣。他感觉自己在哈佛不受欢迎，希望成为一位全职的学者，忧虑于出版社的命运，并不知道退出对出版社和他自己的财务状况意味着什么。他后来也承认，他应该早一点辞职。[63]

1943 年 1 月，他向出版社理事会提出他的薪水与日常事务同步减少；4 月，理事会同意了。5 月，他向柯南特校长提出了同样的请求，希望投身于他所擅长的工作——编辑事务以及学术、人际和公共关系，而沃伦·史密斯则负责商业事务。[64]

柯南特的反应是让萨克斯在理事会中进行投票，表明他们对马龙担任社长是否有信心。柯南特说，马龙实际上是在请求"放弃社长职位，成为文学编辑"，拥有足够多的时间用于自己的学术和文化活动。但是这并不符合柯南特对大学理事会任命马龙所担任的职位的概念。[65]

因此，对于马龙的使命的性质，柯南特与马龙的看法是不同的，而且都认为对方在试图改变规则和破坏最初的共识。在柯南特看来，哈佛大学出版社是一个商业机构，只是碰巧属于一个学术机构而已。在马龙看来，哈佛大学出版社所做的在本质上是一项学术事业，只是碰巧要在市场上销售其产品而已。

至于出版社理事会 1943 年 5 月的投票，其结果是没什么悬念的。在理事会进行信任投票时，校长要求他们考虑出版社社长是"负有管理职责，拥有敏锐的编辑判断力和出版嗅觉的出版社的领导者"。大多数人会认为这是合理的要求。理事会完全明白柯南特、克莱弗林和萨克斯已经认定马龙不够格担任这份如此定义的工作。他们也意识到马龙逃避管理职责的愿望。即使是欣赏马龙、赞赏他的成就的理事们也有理由怀疑未来他在这种环境中的作为。而且，柯南特口头要求萨克斯告诉理事会，如果结果是不信任，马龙也会获得最大程度的优待，并享受一年的全薪。表决后，萨克斯告知校长，绝大多数理事投了不信任票。[66]

柯南特在 6 月与马龙见了面。柯南特 30 年后跟我说下面这句话时，可能心里就是在想着这次见面："记得我跟他见了面，他建议我们称之为'退出'（quit）。当时他正在考虑好好撰写关于杰斐逊的著作。我觉得那是一个共同决定。就我所知,杜马可能会说他的离开被加速了。"[67]

7月17日,马龙递交了辞呈。他在其中写道,"评估我的工作的主要标准与适用于大学学术部门的截然不同",处于这样一个位置,他无法高兴。他说他无意于领导一个近似于商业机构的组织。他说,相信在过去的七年里,出版社的学术和文化水准明显提升了,出版社对学术事业的服务更有效了,哈佛大学出版社无愧于哈佛大学的声誉。

大学理事会很快接受了辞呈,并将生效日期追溯到6月30日。在后一次会议上,他们表决再付给他一年的薪水。哈佛大学发布了一则新闻通稿,声明马龙辞职后将投身于杰斐逊传记的写作,在任命新社长前,罗杰·斯凯夫担任代理社长。[68]

马龙搬到了弗吉尼亚州的夏洛茨维尔,在哈佛付薪的12个月里潜心研究杰斐逊。1945年,他加入哥伦比亚大学成为一名教师。三年后,他的史诗的第一卷《弗吉尼亚人杰斐逊》出版。斯凯夫肯定为之欣喜,因为正是他于1938年在利特尔-布朗出版社工作时与马龙签订的出版合同。

1943年的哈佛大学出版社还不算安全,活下去的问题还没有解决,但是马龙的时代结束了。他的离开也不乏吊诡之处,他治下的最后一个财年(1942—1943),也就是他尽了力也没有拿出一份平衡预算的那一年,出版社竟然几乎收支平衡。亏损只有5197.1美元,要不是付给波廷杰5836.58美元的最终"休假"薪水,还会有小额的盈利。斯凯夫在出版社的年报(马龙的最后12个月)中汇报了这一意外的表现,但是在这份报告里已经完全找不到马龙的名字了。

其后38年间,马龙几乎与哈佛大学出版社没有什么联系,成功地将哈佛岁月从他的记忆中屏蔽了。1981年7月,当他89岁时,他又由于《杰斐逊及其时代》的第六卷进入了公众的视野。该书甫一问世,他就收到了他最为看重的讯息之一——一封电报。电报写道:"毫无疑问,您的大作托马斯·杰斐逊传最后一卷的出版是人类历史上最伟大的时刻之一。哈佛大学出版社向杰出的前社长致以热烈的祝贺。"

注释：

1　节选自保罗·巴克《"亚当斯档案"：在马萨诸塞州历史协会举办的仪式(1961年9月22日)》(波士顿：马萨诸塞州历史协会，1962)，页8—13。当时，巴克任哈佛大学图书馆馆长、卡尔·H.福兹海默讲席大学教授，兼任出版社董事。巴克和其他人的演讲亦刊于《马萨诸塞州历史协会会刊(73)》(1961)。

2　哈佛社1937—1938年报，页438。

3　J.B.柯南特致杜马·马龙，1938年1月8日(大学档案之柯南特档案，哈佛社编年文件)。

4　杜马·马龙发给副校长J.W.洛斯的《出版间接费用研究》(柯南特档案)，1937年3月17日，特别是页5。

5　J.W.洛斯致杜马·马龙，1937年4月20日(柯南特档案)；杜马·马龙《哈佛社财务重组报告(特别针对出版与印刷的分立)》，1941年10月28日(柯南特档案)，页1；理事会纪要，1942年10月13日。

6　哈佛社1936—1937年报。马龙之后的四份年报对此项收入的需求愈加迫切。

7　哈佛社调查委员会文件：杜马·马龙致大学理事会秘书杰罗姆·D.格林，1940年5月29日；马龙致罗伊·E.拉森，1940年11月21日。

8　哈佛社1939—1940年报，页457；哈佛社调查委员会文件，特别是马龙致H.C.洛奇(含附件)，1940年2月23日，以及马龙致莫里斯·史密斯，1941年12月2日。

9　詹姆斯·B.柯南特《我的多重人生：一个社会发明家的回忆录》(纽约：哈珀和罗出版社，1970)，页111、158、168—171。

10　同上，页211—212、222、234—235、242—244、272、274—275、299。

11　同上，页363。

12　J.W.洛斯致杜马·马龙，1938年11月10日；马龙致威廉·鲁格，1938年11月14日(哈佛社1938年一般文件：文件夹"L")。

13　关于"哈佛社会学研究丛书",参见:杜马·马龙致约翰·D.布莱克(社会科学研究委员会主席),1939年1月17日(柯南特档案);布莱克致杰罗姆·D.格林,1939年6月9日(柯南特档案)。关于此事以及"哈佛国际法研究丛书",参见:理事会纪要,1939年2月8日;马龙致J.W.洛斯,1939年3月15日(柯南特档案)。

14　理事会纪要,1939年4月26日,附有杰罗姆·格林致大学常任管理人员的印刷传单(1939年4月15日),该传单传播了大学理事会3月27日的决议文本。

15　理事会纪要,1939年11月8日、12月6日。

16　柯南特致马龙,1941年5月12日(柯南特档案)。

17　哈佛新闻通稿,1941年9月26日。

18　杜马·马龙1973年11月28日接受的采访,以及马龙致笔者,1982年4月2日。

19　马龙致W.H.克莱弗林,1941年6月16日(柯南特档案)。

20　柯南特致马龙,1941年6月20日(柯南特档案);理事会纪要,1941年10月1日。

21　马龙致G.H.蔡斯,1941年8月12日(柯南特档案);马龙《哈佛社财务重组报告》,页2—3、8。

22　莱布兰德、罗斯兄弟与蒙哥马利事务所致W.H.克莱弗林,1941年8月1日(复印件存于福格艺术博物馆档案之保罗·J.萨克斯档案:"哈佛社:财务报告"文件夹)。

23　当出版和印刷分家时,印制员工J.阿尔伯特·迈尔和会计威廉·C.鲁格都没有留下。格蕾丝·布里格斯回忆说,社内人认为他们是活字事件的替罪羊。马龙不得不再次充当"刽子手",他曾对笔者说:"我一直认为比尔·鲁格受到了伤害。"

24　詹姆斯·W.麦克法兰1974年2月22日接受的采访。

25　哈佛社1941—1942年报,页488—489。关于薪水分付,亦见于马龙《哈佛社财务重组报告》,页3—4;关于财务上的调整,参见理事会纪要,1942年3月4日、4月8日。

26 马龙《哈佛社财务重组报告》,页 12、14。

27 理事会纪要,1942 年 2 月 18 日。

28 查菲致萨克斯,1942 年 8 月 20 日(萨克斯档案:"哈佛社:哈佛社委员会"文件夹)。

29 司库致财务的备忘录,1941 年 11 月 25 日(柯南特档案)。

30 杜马·马龙致爱德华·W.福布斯的信(1942 年 3 月 2 日)中对新费用做了解释,见于哈佛社合同文件"吉迪恩信封";也可参考 W.沃伦·史密斯 1973 年 10 月 24 日接受的采访。定价的 25% 中的 15% 像以前一样在销售之后收取。增加的 10% 在销售之前收取,即图书印刷完成之后——但是最初印刷的 500 册之后,对未装订图书不收取费用,只对已装订图书收取。后来,这一复杂安排调整为直接对已销售图书收取定价的 25% 作为费用。马龙关于合同的谈判在理事会纪要(1942 年 3 月 4 日、5 月 6 日)中有所提及。萨克斯档案("哈佛社:理事会"文件夹)中存有历史系主任弗雷德里克·默克写于 1943 年 5 月 3 日的一封言辞激烈的抗议长信。

31 大约五年之后,托马斯·J.威尔逊担任社长之前不久,董事会纪要(1947 年 10 月 22 日)提到,哈佛社当时每年在院系图书上亏损 5000 美元,原因是处理费用只有 25%。

32 理事会纪要,1942 年 2 月 18 日、3 月 4 日、4 月 8 日、5 月 6 日;大学理事会记录,1942 年 6 月 29 日。

33 哈佛社 1941—1942 年报,页 489—490。

34 R.L.斯凯夫,备忘录,1942 年 5 月 21 日(副本存于哈佛社文件《哈佛社报告》)。"大西洋"指的是"大西洋月刊出版社"及其"大西洋—利特尔-布朗图书"。

35 R.L.斯凯夫致 J.B.柯南特,1942 年 7 月 9 日(柯南特档案)。

36 理事会纪要,1942 年 7 月 13 日。

37 大卫·W.贝利致罗伊·E.拉森,1942 年 11 月 20 日(复印件存于萨克斯档案:"哈佛社:罗伊·E.拉森"文件夹);又见贝利为出席 1942 年 11 月 17 日理事会准备的要点(该要点由贝利于 1982 年 5 月 17

日出示给笔者）。

38 杜马·马龙致 J. B. 柯南特，1943 年 7 月 17 日（柯南特档案）。

39 理事爱德华·梅森（在 1981 年 2 月 14 日接受的采访中）回忆说，即使是在 1942 年之前，波廷杰就表达了他对马龙的不满。在梅森的印象中，波廷杰在谈到社长时"友善中暗含重重讥讽"。

40 理事会的说明未注明日期，由拉尔夫·巴顿·佩里、托马斯·巴伯、贝尔德·黑斯廷斯和萨克斯起草，与致克莱弗林的信一起存于萨克斯档案（"哈佛社：出版社委员会"文件夹）。实际上，该文件夹中有两个版本的说明，但只是第二段的第一句话有所不同。

41 萨克斯《备忘录》，1942 年 7 月 29 日（萨克斯档案："哈佛社：出版社委员会"文件夹）。出席 7 月 28 日晚餐的理事是麦克奈尔、佩里、黑斯廷斯、芒恩和萨克斯。

42 泽卡赖亚·查菲关于波廷杰 1942 年 10 月 3 日作证的记录（萨克斯档案："哈佛社：理事会"文件夹）。马龙在 20 世纪 30 年代末 40 年代初出版的作品在史蒂芬·H. 霍克曼和凯瑟琳·M. 萨金特的《杜马·马龙部分作品目录》中有所提及（小册子，弗吉尼亚州夏洛茨维尔，1981），页 7、10。

43 埃莉诺·多布森·丘尔 1973 年 11 月 14 日接受的采访；马龙 1973 年 11 月 28 日接受的采访。

44 波廷杰致克莱弗林的信存于柯南特档案；致萨克斯的信存于萨克斯档案（"哈佛社：理事会"文件夹）。

45 W. W. 史密斯致笔者，1981 年 6 月 23 日。波廷杰没有说出这位重要的大学高管的姓名。贺瑞斯·阿诺德夫妇（在 1981 年 3 月 19 日接受的采访中）说，他们一直认为波廷杰的辞职是为了抗议阿诺德面临的裁员危险。

46 泽卡赖亚·查菲关于波廷杰作证的记录。

47 P. J. 萨克斯致 J. B. 柯南特，1942 年 10 月 6 日（柯南特档案）。又见于查菲致萨克斯，1942 年 10 月 5 日（萨克斯档案："哈佛社：出版社委员会"文件夹）。

48 理事会纪要,1943 年 9 月 7 日。

49 R. L. 斯凯夫致 W. H. 克莱弗林,1942 年 9 月 11 日(柯南特档案)。

50 大学理事会记录,1942 年 10 月 19 日、11 月 23 日;另参见萨克斯致柯南特,1942 年 10 月 8 日、11 月 6 日(柯南特档案)。

51 引自萨克斯为 1942 年 11 月 9 日与马龙见面而准备的备忘录(萨克斯档案:"哈佛社:理事会"文件夹)。

52 保罗·J. 萨克斯《1942 年 11 月 17 日教师俱乐部会议备忘录》(萨克斯档案:"哈佛社:理事会"文件夹)。

53 D. W. 贝利致 R. E. 拉森,1942 年 11 月 20 日(复印件存于萨克斯档案:"哈佛社:罗伊·E. 拉森"文件夹)。

54 同上。关于阿诺德的角色,笔者的资料来源是 D. W. 贝利 1982 年 5 月 17 日接受的采访。会议召开于 1942 年 11 月 17 日;另见注释 52。

55 D. W. 贝利 1982 年 5 月 17 日接受的采访。

56 柯南特档案:P. J. 萨克斯致 J. B. 柯南特,1942 年 11 月 6 日;A. 卡尔弗特·史密斯致柯南特,1942 年 11 月 7 日;杜马·马龙致柯南特,1942 年 11 月 25 日。

57 W. W. 史密斯 1973 年 10 月 24 日、1981 年 11 月 13 日接受的采访,以及 1981 年 5 月 6 日的信。

58 J. W. 麦克法兰致 P. J. 萨克斯,1942 年 12 月 9 日;麦克法兰的备忘录《与杜马·马龙的会谈(1942 年 12 月 11 日,星期五)》(萨克斯档案:"哈佛社:理事会"文件夹)。

59 保罗·J. 萨克斯《理事会夏蒂山会议备忘录(1942 年 12 月 9 日)》(萨克斯档案:"理事会"文件夹)。该文件夹还存有一份较长的版本,名为"萨克斯提交给特别委员会夏蒂山会议的备忘录(1942 年 12 月 9 日)",位于顶端的手写记录标明这是 12 月 28 日用于福格艺术博物馆瑙姆堡室"2 小时谈话"的。听众则未指明。

60 理事会纪要复写件,1943 年 3 月 3 日、17 日(萨克斯档案:"理事会"文件夹)。萨克斯保存的这些纪要含有哈佛社保存的常规纪要未涉及的内容。自 1942 年秋起,后者几乎只针对提交的书稿。

61 纪要复写件,1943 年 4 月 5 日(萨克斯档案:"理事会"文件夹)。哈佛社保存的当天的常规纪要非常简洁,只涉及书稿。

62 杜马·马龙致 W. W. 史密斯,1943 年 5 月 6 日(复印件存于萨克斯档案:"哈佛社:杜马·马龙"文件夹)。

63 杜马·马龙 1973 年 11 月 28 日接受的采访;《杜马·马龙》,载于《出版商周刊》(1981 年 7 月 3 日),页 10。

64 杜马·马龙致 J. B. 柯南特,1943 年 5 月 6 日(柯南特档案)。

65 J. B. 柯南特致 P. J. 萨克斯,1943 年 5 月 22 日(萨克斯档案:"哈佛社:柯南特校长—卡尔弗特·史密斯"文件夹)。

66 萨克斯致柯南特,1943 年 6 月 3 日(柯南特档案)。

67 J. B. 柯南特 1973 年 11 月 9 日接受的采访。

68 大学理事会记录,1943 年 7 月 19 日、8 月 2 日;哈佛新闻办公室,1943 年 153 号新闻通稿,用于 9 月 16 日的报纸。马龙的辞呈存于柯南特档案。

第六章　斯凯夫:挺过来了(1943—1947)

　　哈佛大学出版社的历任社长产生于不同的模式。遇到选聘社长的任务时,哈佛大学的校长们都受到当时的需要和环境的制约。C.C.莱恩是一个恰好出现在舞台上的野心勃勃的印刷商,实际上他本身就是出版社的创始人之一。哈罗德·默多克是一位银行家和爱书人。杜马·马龙是一位学者和编辑。罗杰·斯凯夫是一位有推广天分的商业出版人。所有这些人的天资在他们的时代都是被需要的。

　　罗杰·利文斯顿·斯凯夫是一位娴熟的推广人、"创意丰富的人"和"作者之友"。他下定决心要使出版社崛起,尽管这个理念与一个濒死的组织不太契合。他一直被认为是临时担任社长一职的,但是他从没有让自己的小帝国解体的想法。他接任时已经68岁了,卸任时则已经72岁,头秃、发白,曳脚而行,还经常生病。他是哈佛大学1897届毕业生,1898年去了霍顿-米弗林出版社工作,1934年跳槽到利特尔-布朗出版社。他告诉《美国名人传》,他是《社交新人忏悔录》《妈咪和我》《爸爸干啥》《野外茂原》《科德角逸事》等书的匿名作者。

　　虽然斯凯夫雄心勃勃,但是学术出版的特殊要求使他困惑不已。比如,1945年,他说柯南特校长曾经跟他说过,想关掉出版社的原因之一是大学不该做生意。然而,后来,斯凯夫发现,哈佛大学理事会成员

图 20　罗杰·L.斯凯夫,第四任社长

和其他人都对出版社的利润很欣喜。——他说这是"一个信号,表明至少对某些人来说,我们确实是在做生意"。[1]

　　斯凯夫的自大有时让他被轻视。认识他的人都称他为一个"人物"、一个推广人(是在相当正面的意义上来说的),风趣、固执、高效、能干、自负,要求严格,很容易伤害他人的感情,使员工不得安宁,甚至用"佣人铃"来使唤他们。

　　虽然斯凯夫个性古怪,但是他不能被当作无关紧要的人物一笔抹去。在他接任之前,包括簿记员和发货员在内的员工共有 20 人。他把规模翻了一番,达到 40 多人;他定期召开员工会议,教会了沃伦·史密斯更加强硬,教会了埃莉诺·多布森把工作授权给他人,还为昆西大街 38 号带来了活跃的气氛。这并不是说员工已经非常专业了。威廉·本廷克-史密斯 1940 年代中期在哈佛社工作过一段时间,他后来回忆说,那是一个"破旧、贫穷、萧条"的地方,预算很少,员工水平也不高,只有埃莉诺·多布森是例外。尽管如此,离开了 30 年、此时又参与出版社事务的唐纳德·斯科特写道，虽然斯凯夫对从印刷到会计的出版实务一无所知，但是他"为出版社带来了星星之火"。[2] 在生产服务和纸张极度匮乏的战争和战后年代，斯凯夫和作为总管、压舱石的史密斯一起使这个机构保持着运转和增长。[3] 他们守住了城堡，让柯南特校长逐渐从敌意的魔咒中恢复，遴选委员会也找到了下一任社长。

1943—1944年，在斯凯夫治下的第一个财年，美国糟糕的出版条件使出版社年度新书从61种减少到41种，后来又增加到42种、48种，最后和平来临，他们得以从挪威和瑞典进口了15种书，总数达到68种。在斯凯夫和史密斯的管理下，年销售额也翻了一番多，从21.8万美元增长到44.3万美元，这一增长部分是由于通货膨胀，部分也应归功于更大的推广和销售力度，特别是出了一些好卖的书。[4] 这包括马龙治下出版的书，如东方词典系列，洛夫乔伊、巴纳德、吉迪恩的书，还有罗特利斯伯格的两本书，当然也有新书。在斯凯夫治下的四年，出版社年年有利润，虽然学校拨款5万美元供他弥补亏损，但是他一点都没动用过。不过，他曾建议司库克莱弗林从这5万美元中拿出一部分专门作为循环基金，资助收不抵支的学术图书，但是克莱弗林没有同意。[5]

保卫出版社

1943年，爱护出版社的人们强烈地意识到来自学校高层的危险。马龙卸任时，沃伦·史密斯已经作为业务经理维持着出版社的运转，而且他后来也是如此。但是，当时没有代表出版社来面对学校的社长。柯南特校长花了两年时间选聘上一任社长，现在他成了胜利遥遥无期的国家战争的国民领袖。所以，当斯凯夫提出兼职担任不领薪的代理社长时，出版社理事会在7月27日立即同意，斯凯夫便开始在哈佛社和利特尔-布朗出版社之间分配他的时间。9月，出版社理事会主席萨克斯建议大学理事会同意这一安排，直到12月31日选出一位"永久社长"。大学理事会也同意了，但是没有承诺将会选出永久社长。宽限的这四个月过渡期之后，一切都将是不确定的。[6]

很快，一场旨在教育战争领袖柯南特校长认可大学出版社的战役开始了。作为个人，出版社的理事们表达了自己的观点。作为组织，他们采取了一个"借时间"的策略，请求学校允许出版社从 1944 年 1 月 1 日起再持续三年，其间斯凯夫担任全职社长，学校给予足够资金支持。他们指导斯凯夫任命了一个包括他在内的三人委员会，起草了一份关于出版社的目的和适合的活动领域的说明。[7] 教师中的坚定拥护者泽卡赖亚·查菲和拉尔夫·巴顿·佩里当时也是出版社战场上的老兵了，跟斯凯夫一起承担了这项至关重要的任务。1943 年 11 月 18 日的这份三人合作的成果，很可能是出版社历史上理事会提交给学校管理层的最有影响的讯息。[8]

委员会强调了哈佛大学在知识上的领导力，以及哈佛大学出版社将其传播给更广大的受众的功能。他们对大学出版社的图书做出规定，表明了扩大作者范围的需要。他们把大学出版社的图书分为有所重合的八类：具有学术深度、学者和外行都能从中获取知识、关于任何主题的书（虚构类作品除外）；贡献于学术的任何分支的专业书；可能激发公众讨论、有时代趣味的书；具有永久价值的重印书；参考书；"能够提供新信息的研究成果"；哈佛教师的著作（将予以重点关注）；教科书（有基金支持后再予考虑）。

委员会指出，有些书可能带来可观的利润，但他们认为赢利不是目的。他们宣称："我们认为，不能要求哈佛社年年赢利，同时又承担出版学术图书的任务，而出版学术图书才是其原始目的。我们发现其他大学出版社也都不是以利润而是以服务学术为目的的。"他们指出，学校应当准备承受每年不超过 5 万美元的亏损。哈佛社"从上到下人手紧缺"，而且可能的话应该换一个更好的办公场所。沃伦·史密斯"不可或缺"。学校管理层和教师们应当支持出版社。

接着，斯凯夫与校长进行了一次相当重要的会谈。他们讨论了以足够的资金、以斯凯夫为社长把出版社办下去的原因。这位代理社长留给柯南特校长出版社创办时的一些文献，很可能是 1912 年的题为"一个哈佛大学的出版社"的筹款广告。会谈之后，他紧接着又给柯南特校长写了一封信，信中载有其他 22 家大学出版社的名单，而且说它们都不赚钱，仅仅提供以图书形式出版学术成果的服务。接着，斯凯夫又引入了一个会令任何一位校长都犹疑的讨论。他说，停办出版社"会被解读为自认软弱，这可能引起麻烦的后果，特别是出版社有未来的出版承诺在身，对此负有特定的责任，涉及学校内外"[9]。

柯南特校长任命斯凯夫担任社长，任期三年。然而，他告诉斯凯夫，在哈佛大学理事会"深入考察根本问题"之前，不要寻找出色的年轻继任者。在 6 月 1 日之前，理事会将"决定出版社是否继续运作"。[10]然后，柯南特校长请大学理事会的两位成员亨利·詹姆斯和格伦维尔·克拉克(都是纽约人)来研究这个问题。詹姆斯 20 年前就是出版社第一个调查委员会的主席。克拉克则是一位闻名的律师，后来也成为出版社的作者。

虽然柯南特校长并未做好承诺延续出版社的准备，但是我们今天在事后看来，他已经厌倦了这种纠结。他指派詹姆斯参加二人委员会时，就知道詹姆斯是支持延续出版社的。[11]他写给詹姆斯的信中有这样非同寻常的话："我感觉我们要是足够诚实与勇敢，就会放弃出版社。我们只是不忍心扼杀它而已。由于我们的合同和许多承诺，停办之痛会绵延多年。"柯南特校长明白地说道，如果让他自己决定，他"很可能会成为哈佛大学出版社的行刑人"。[12]

詹姆斯和克拉克开始了评议，出版社理事会也请拉尔夫·巴顿·佩里起草了一份在出版社和哈佛大学理事会内传阅的说明。1944 年 1 月，佩里发给詹姆斯一份题为《应不应该有一个大学出版社？》的 3000 字的备忘录。[13]这一说明成为大学出版史上的经典宣言。

"大学之存在，盖由于学术与教育之双重目的，或曰知识之创造、孕育与传播。"但是，为什么大学应该自己做出版？因为大学有其独特的出版资源。大学通过教师与整个学者世界发生关联。它有自己图书馆里的珍藏。最重要的，它"手上持有学术诚信和精确性的印章"，它的名字本身就是"品质证明"。大学应该出版什么？不仅包括新的学术作品，而且包括服务于公共教育的图书。此外，由于高等教育中用"读物"

取代教科书的趋势更加明显,学术普及图书也可以成为教学的补充。

佩里写道,大学出版社不是在"做生意"。它不是为谋利而出版。但是,它所服务的公众没有理由不为这种服务付费,大学出版社也没有理由不将学术普及图书的利润用于其功用的拓展。

佩里还指出,大学出版社要取得成功,必须拥有乐于提供这种重要服务的员工,而且这种服务的重要性必须被整个大学所认可,因为"一个出版社如果好像亏欠别人什么,如果其价值被认为是模糊不清的,或者仅是权宜之计,或者是其他事物的低等替代者,就会是一个失败的出版社,即便被认为是不可或缺的"。

2月,詹姆斯和克拉克向大学理事会递交了报告,后来又修订了这份文件,并被大学理事会批准。大学理事会还开了好几次会来讨论出版社情况,并于3月或4月达成了延续出版社的共识。细节仍需厘清,但是显然主要问题已经解决。[14]校长在全体教师中传阅了斯凯夫寻求他们支持的信。[15]5月22日,大学理事会确立了新的出版社理事会组织规则,直到1980年代中期仍然有效。根据这一规则,出版社社长担任当然主席(因此斯凯夫取代萨克斯成为主席),大学理事会指定九至十二位出版社理事会成员,每年任命三人,每人任期四年(而非此前的六年)。1944年6月28日,大学理事会完成了所有程序。他们通过了亨利·詹姆斯起草的六点决议,开篇即为:"一、作为哈佛大学的政策,本理事会认为应该继续运营哈佛大学出版社。"

文件的其他部分主要是对当时的做法的确认。社长和理事会负责出版社的行政管理。书稿必须由社长推荐并在会议上被大多数理事认可,或者被指定评估书稿的专门委员会认可,方可被出版社接受。丛书则例外,理事会不需要评估丛书中的每一部书稿。但是五个月后,柯南特校长质疑某些院系的书是否真的应当由哈佛大学出版社出版,理事会就决定,不管是否属于丛书,未经理事会正式投票,不能接受任何一部书稿,这从此成为一项规则。[16]

图　书

　　斯凯夫治下出版的书里,最著名的是威利·阿佩尔的《哈佛音乐词典》、保罗·H.巴克领衔的教师委员会的《自由社会的通识教育》、戈登·N.雷编辑的《威廉·梅克比斯·萨克雷的信件和私人档案》以及"美国外交政策丛书"的开头几卷(这套丛书是出版社而非院系启动和拥有的)。

　　1936 年,43 岁的钢琴家、音乐学者威利·阿佩尔紧急离开纳粹德国,这成为哈佛大学出版社历史上有纪念意义的事件。在剑桥,他加入了朗伊音乐学院,同时担任哈佛和拉德克利夫学院的讲师,他奋力著述,希望哈佛能够出版。杜马·马龙对其中一个项目印象尤为深刻,这就是音乐术语词典。埃莉诺·多布森调研了当时已出版的音乐词典,认为大多失之肤浅,并盛赞阿佩尔的努力。在理事会的支持下,马龙在 1940 年 4 月与作者达成共识,出版社将对首印 5000 册图书支付 10％的版税(按该书定价计算),超过 5000 册则涨到 15％。当时书稿远未完成。阿佩尔并不富裕,在此后的几年时间里,马龙做主赠予他 350 美元,并预付了 500 美元的版税。[17]

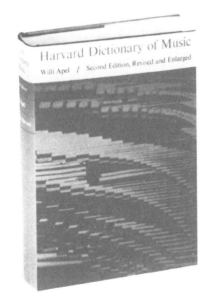

图 21　威利·阿佩尔的杰作于 1944 年出版,此为 25 年之后出版的增补后的第二版

当书稿完成，可以编辑的时候，斯凯夫已经接任社长。1944 年 2 月，斯凯夫与阿佩尔签订了正式合同，与四年前马龙提出的条款一致。同时，昆西大街 38 号的书桌上稿件成堆，这推动了编辑部的扩张。

当时，埃莉诺·多布森只有一个刚从拉德克利夫学院毕业的人做助理。斯凯夫坚持让她聘用印刷办公室的校对员玛丽昂·霍克斯，并让她负责编辑阿佩尔的书稿。1947 年斯凯夫卸任之时，编辑部有一位秘书和四位助理编辑。[18] 菲比·劳斯·唐纳德也是其中之一，当时她刚从拉德克利夫学院毕业，几年之后嫁给了斯凯夫的继任者托马斯·J.威尔逊。

《哈佛音乐词典》出版于 1944 年 11 月 15 日，成为仍在战争之中的世界的文化巨著。全书 834 页，定价却只有 6 美元，实在太低，无法保本，所以很快涨到 7.5 美元。[19] 第一版卖了 15.5 万册。第二版增补到 953 页，于 1969 年出版，截至 1984 年年底大约卖了 20 万册（当时的零售价为 25 美元），精装本销量累计达到约 35.5 万册。

这还不是全部。1950 年，马龙和斯凯夫卸任很久之后，阿佩尔又与托马斯·威尔逊社长签订了一份合同，授权哈佛出版浓缩版。十年之后，哈佛出版了《哈佛简明音乐词典》（由拉尔夫·T.丹尼尔襄助阿佩尔）。在接下来的 20 年里，精装本销量达到 5 万册。

甚至在精装本出版之前，威尔逊就将该书的全球平装本版权卖给了口袋书出版社。1961 年，定价 60 美分的平装本席卷全国，使用的是口袋书出版社旗下的华盛顿广场出版社的品牌。[20] 非同寻常的是，威尔逊授权给平装书出版社的是"永久性版权"。[21] 通常，平装本版权都规定几年的时限，期满之后是否每年续签合同取决于原出版社的意愿。但是，《哈佛简明音乐词典》永远无法收回平装本版权了。更非同寻常的是，1961—1984 年，口袋书出版社一共卖出了 89.2 万册。

此外，根据与口袋书出版社和哈佛大学出版社的特殊协议，AMSCO 音乐出版公司在 1960 年代后期和 1970 年代初期卖掉了 1.3 万册大字版平装本《哈佛简明音乐词典》。

截至 1984 年，所有版本加起来，阿佩尔词典的总销量达到了惊人的 130 万册，而且依然受到欢迎。[22] 这是截至本书写作时哈佛大学出版社唯一一本销量超过百万册的书。

1945 年出版的《自由社会的通识教育》由柯南特校长撰写导言。此书的出版收了补贴，花的不是出版社的钱。出乎出版社意料的是，此书旋即成为爆品，最终销售了 56390 册。

这个项目起源于 1942 年，当时保罗·巴克担任文理学院院长不久。他和柯南特问了彼此一个问题：为什么战时留在哈佛的教授们不能为战后世界的教育做一些规划呢？第二年，柯南特指定了一个以巴克为主席的 12 人委员会，大学理事会也提供了充裕的资金。其成果成为哈佛大学历史上的重要文献，促使各学院都采用通识教育作为课程大纲的一部分。此书引发托马斯·W.拉蒙特捐款 150 万美元，建设他和馆长凯斯·梅特卡夫已经讨论了六年的本科生图书馆。但是该书只有一章专门探讨哈佛大学。该书引起了广泛关注。[23]

巴克的通识教育委员会拥有此书版权，支付成本，获得收入，而且另外出版了一个平装本，印制了 3500 册用于免费流通。斯凯夫对这些免费图书很不满，他认为即使定价 2 美元此书也卖不到 5000 册。出版 10 个月之后，此书就印刷了 10 次，没有一次超过 5000 册，虽然通识教育委员会强烈要求增加印数以节省生产成本。[24]

《威廉·梅克比斯·萨克雷的信件和私人档案》于 1940 年被出版社理事会批准，当时杜马·马龙还是社长，正好在编辑戈登·雷获得哈佛大学博士学位前。但是此书几乎遭遇了编辑、资金和印制等环节的所有出版困难。当年轻的雷在太平洋战场为他的七枚勋章而战时，霍华德·芒福德·琼斯承担了校对和编辑决策的责任。为了支撑这个项目，基金达到了 5000 美元，1943 年斯凯夫刚刚从马龙手中接任社长一职，理事罗伊·拉森考虑到斯凯夫领导下的出版社在关键时刻急需支持，又增加了 5000 美元（好像出版社以前不需要支持一样）。[25] 印刷在兰德尔馆进行，分了家的出版社和印刷所之间的摩擦令人不快（确实，斯凯夫和印刷所之间的关系从没有好过）。[26] 1945—1946 年，四卷本终于面世了，受到热捧。

斯凯夫时期的另一个大项目是"美国外交政策丛书",这套书直到1980年代还不断有新品种加入。这套书具体的书名通常是"美国与某国家或地区"。斯凯夫虽然不能自称为音乐词典、通识教育报告或者萨克雷书信集的创始人,但是他可以骄傲地宣称是他启动了这套外交政策丛书。确实如此。

这个提议来源于贝茜·扎班·琼斯,她感觉到战时需要关于新闻中的各个国家的简明信息类图书,讲述该国的历史及其与美国的关系。她的丈夫霍华德·芒福德·琼斯将这个主意带到了出版社理事会上,斯凯夫立刻捕捉到了这个重大的出版机遇。[27] 桑姆纳·韦尔斯刚刚卸任美国副国务卿一职,同意担任主编。历史系的唐纳德·C.麦凯被聘任为副主编。[28]

与哈佛大学出版社的通常程序相反,"美国外交政策丛书"是由出版社组稿的,也就是说,出版社确定主题,选择、说服合适的作者,可能的话便签订出版合同。然后就会出现长时间的静默期,因为没有学者能够精确预测交稿日期。虽然出版社宣布列出了包括七种书的"美国外交政策丛书""计划于1945年出版"[29],但是斯凯夫1947年卸任时只出版了两种。不过他启动的这个项目很快就蓬勃发展起来。在最初的37年里,"美国外交政策丛书"出版了大约30种,其中的一些品种一次又一次地更新再版。

"美国外交政策丛书"并不是斯凯夫为了推动出版社的崛起而抓住的唯一的扩张计划。另一个是"约翰·哈佛文库"(John Harvard Library)。这是一个超前的主意。因为约翰·哈佛1638年将自己的图书馆捐赠给了哈佛学院,所以斯凯夫认为这个丛书名相当合适。但是合适做成一套怎样的书呢?

显然这个丛书名最先是由《哈佛校友会刊》的时任主编大卫·麦科德提议的。1944年3月,理事会考虑了他的提案,该提案将"约翰·哈佛文库"定位为哈佛教授关于自己所做研究的小书。[30] 1946年起,斯凯夫开始努力推动这个项目,只是他更倾向于蒙田、卢梭、亚当·斯密、托克维尔、达尔文、拉斯金等人的标准著作的再版。他获得了出版社理事会的批准,并向大学理事会寻求 2.5 万美元的支持,但是他的计划太模糊了。1946 年秋受聘担任社长助理的劳伦斯·P.贝尔登回忆说,他的第一项任务就是研究在该丛书中应当出版哪些书;他认为不论是他还是其他人都没找到答案。[31]

同时,霍华德·芒福德·琼斯采取了一个不同的路径。他想让出版社拯救和再版那些影响了美国文化和历史的书,并将其打造成适合馆藏的永久形式。但是斯凯夫瞄准了销售前景更好的书,而且在琼斯看来,斯凯夫并没有完全理解琼斯的提案。[32]琼斯心目中的丛书,打着"约翰·哈佛文库"的标签,在 14 年后才启动。

大学出版社的出版计划有时不得不放弃,这是不足为奇的。在斯凯夫之前,哈佛大学出版社就感受过这种失望。在大多数情况下,这是由丰富的哈佛大脑与不足的出版资金之间的矛盾造成的。与资金无关的一个失望,是前面提到的大卫·麦科德 1938 年提议出版的由罗伯特·弗罗斯特编辑的哈佛诗选。虽然签了合同,但是弗罗斯特没编出来。麦科德后来说:"要是我帮帮他就好了。"[33]这并不是弗罗斯特第一次让出版社失望,他也是很少的几位没有把讲稿整理出版的诺顿讲座主讲人之一。

1944 年,斯凯夫和理事会对保罗·巴克提议的《美国发明词典》研究得很深入,但是经过一年的讨论,这个项目由于资金匮乏而搁置。1945 年,出版梅尔维尔全集的计划也出于同样的原因流产了。1946年,理事会表示支持从科利尔出版社购买 50 卷的"哈佛经典"的版权,即"艾略特校长的五英尺书架"。[34]这个计划也无果而终。但是,让斯凯夫飞到天上又重重地摔到地上的冒险是庞大的《哈佛历史和文学地图集》。

斯凯夫聘任哈佛历史学家威廉·L.朗格为地图集主编,他当时已是霍顿-米弗林的《世界历史百科全书》的主编。朗格和地理学家亚瑟·H.罗宾逊计划该书包括古代、中世纪和现代的约 300 幅地图。理事会预测该书首印销量会很大,且可多年赢利,大学理事会为此提供了 10 万美元。[35]但是战后朗格承担了其他工作,地图集的预计成本不断攀升,而朗格最终认识到出版社三年之内完成这项工作的计划"完全是做梦"。最后,合同取消,任何一方都没有面露难色。好在只花了几千美元。30 年之后,朗格宣称此类地图集的需求更大了;他相信某个基金应为此提供几百万美元,他对这一需求持续受到忽视而感到吃惊。[36]

斯凯夫治下出版的书还有:《美国的理念》和《教育与世界悲剧》,这是霍华德·芒福德·琼斯在哈佛大学出版社出版的八种书中的最初两种;《乔纳森爱吹牛》,理查德·M. 多尔逊在哈佛出版的四种民俗学著作的第一种;《斐洛:犹太教、基督教和伊斯兰教的宗教哲学的基础》,哈里·A. 沃尔夫森在哈佛出版的九部天才作品中的第三部;《纳瓦霍人》和《人民之子》,由克莱德·克鲁克洪和多萝茜亚·C. 莱顿所著。

斯凯夫时期,哈佛大学出版社毫无预料地扮演了它在平装书运动中最早也是最重要的角色。涉及的是苏珊·朗格 1942 年出版的《哲学新调》。

1940 年代,美国出版业在大众市场上经历着一场革命。在此过程中,读书俱乐部增加,25 美分的平装重印书也出现了。企鹅出版社已经在英国创立了。口袋书出版社 1939 年在美国市场上也取得了巨大成功,矮脚鸡出版社和其他出版社接踵而来。1942 年,与英国企鹅有关联的企鹅图书股份有限公司在美国创办,它规划了一套使用"鹈鹕图书"品牌的、规模宏大的战后非虚构丛书。大学出版社在这个舞台上没什么机会。学术平装书的时代还没有到来。但是,1945 年 9 月,企鹅图书股份有限公司提出,向哈佛大学出版社预付 750 美元版税,购买出版 25 美分版本的《哲学新调》的版权。企鹅提出,销售 15 万册以下支付 4% 的版税(相当于每册 1 美分),超过 15 万册支付 6% 的版税。[37]

但是这会对还在销售的定价 3.5 美元的精装本有什么影响?没人知道。沃伦·史密斯与作者商议之后接受了这个提案。但是,由于不确定性,精装本在销售约 1500 册之后就不再重印了,而且长达六年未再印。

哈佛日夜盼望的平装本直到 1948 年 2 月才出版,定价 35 美分,略高于原计划。原定的品牌是"鹈鹕图书",但是到这时候"新美国文库"登场了,成为"企鹅印章图书"和"鹈鹕导师图书"的出版商(后来去掉了"企鹅"和"鹈鹕"这两个词)。很快,《哲学新调》打上了"导师图书"的品牌。截至 1951 年,该书"新美国文库"版累计印刷超过 11 万册。这一年,来自作者和读者的压力使哈佛大学出版社认识到精装本的市场依然存在,所以精装本得以重印并继续销售。同时,"导师图书"版销量稳定,每年在全球销售 1.7 万册左右,到 1980 年代时超过了 40 万册。"新美国文库"版为苏珊·朗格带来了更高的声誉和对时代更大的思想影响力,而这些是哈佛大学出版社的精装本给不了她的。这些考虑在 1960 年代的哈佛平装书大辩论之中再次出现了。

人　事

斯凯夫时期,哈佛关于图书编辑、设计、推广和销售的安排朝着一个现代的、专业的出版机构的水平又迈进了一小步。

上文已经提到了编辑部的扩张。哈佛社还招聘了第一位全职的设计师。他就是 1945 年 10 月入社的伯顿·J. 琼斯,他后来在此工作了 20 多年。他曾经担任纽约市教育委员会成年人艺术项目的主管。

推广活动也得到了新的关注。1940 年代之前,没什么现代意义上的"推广"——沃伦·史密斯总说"好书会口口相传"。[38] 出版社的第一任全职推广经理是凯瑟琳·S. 斯科特,是史密斯在 1943 年 7 月斯凯夫接任前聘任的。她在哈佛工作了 15 个月后,因为更高的薪水跳槽到了哥伦比亚大学出版社。形形色色的人断断续续地做着推广工作,包括弗朗西斯卡·科普雷·摩根,她曾在拉德克利夫学院主修哲学,并且在西蒙斯学院获得了零售方面的学位。[39]

斯凯夫还从《哈佛校友会刊》延揽人才,加强力量,特别是他在 1945 年 10 月聘任了其主任编辑威廉·本廷克-史密斯承担出版社的推广工作。在斯凯夫的建议下,本廷克-史密斯开始编写《书讯》,使哈佛大学

图 22 罗杰·斯凯夫和大部分员工在昆西大街 38 号的台阶上，可能拍摄于 1947 年春季。第二排左二那个醒目的人是斯凯夫，沃伦·史密斯和埃莉诺·多布森坐在他的两侧。埃莉诺后面是洛林·林肯。站在最右边的是伯顿·J.琼斯，那一排右三是穿着白衬衫的格蕾丝·布里格斯。站在左边的是阿尔弗雷德·朱尔斯。斯凯夫的正前方，从左至右是弗朗西斯卡·摩根（着格子裙者）、玛丽昂·霍克斯和劳伦斯·贝尔登

出版社受到书商、书评人和教师的关注。五年前，也是斯凯夫将本廷克-史密斯从《波士顿环球报》挖到了《哈佛校友会刊》。在出版社兼职期间，本廷克-史密斯保留着他在《哈佛校友会刊》的工作，九个月后，他成为《哈佛校友会刊》的主编，自此便挥别了出版社。[40]

沃伦·史密斯继续担任销售经理，并兼任业务经理。他的助理格蕾丝·布里格斯领导着订购部。至于拜访书店，改进总是逐步的。在

美国的大部分地区，哈佛社聘任了代理人，向他们支付佣金，当然这些代理人也代表其他出版社。史密斯本人负责拜访波士顿地区和纽约的主要书店。1945年夏天，史密斯雇用了出版社的第一位全职销售员洛林·B.林肯，他虽然没有涉足过出版业，但是有着各种丰富的经历。格蕾丝·布里格斯教会他填写订单后，他就在史密斯的指导下开始拜访书店了。后来，他做了17年的销售经理。[41]

与出版社相关的高层人员中也有了一些新面孔。

1945年3月，柯南特校长创设了哈佛大学的一个全新职位——行政副校长，并聘请成功的商人爱德华·雷诺兹担任此职。这个新职位的创设是出版社历史上的重要事件。柯南特需要一位权威人士来监督学校的总务，包括管理建筑与操场、人事、餐厅、住房、医疗、警务、印刷、政府合同等非学术事务。[42]与图书馆不同，出版社被归入了这个领域，这无疑是由于出版社的"商业"属性。[43]

雷诺兹坦陈他不懂出版。为了更好地了解出版，他安排了一位助理——哈佛商学院的毕业生N.普雷斯顿·布里德对出版社进行考察。1946年9月，布里德写出了长篇报告。他写道："出版社被严重误解了，教师们关于其缺点的观点完全是矛盾的。"由大学出版社的总体状况可以"得出结论，某些困难是固有的，而并非管理不善的结果，因此只有确保高效管理并获得学校的长期大力支持，才能带来大的改观……几乎所有出版社都是直接或间接依靠补贴的，而且几乎没人知道真实的成本"[44]。（1947年，雷诺兹派布里德担任出版社第一届董事会的秘书。）

另一个新人是大学监事会的弗雷德里克·刘易斯·艾伦，他也是《哈珀》杂志的主编和《只有昨天》等书的作者。1946年，他继任罗伊·拉森成为出版社调查委员会主席，立即着手尝试为出版社募集资金。[45]战争结束后，调查委员会拾起了马龙为特定图书寻求捐赠的点子并加以细化。斯凯夫与委员会成员毛里斯·史密斯和拉森共同推动了"担保计划"，根据这个计划，"哈佛社之友"可以认筹特定资金额度，为某些图书定向担保，如有必要才会动用资金。[46]新任主席艾伦直到1946年

12月还在推动这个计划,但是柯南特告诉他时机不合适,艾伦就将该项目"搁置"了。[47]

担保计划搁置后,斯凯夫相当沮丧。他像马龙一样反复告知学校高层,一个出版社是多么需要营运资金。事实上,斯凯夫年年都没把握保本。在其第一份年报(1942—1943)里,他写道,"哈佛社不大可能会有盈利",并建议将印刷所的所有利润投入图书出版的循环基金。1945年,他抱怨说,每次向高层提议为出版社募捐,他都会被告知"幸好没找到什么人来为出版社捐赠,因为这可能会影响学校整体获捐更大金额"。[48]

斯凯夫时期,出版社理事会也在不断换人。当1947年斯凯夫准备卸任的时候,他当年接任社长一职时的理事只剩下他和拉森了,而且拉森已经不太积极了。

1944年5月任命的三位新理事特别值得注意。其中一位是霍华德·芒福德·琼斯,他一直是出版社的大谋士。还有一位是拉德克利夫学院的新任院长、历史学家威尔伯·K.乔丹。[49]第三位是即将从皮博迪考古学与人类学博物馆馆长任上退休的唐纳德·斯科特。在成为人类学家之前很久,他就跻身哈佛大学出版社之父的行列了,在生命的最后23年,他将成为出版社最重要的管理者之一。

1944年,在担任了25年的理事之后,保罗·萨克斯卸任,成为服务时间最长的理事,而且很可能之后其他任何人也都不会超过他了。截至1946年年底,马龙1936年接任时的所有理事,包括佩里、查菲等人,都卸任了。

在所有新任理事中,凯斯·德威特·梅特卡夫是最有意思的。他是一位专业的图书馆员,1937年从纽约公共图书馆转任至哈佛,同时担任哈佛大学图书馆馆长和哈佛学院图书馆馆长这两个职位。在1946年成为理事之前,梅特卡夫就与出版社发生了种种关联。比如,他准许出版社免费使用威德纳图书馆的地下室作为大部分图书的仓库。更重要的是,他还是觅得下一任社长的遴选委员会的负责人。

救　星

哈佛大学理事会 1944 年 6 月的决议似乎保住了出版社。确实如此吗？谁都知道，斯凯夫只是 1946 年年底之前的临时社长，或许只是一个试验。出版社会在斯凯夫的带领下蹒跚前行吗？还是柯南特会厌烦了他的提议以及出版社、印刷所之间的纷争？之后将会怎样？[50]

1945 年秋，校长迈出了关键一步，他组建了一个委员会，负责遴选斯凯夫的继任者。十年前，他曾试图自己一个人包办，但这次他不想重蹈覆辙。他请梅特卡夫担任遴选委员会的负责人。梅特卡夫和唐纳德·斯科特是最积极的成员。即便如此，担忧依然存在。在梅特卡夫看来，"要是我们没找到汤姆·威尔逊"，柯南特还是会随时放弃出版社。[51]遴选过程花了一年多的时间。

斯凯夫敦促梅特卡夫提名哈佛社内部的人，比如沃伦·史密斯。[52]但是，在柯南特的鼓励下，遴选委员会还是开始在其他大学出版社寻找有经验的人。他们选择的托马斯·J.威尔逊从未在哈佛待过。他是北卡罗来纳大学出版社的社长。威尔逊 1946 年 1 月才赴北卡罗来纳就任，他认为在 1947 年年中之前不宜辞任。1946 年 12 月 2 日，委员会一致推荐了他。同一天，梅特卡夫给柯南特写了一封私信，提到委员会对出版社的财务状况很感兴趣，"我们都认为，出版社要令人满意地工作，将需要财务支持"。他还说，威尔逊希望在接受职位前就捐赠或大额营运资金事宜与柯南特面谈。[53]

12 月 16 日，哈佛大学理事会投票聘任威尔逊为社长，任期从 1947 年 7 月 1 日起，并相应延长斯凯夫的任期。威尔逊在 1947 年 1 月与柯南特进行了协商，事后他还给柯南特写了一封坦诚的信。他写道："我担心学校管理层心里并没有意识到这个职位实际具有的重要性。"他认为，这也是哈佛大学出版社命运多舛的原因，"但是一个运转良好的、高效的哈佛大学出版社并不仅仅是一个'服务性'组织，它可以成为贵校一个真正的创新部门"。哈佛如果希望他担任社长，"必须保证所有的举措皆出于我,直到我穷尽所能"[54]。

威尔逊是为自己说的,但是他可能也为他之前的所有社长说了话,包括莱恩、默多克、马龙和斯凯夫。这一次,对于什么是危险的,管理层更明白点儿了。关于资金和其他事项的保证显然是足够的,因此威尔逊在 2 月接受了这份工作。关于薪水有些小麻烦,但是梅特卡夫和斯科特说服了管理层给到威尔逊开的数字。大学理事会任命威尔逊在1947 年上半年的过渡期内担任理事。4 月 11 日,他的社长任命在一篇新闻稿中对外宣布。

同一个星期,1947 年 4 月 7 日,大学理事会创设了出版社董事会,从 7 月 1 日起开始运转。副校长雷诺兹被提名为董事长。其他创始董事包括托马斯·威尔逊、凯斯·梅特卡夫、唐纳德·斯科特、商学院院长唐纳德·K.大卫和学校副司库小亨利·A.伍德。

大学理事会决定出版社董事会"负责出版社的经营管理",要求董事会制定章程并提交大学理事会批准。大学理事会 5 月 20 日通过的章程授权出版社董事会"全面监督出版社的经营事务,包括财务、会计、采购、合同等特定事务及关于经营流程和政策的其他事务"(这些条款直到 1980 年代依然有效)。大学理事会 1947 年的票决终结了出版社理事会五年前被授予的管理出版社的总体性权威,后来仅限于决定出版什么书的问题。

章程规定,董事会由三至七人组成,董事长由大学理事会委派。1955 年,经唐纳德·斯科特提议,章程修正案规定,董事长必须由行政副校长兼任,这一条款一直应用到 1970 年代董事会重组前。1955 年修正案规定,董事会由七人组成,包括三位当然董事,即行政副校长、社长和大学图书馆馆长。其他四位董事任期四年,交错聘任,其中两位必须是哈佛教师,另外两位可以是哈佛人,也可以是外部人。[55]

在很长一段时间里,董事会的稳定核心包括斯科特、威尔逊、梅特卡夫和雷诺兹。董事会创设时,斯科特的理事任期恰好结束;他转任董事,直到 20 年后辞世。威尔逊也做了 20 多年。梅特卡夫 1947—1948年既是理事,又是董事,其后又做了 10 年董事。副校长雷诺兹做了 13

年的董事长。

威尔逊来了，董事会也组建了，人们心里再也不用怀疑了——出版社得救了。哈佛大学出版社的得救与其创办一样，是大家共同努力的成果。社里人都说，拉尔夫·巴顿·佩里至关重要。其他理事也没有掉链子。大学理事会的亨利·詹姆斯和格伦维尔·克拉克当然也发挥了作用。关于罗杰·斯凯夫，我们肯定同意威廉·本廷克-史密斯的论断："斯凯夫认为是他拯救了哈佛大学出版社。的确如此。"[56]不过，还有沃伦·史密斯，早在斯凯夫接任之前，他就维持着出版社的运转。托马斯·威尔逊认为，出版社能够在最低落的时期维持不散，史密斯居功至伟，而格蕾丝·布里格斯和埃莉诺·多布森也"贡献良多"。[57]凯斯·梅特卡夫和唐纳德·斯科特也是救星，是他们觅得威尔逊并说服学校管理层任命他为社长。还有一种说法，是威尔逊本人拯救了出版社，或者起码使出版社脱离了险境。许多年后，柯南特说道："在汤姆·威尔逊的带领下，一切都运转良好，大概证明了希望出版社持续下去的那些人是正确的。"[58]

威尔逊接任四年之后，柯南特校长看准机会消除了他的疑虑，说一切都很好。威尔逊先是听到了点什么，困扰不已，就来问校长。不管问题是什么，校长都把它提交到了大学理事会。会后，校长致信威尔逊说："他们认为，出版社像大学的任何一部分一样重要。我知道，我这样说是代表整个理事会的。"校长还表示："对我本人来说，关于出版社在大学生命中的逻辑地位和功用的任何疑问，都已经翻篇了。"[59]

注释：

1　R. L. 斯凯夫《在昆西大街一年之后对哈佛社的几点评论》，1945 年 1 月(哈佛社文件："哈佛社报告")。

2　W. 本廷克-史密斯 1982 年 9 月 20 日接受的采访；唐纳德·斯科特致马克·卡罗尔，1962 年 4 月 17 日(哈佛社文件："爱德华·弗莱蒙特，哈佛社史")。弗莱蒙特动笔写过哈佛社简史，但没有出版过。

3　关于匮乏的情况，参见哈佛社 1943—1944 年报(页 370)、

1945—1946 年报(页 447)。

4 年度出版品种数引自哈佛社年报;销售净收入引自哈佛社记录。

5 N.P. 布里德《哈佛社总体情况概述》,1946 年 9 月(哈佛社文件),页 48;R.L. 斯凯夫致 K.D. 梅特卡夫,1946 年 1 月 9 日(哈佛社文件:《哈佛社报告》)。哈佛大学司库的报表呈现了年度利润。

6 A. 卡尔弗特·史密斯写信(无日期)将出版社理事会 1943 年 7 月 27 日的决议告知了 J.B. 柯南特;保罗·H. 巴克院长致柯南特,1943 年 9 月 9 日(柯南特档案:哈佛社编年文件)。另见保罗·J. 萨克斯致 P.H. 巴克,1943 年 9 月 8 日(副本存于萨克斯档案:"哈佛社:总体情况"文件夹)。1943 年 9 月 20 日,大学理事会做出关于斯凯夫的任命,并前溯至 9 月 1 日生效。

7 理事会纪要,1943 年 11 月 2 日。

8 理事会 1943 年 11 月 18 日文件的复印件《关于哈佛大学出版社目标陈述的草案及关于其合理活动范围的概要》存于哈佛社文件《报告》,以及柯南特档案。

9 R.L. 斯凯夫致 J.B. 柯南特,1943 年 11 月 29 日(柯南特档案)。

10 J.B. 柯南特致亨利·詹姆斯,1943 年 12 月 6 日(副本存于柯南特档案)。大学理事会于 12 月 20 日批准了斯凯夫的三年带薪任期。他从利特尔-布朗出版社副总裁的任上辞职,保留了该社董事的身份。

11 亨利·詹姆斯致 J.B. 柯南特,1943 年 12 月 2 日(柯南特档案)。

12 柯南特致詹姆斯,1943 年 12 月 6 日。

13 复印件存于柯南特档案。

14 罗伯特·申顿(大学理事会秘书)致笔者,1983 年 2 月 18 日。詹姆斯和克拉克报告的文本现已不存。该报告最早于 1944 年 2 月 21 日提交给了大学理事会。

15 J.B. 柯南特《致本校教职员工》,1944 年 5 月 11 日(柯南特档案)。

16 理事会纪要,1944 年 11 月 27 日;R.L. 斯凯夫致 J.B. 柯南特,1944 年 11 月 30 日(柯南特档案)。

17　埃莉诺·多布森·丘尔 1973 年 11 月 14 日接受的采访；杜马·马龙致威利·阿佩尔，1940 年 4 月 17 日；马龙致 W.C.鲁格，1940 年 5 月 10 日(哈佛社阿佩尔文件)；理事会纪要，特别是 1940 年 2 月 2 日、1943 年 3 月 1 日及 17 日。

18　丘尔接受的采访；R.L.斯凯夫致 T.J.威尔逊，《人事》，1947 年 3 月 17 日(哈佛社文件《供威尔逊先生就任社长时参考》)。

19　布里德《情况概述》，页 38，特别是材料七。

20　哈佛社合同文件：1950 年 4 月 26 日哈佛社与阿佩尔的合同约定，对前 7500 册向其支付的版税为定价的 10％，7501—15000 册支付 12.5％，其后支付 15％；1958 年 4 月 7 日阿佩尔与 R.T.丹尼尔致 T.J.威尔逊，同意阿佩尔的版税起点是 9％，丹尼尔是 1％；1959 年 1 月 22 日哈佛社与口袋书出版社的合同约定，对前 15 万册平装本提供 4％的版税，其后是 6％(根据哈佛社与阿佩尔的合同，哈佛社保留一半)。口袋书出版社支付 3000 美元作为版税最低保证金，以及 1468 美元作为哈佛社排版、设计和镪版成本的一半。

21　1959 年 2 月 26 日，T.J.威尔逊致口袋书出版社的弗里曼·刘易斯时提到，"根据我们在最初商议时的一致意见"，授予无时限的平装版权。1 月 22 日的合同则指定了五年期限。

22　1978 年，哈佛社出版了另一本音乐词典《哈佛简明音乐词典》，唐·迈克尔·兰德尔编。

23　詹姆斯·布莱恩特·柯南特，《我的多重人生：一位社会发明家的回忆录》，页 363—365、369—370。关于拉蒙特图书馆，参见 K.D.梅特卡夫 1982 年 6 月 8 日接受的采访。

24　关于斯凯夫的不满，参见威廉·本廷克-史密斯 1973 年 11 月 13 日接受的采访。关于斯凯夫的期望，参见斯凯夫致 J.B.柯南特，1946 年 11 月 1 日(柯南特档案)。关于这些印次和财务数据，参见布里德《情况概述》，页 14—15。

25　R.E.拉森致 R.L.斯凯夫，1943 年 9 月 8 日(哈佛社合同文件)；理事会纪要多处，包括 1940 年 1 月 10 日，1942 年 10 月 13 日、11

月 3 日、11 月 24 日,1943 年 1 月 6 日,特别是 1943 年 9 月 7 日。雷应萨克雷的遗稿保管人赫斯特·萨克雷·富勒的请求承担了这个项目。

26　R.L.斯凯夫致贺瑞斯·阿诺德(时任印刷办公室助理主任),1945 年 7 月 19 日;斯凯夫致 N.P.布里德,1946 年 9 月 17 日(哈佛社文件:雷的文件夹)。

27　H.M.琼斯 1973 年 10 月 13 日接受的采访;理事会纪要,1944 年 5 月 15 日。琼斯受邀参加此次会议,这是在大学理事会任命他为理事的一周前。

28　理事会纪要,1944 年 6 月 12 日;R.L.斯凯夫致 J.B.柯南特,同日;柯南特致桑姆纳·韦尔斯,1944 年 6 月 26 日(柯南特档案)。

29　哈佛社 1945 年春季书目封底。

30　麦科德的一个类似提案在理事会 1937 年 4 月 21 日的纪要里提到过,虽然"约翰·哈佛文库"的名字没有出现。

31　L.P.贝尔登 1982 年 1 月 19 日接受的采访。此事也出现在 1946 年 3 月 29 日、5 月 23 日、6 月 4 日、9 月 23 日及 1947 年 4 月 11 日的理事会纪要里;大约 1946 年 4 月 8 日斯凯夫提交给理事会的备忘录初稿(威廉·本廷克-史密斯交予笔者);斯凯夫致理事会,1946 年 7 月 3 日,含附件(大学档案之凯斯·D.梅特卡夫档案,UAIII.50.8.11.3)。

32　H.M.琼斯 1973 年 10 月 13 日接受的采访;R.L.斯凯夫致亚瑟·H.苏兹贝格夫人,1946 年 4 月 2 日,包括琼斯的提案并为之寻求资助(副本由威廉·本廷克-史密斯交予笔者)。虽然琼斯显然不知道,但是 1929 年 12 月 5 日的理事会纪要就包含了这段文字:"投票通过:要求社长就重新出版现在已经断版了的重要而古老的美国图书的丛书的计划咨询肯尼斯·B.默多克教授和 C.N.格里诺教授。"

33　大卫·麦科德 1973 年 12 月 4 日接受的采访;理事会纪要,1938 年 10 月 5 日。合同日期为 1939 年 1 月 10 日。

34　发明词典在 R.L.斯凯夫的一份备忘录(1944 年 5 月 15 日)中讨论过,他将主意归于巴克(柯南特档案);理事会纪要,1944 年 4 月 10 日、5 月 15 日、6 月 12 日、11 月 27 日及 1945 年 2 月 24 日、5 月 13 日。

关于梅尔维尔,参见:理事会纪要,1945 年 2 月 24 日。关于"哈佛经典",参见:理事会纪要,1946 年 10 月 29 日。

35　斯凯夫的哈佛社 1944—1945 年报。另见:理事会纪要,1943 年 2 月 2 日、3 月 17 日,1944 年 4 月 10 日、6 月 12 日,1945 年 3 月 28 日、5 月 13 日,特别是 1945 年 11 月 5 日;哈佛理事会非正式记录,1945 年 6 月 27 日。

36　《象牙塔内外:威廉·L.朗格自传》(纽约:尼尔·沃森学术出版社,1977),页 205—206。关于该项目的终止,参见:理事会纪要,1947 年 8 月 8 日、9 月 16 日、12 月 16 日;T.J.威尔逊致 J.B.柯南特,1947 年 9 月 29 日(柯南特档案)。

37　关于市场革命,参见弗兰克·路德·莫特《金色人群》(纽约:麦克米伦出版社,1947),页 268、271—272。关于企鹅的提案,参见尤妮思·E.弗罗斯特致 R.L.斯凯夫,1945 年 9 月 13 日(哈佛社苏珊·朗格文件)。

38　参见 W.W.史密斯致笔者,1982 年 3 月 15 日。

39　关于凯瑟琳·斯科特与弗朗西斯卡·摩根,参见大学档案之人事记录。又见《出版商周刊》(1944 年 7 月 1 日),页 26—28。

40　W.本廷克-史密斯 1973 年 11 月 13 日接受的采访。他交给笔者四期《书讯》。《会刊》的业务经理诺曼·A.豪尔多年来花一半时间为哈佛社工作,负责直邮广告。

41　L.B.林肯 1973 年 11 月 18 日接受的采访。

42　J.B.柯南特 1945—1946 年报,页 14—15。

43　R.L.斯凯夫致 J.B.柯南特,1946 年 3 月 20 日(柯南特档案)。之前,斯凯夫认为自己直属于柯南特而非司库威廉·克莱弗林管辖。1945 年 10 月 23 日及 1946 年 1 月 9 日,斯凯夫在致凯斯·梅特卡夫的信中说,哈佛社为柯南特管辖,而印刷办公室为克莱弗林管辖(副本存于哈佛社文件《关于哈佛社的报告》)。

44　布里德《情况概述》,页 50—51、55。R.L.斯凯夫在一份备忘录中讨论了雷诺兹和布里德。该备忘录题为《未来哈佛社的政策》,

1947 年 1 月 13 日(哈佛社文件《供威尔逊先生就任社长时参考》)。

45 F. L. 艾伦致 J. B. 柯南特,1946 年 10 月 8 日(柯南特档案)。

46 备忘录《致哈佛社调查委员会成员》,1946 年 3 月 30 日,由莫里斯·史密斯(负责募款的分委员会的主席)和罗伊·拉森签名。这份文件将担保计划表述了出来。此为威廉·本廷克-史密斯交给笔者的油印件。

47 J. B. 柯南特致 F. L. 艾伦,1946 年 12 月 17 日;艾伦致柯南特,1946 年 12 月 30 日(柯南特档案)。

48 斯凯夫《几点评论》。关于斯凯夫"非常失望",参见爱德华·雷诺兹致 F. L. 艾伦,1947 年 5 月 5 日(复印件存于哈佛社文件《供威尔逊先生就任社长时参考》)。

49 根据乔丹的建议(乔丹曾以芝加哥大学教授身份担任芝加哥大学出版社总编辑),斯凯夫建立了一个包括 31 位哈佛教授的出版委员会。参见:理事会纪要,1943 年 12 月 13 日;R. L. 斯凯夫致 J. B. 柯南特,1944 年 3 月 21 日(柯南特档案);R. L. 斯凯夫致 T. J. 威尔逊,题为《会议》的备忘录,1947 年 3 月 25 日(哈佛社文件《供威尔逊先生就任社长时参考》)。

50 以斯凯夫的一个建议为例,他提议创设一个"类似院长"的新职位,负责哈佛社、印刷所、出版办公室以及其他一些事务,并提到后期也可以包括《哈佛校友会刊》(R. L. 斯凯夫致 J. B. 柯南特,1944 年 11 月 30 日,柯南特档案)。

51 K. D. 梅特卡夫,1973 年 11 月 15 日接受的采访。

52 R. L. 斯凯夫致 K. D. 梅特卡夫,1945 年 11 月 28 日(副本见于哈佛社文件《关于哈佛社的报告》)。

53 委员会的报告和梅特卡夫的信藏于柯南特档案。报告上签名的是卡斯·坎菲尔德、唐纳德·K. 大卫、E. 彭德尔顿·赫林、罗伊·E. 拉森、弗雷德里克·G. 梅尔彻、唐纳德·斯科特和凯斯·D. 梅特卡夫。

54 T. J. 威尔逊致 J. B. 柯南特,1947 年 1 月 28 日(柯南特档案)。

55 董事会纪要,1955 年 9 月 23 日、12 月 2 日;大学理事会记录,

1955 年 12 月 12 日。关于背景的通信见于哈佛商学院档案馆唐纳德·
斯科特档案。

    56　W. 本廷克-史密斯，1973 年 11 月 13 日接受的采访。

    57　T. J. 威尔逊语，引自约翰·T. 温特里希《哈佛社迎来 50 周年》，载于《出版商周刊》，1963 年 4 月 22 日。

    58　J. B. 柯南特 1973 年 11 月 9 日接受的采访。

    59　J. B. 柯南特致 T. J. 威尔逊，1951 年 10 月 25 日（副本藏于柯南特档案，用铅笔签着姓名首字母"JBC"）。

第七章　威尔逊与出版社的崛起(1947—1967)

托马斯·詹姆斯·威尔逊高大、坚定,高贵、友好,他来自北卡罗来纳、牛津大学和纽约市,为哈佛大学出版社注入了热情的扩张哲学。很快,他就以这句话而闻名:"大学出版社只要不破产,就要尽可能出版更多学术好书。"[1]起初他也相当警惕过度扩张的危险,但是这些警惕逐渐消失了。在战后世界的有利环境中,加上来自大学之外意外的资金支持,他领导下的出版社也有条件将这种哲学付诸实践。出版社的产量在增加,声望也在提升,累计出版了大约 2300 种书,包括很多重要著作。

威尔逊长长的任期从 1947 年年中持续到 1967 年年底,年出新书从 68 种增加到 144 种,年销售收入从 44.3 万美元增长到大约 300 万美元,员工从大约 40 人增加到 115 人。他接受哈佛的工作时抱着这种理解,即"哈佛大学出版社的目的不是赚钱,而是在不赔钱的情况下为大学提供服务"。不过,在 20 世纪五六十年代,利润增长得太快了,1967年,除去建仓库花掉的 30 万美元,出版社还是获得了 31.2 万美元的利润。[2]

在任期的最后一年,威尔逊和他的首席咨询师、支持者唐纳德·斯科特所争取的是出版社未来四年在产出、人员和空间方面的持续增长

图 23 托马斯·J.威尔逊,第五任社长

(目标是年出新书 200 种),他们担心学校将人为限制出版社的"自然增长"。[3] 在这一点上,他们走得太远了,他们没有预料到离开哈佛社之后的新环境。现在看起来很清楚的是,出版社在威尔逊时代取得了极大成功,但是扩张过度,而且没有为未来做好准备。

威尔逊在哈佛大学出版社历史上的地位远不仅是由于数量的增长。其他的暂且不提,他将出版社的公共关系带到一个他的前任们从未达到的高度。与哈佛教师的关系,与哈佛内外作者的关系,以及与哈佛校友和哈佛友人的关系,他都归为公共关系。他将打理这种关系视为大学出版社的两个日常问题之一,与财务并列。威尔逊将大学出版社看作大学的事业、大学不太明确的组成部分,由专业的出版人所组成,其"首要责任"是服务于母体大学。他是第一位成为哈佛教师的社长,一直致力于把出版社和教师团结在一起。[4]

威尔逊不但在哈佛大学内部提升了出版社的声望,而且在出版界也是如此。他可以说是美国大学出版业真正的代言人,他的前任们则无此殊荣。不仅如此,他还为出版社带来了全新的格局:与纽约的商业出版公司的紧密联系。

威尔逊与他的时代

在成为出版人之前,甚至在几家出版社工作期间,威尔逊一直呼吸着学术的空气。与教授们相处时,他和教授们都感觉很自在。1902 年10 月 25 日,威尔逊生于北卡罗来纳州的教堂山,他的父亲长期担任北卡罗来纳大学的教务主任和招生主任。年轻的威尔逊不到 19 岁就从那里毕业了,又继续攻读法国文学硕士学位。他获得了罗德奖学金,1924—1927 年在牛津度过,获得了同一个专业的博士学位。其后,他回到北卡罗来纳教了三年法语,又对出版教育图书产生了极大兴趣,便于1930 年搬到了纽约。在亨利·霍尔特出版社,他先是做外语编辑,后来成为大学部的经理。在雷纳尔和希契科克出版社,他又做了两年同样的工作。在这两家出版社,他都做到了副总裁和总监的职位。1933 年,他从法语翻译的《罗曼·罗兰和玛尔维达·冯·梅森堡通信集》出版。1942 年,他加入海军成为上尉,作为机库军官在"进取"号上服役一年,1945 年退役前成为中校。其后,他回到了教堂山,担任北卡罗来纳大学出版社的社长,哈佛就是在那里找到他的。[5]

在哈佛历史学家费正清看来,威尔逊"对新的观点相当着迷,一本关于前沿主题的好稿子能够瞬间调动起他的想象力和激情"[6]。威尔逊确实激情四射。像杜马·马龙一样,他能够激发学术思考,跟进学术发展。威尔逊是一个乐观主义者,而成功又助长了他的乐观主义。他是一位出色的政治家,他娴熟地运用着出版社理事会、董事会和调查委员会,在主要问题上总能照他(和唐纳德·斯科特)的来,在他任期的后十年尤其如此。这些委员会的成员们似乎成为他忠实的拥戴者。这可以部分地归因于他的风格的胜利,他特别会主持会议。在管理员工方面,他不像与教师委员会打交道那么老练,起码出现了不少他未能避免的内部分裂和协调不周的情况。但是,他尊重编辑的判断,支持他们的决定。

威尔逊心软,比如他不太会开除人。不过,他也会发脾气,有时即使对哈佛教师也会发火。他跟生产经理出了名的争吵在楼道里都能远远听到。他的书桌总是堆满了等待回复的信件。1953年接替柯南特担任哈佛大学校长的内森·M.普西曾经写道:威尔逊"结合了卡罗来纳人的魅力、礼貌和北方人的节俭、常识"。[7] 关于魅力和礼貌,无可置疑。但是哈佛社的繁荣并非源自节俭。

威尔逊时代出版社的智性蓬勃和财务繁荣主要是由于以下几个条件:

大学的新态度。虽然比其他大学出版社都晚了一步,但是哈佛大学出版社最终还是被母体大学接受了。显然,威尔逊就任的前四年,出版社都亏损了,但是没人恐慌,因为这是出版社新的董事会已经定了的。更重要的是,校方终于认识到出版企业必须有大量营运资金。简单说来,在卖书之前,你就必须支付印制费(以及薪水等其他成本)。你出版的书越多,需要提前支付的现金就越多。威尔逊来了之后,校方允诺向出版社提供无息贷款。长期的营运资金贷款与出版社的损益表是绝对独立的。贷款是用出版社的净值担保的,主要是指库存图书。1958年,当贷款接近57.5万美元时,大学理事会停止继续给予无息贷款,但是规定出版社还是可以贷到50万美元以上,只是要付利息而已。这是董事会建议的。1963年7月,贷款总额达到100万美元,在威尔逊时代一直在这个水平上下波动。[8]

外部条件。战时纸张、印刷和装订的紧缺结束了。这不但使出版新书更容易了,重印书也是如此——比如战争期间已经卖光或损毁了的"洛布古典丛书"。投入战争相关工作的作者们现在又开始写作了。学术图书的购买者也快速增多。1948—1968年,大致与威尔逊任期相当,高等教育机构的教师人数增长了两倍,学位学分登记者从240万人增加到690万人,住校研究生从17.4万人增加到80.8万人,博士学位授予人数增加了5倍。同一时期,联邦政府给高等教育机构的年度拨款从5.26亿美元增长到33.48亿美元,高等教育机构在图书馆上的支出从 4400 万美元增长到 4.93 亿美元。[9]

福特基金会。从 1957 年开始的七年里,哈佛大学出版社获得了福特基金会的 29 万美元捐赠。大多数年份是 3.95 万美元,哈佛社借此出版了很多单靠销售无望保本的人文社会科学图书。福特基金会共向 35 家大学出版社捐赠了 272.5 万美元。[10]

贝尔纳普遗赠。福特基金会固然慷慨,但与另一项外部支持相比就见绌了。相隔十年去世的贝尔纳普家族的两个人为哈佛社留下了一大笔财富。

新大楼、新员工

哈佛大学出版社历史上的大部分时期都苦于空间匮乏。在罗杰·斯凯夫时期,昆西大街 38 号有了裂缝,不断增加的库存又分散在多处,这让他焦躁不已,却又无能为力。然而,在威尔逊治下,出版社在 1948 年和 1956 年两次搬到更大的办公楼。每一次搬完,大楼都又人满为患。

第一次,出版社往北搬到几个街区以外的朱伊特楼,那是一幢位于弗朗西斯大道 44 号的红砖楼,正对着神学院。1948 年 2 月,出版社全部搬完。除了货运部和图书,整个出版社终于在一个屋顶之下了。大部分库存从兰德尔馆搬到了神学院安多弗馆的地下室,其余的只能留在威德纳图书馆的地下室和一幢研究生宿舍里。1955 年,朱伊特楼已经容纳不下新的员工了,而且神学院要用这个楼。[11]

副校长爱德华·雷诺兹看中了哈佛园西北不到一英里处的一幢防火的红砖建筑,格雷植物标本馆刚从这里搬走。1956 年 7 月,出版社搬了过来。直到 1980 年代中期,这里一直是出版社的总部。这个地址是花园大街 79 号,但是它的前门朝向东南,门外是弗纳尔德路,门旁小丘上有两棵鸡爪枫。这幢建筑建于 1909—1915 年,原来是美国 19 世纪著名植物学家阿萨·格雷的家。植物标本馆位于植物园之中,人们在这个著名的老实验地里研究活的植物——现在,这里依然是哈佛的一处房产,还叫"植物园"。[12]

图 24　位于弗朗西斯大道 44 号的朱伊特楼,哈佛大学出版社 1948—1956 年在此办公。这幢建筑曾属于富有的阿拉伯语教授詹姆斯·R.朱伊特

图 25　位于花园大街 79 号的基特里奇馆,哈佛大学出版社 1956 年后在此办公。这里曾是格雷植物标本馆,以植物学家阿萨·格雷命名

为了向乔治·莱曼·基特里奇致敬,建筑的门楣上刻下了"基特里奇馆"几个字。[13]货运部在地下室,这幢建筑成为出版社历史上最好的办公场所;不过,空间不足依然是一个严重问题。史密森尼天体物理天文台占据着老植物标本馆的一部分。不仅如此,地下室也放不下所有库存图书,1958年前后,威德纳图书馆收回了自己的地下室,出版社只好租用河畔出版社的库房。1960年代早期,天文台搬走之后,基特里奇馆的空间问题暂时得到缓解。1963年,出版社在查尔斯河对岸建造了自己的库房,挨着新的哈佛大学印刷所,库存问题得以解决。[14]

1947年,威尔逊接任时,他感到急需两个重要的新职位——一个销售与推广经理、一个科学编辑。1948年他就找到了人。同一年,生产经理离职,一个名气更大的人接手。

威尔逊的第一位销售与推广经理是林恩·贾斯特斯·"贾德"·卡雷尔,他在俄克拉荷马大学出版社的同样职位上干得很好。1952年,年仅40多岁的卡雷尔死于癌症。[15]

威尔逊招聘了马克·萨克斯顿接替卡雷尔。萨克斯顿是一位小说家和编辑,他在威尔逊接下来的15年任期中一直在哈佛社。萨克斯顿1936年毕业于哈佛,1939年出版了自己的第一部小说,后来就在纽约的出版社里做编辑,直到他找到威尔逊说他想做编辑,但是被聘为销售与推广经理。[16]他的妻子约瑟芬也是纽约的一个编辑,追随他来到哈佛社,成为威尔逊的执行秘书,直到她1967年去世。1957年重组后,推广和销售分为两个部门,萨克斯顿担任推广经理,洛林·林肯担任销售经理。在威尔逊时代,推广部和编辑部之间大多数时候几乎没什么协调。

首任科学编辑是约瑟夫·D.埃尔德。他来哈佛之前,在印第安纳州的瓦巴什学院教物理,同时担任《美国物理学杂志》的助理编辑。从1948年到1972年退休,埃尔德一直是编辑部一个儒雅且重要的存在。他除了编辑科学类书稿(有时也涉足其他学科),还多方帮助其他编辑,比如教他们如何整理统计表格。

创设科学编辑职位,体现了威尔逊和理事会在出版更多科学图书上的努力。由于种种原因,大学出版社通常在人文社会科学领域比在"硬"科学领域做得好。战后科学繁荣,商业出版公司占领了科学出版的领域。哈佛也想获得自己的份额,从 1950 年开始出版两套丛书:"哈佛应用科学专著系列"和"哈佛实验科学史案例系列"。詹姆斯·布莱恩特·柯南特卸任校长前后,加盟了案例系列,成为首席学者。但是科学图书最大的增长来源于纽约的一个校外机构——联邦基金会(Commonwealth Fund),它有着 30 年的医学、医学教育和公共卫生学术图书的出版经历。1951 年,哈佛大学出版社接手了该基金会的所有在版图书,包括大约 60 种书(理事会认为可以全部接受),而且之后开始生产和发行该基金会的书。截至 1983 年协议终止,哈佛出版了 100 多种该基金会的书。1952 年,哈佛收购了另一套重要的科学丛书"哈佛天文学丛书",由哈罗·夏普利和巴特·J.博克主编。该丛书由商业出版社布莱基斯顿于 1940 年启动,后转给哈佛社,其影响力相当持久。[17]

1948 年,伯顿·L.斯特拉顿接替阿尔弗雷德·朱尔斯担任生产经理。他在印制技术方面非常在行,曾任亨利·霍尔特出版社的生产负责人,在马萨诸塞州的印刷圈子里也很活跃,还被选为印刷协会的主席。在哈佛大学出版社,他有时会与编辑部甚至威尔逊和沃伦·史密斯发生冲突。设计师伯顿·琼斯在他手下工作了将近 18 年,但是二人的关系总是很僵。[18]

1950 年代,书稿的持续增多带来了编辑部的一些变革,不但聘用了更多的编辑,而且出版社在 1958 年任命了一位执行编辑,负责安排进度、调度书稿和部门的日常管理。

这位执行编辑就是后来担任总编辑的莫德·艾克特·威尔科克斯。她以最优等成绩毕业于史密斯学院,在哈佛大学获得硕士学位,后在哈佛大学、史密斯学院和卫斯理学院讲授英语,最终于 1957 年发现图书出版才是自己真正的志业。这一年夏天,她修读了拉德克利夫的出版课程,埃莉诺·多布森(那时已从夫姓改名为埃莉诺·多布森·丘尔了)在课程里讲授编辑和校对。这使她成为丘尔夫人领导的编辑部的秘书。[19]一年后,威尔逊发现并提拔了莫德·威尔科克斯。后来,他在董事会上讲,丘尔夫人是一位天资卓越的编辑和导师,但是情况变化了,她的部门的效率已经落后于其他部门了。[20]他创设了执行编辑这一职位。其后八年间,埃莉诺·丘尔和莫德·威尔科克斯共同负责招聘新编辑和管理编辑部。威尔逊很及时地觉察到了编辑部需要真正的重组。

哈佛大学出版社积压的来稿也使前端处理困难重重。威尔逊实际上是哈佛社唯一的"组稿编辑",而且在掌社早期确实审阅了很多来稿。后来他成为各种全国性组织的成员,出差也增多了,工作就落下了(这一状况最终也没有得到缓解)。1950年,在开始美国大学出版社协会主席的两年任期之前,他创设了社长助理的职位。[21]最初,他提任了原来负责直邮广告的劳伦斯·贝尔登担任此职。1955年,贝尔登让位于彼得·戴维森,而后者很快就辞职加盟了大西洋月刊出版社。1956年9月,出版社刚搬到基特里奇馆,在耶鲁大学出版社做过几年推广经理的32岁的哈佛校友马克·苏立文·卡罗尔就担任了此职。

同时,在威尔逊任期的前半段,沃伦·史密斯依然是可靠可敬的二号人物,虽然这直到1954年才在职务上体现出来。这一年,史密斯被奖掖为副社长兼业务经理。[22]除了管理库存、会计、硬件设施及其他传统业务,史密斯还负责不断扩张的"洛布古典丛书",以及出差至英格兰去揽来出版很多英国图书的美国版的业务。这些引进书包括"列那狐丛书""缪斯丛书""阿登版莎士比亚作品集"等三套文学丛书。1957年,在威尔逊受洛克菲勒基金会资助赴远东旅行的五个月间,史密斯担任代理社长(保罗·巴克代理理事会主席)。关于新书的财务安排,也是史密斯与威尔逊商议,合同史密斯也会联署。

但是,在威尔逊掌社的后十年,据他讲,史密斯的"工作范围和影响力逐渐减小了,特别是限于他监管的特定部门"。[23]原因之一是威尔逊认为需要锻炼年轻的骨干(史密斯比威尔逊还年长一岁半)。另一个原因是他们俩本来就不是同一个类型的出版人。当威尔逊想要开足马力前进时,谨慎的史密斯多次提醒他注意,而且史密斯的意见往往受到同事的认同。史密斯不像威尔逊那么希冀扩张,或者说在印数上不像威尔逊那么乐观。威尔逊越来越不耐烦,也不想听了。对员工来说,沃伦·

史密斯在 1967 年 6 月 30 日正式退休之前的几年,是在他那间关着门的办公室里一点一点退休的。

转折点发生于 1959 年年初。那时,马克·卡罗尔担任社长助理已经两年有余,他处理威尔逊的来信,为他做调研,寻觅来稿的审稿人,这些工作使威尔逊重负释然、心存感激。1959 年,他被任命为副社长。[24] 史密斯继续担任副社长兼业务经理。威尔逊宣称,卡罗尔会与他和史密斯共同"承担指导哈佛大学出版社走向和总体管理的责任"。除了负责其他工作,卡罗尔同时负责管理编辑业务的运作。[25]

图　书

威尔逊时代,哈佛大学出版社很快吸引了全国性的关注。第一个收获的季节是 1948 年秋季。秋季书单里的五本书登上了《纽约时报·书评周刊》的头版,包括费正清的《美国与中国》。[26] 该书推动了哈佛大学出版社及其"美国外交政策丛书"的崛起,这一定让罗杰·斯凯夫得意扬扬,因为是他在 1946 年与费正清签订的合同。截至 1984 年,这本书修订了多次,从 398 页扩充到 664 页,售出约 37.8 万册,包括 5 万册精装版,16.7 万册第二版的维京平装版,14.9 万册第三、四版的哈佛平装版以及 1.2 万余册的日文版。这本书是研究中国历史及其与当代事件和美国政策的关系的多学科著作,极富可读性、启发性。[27]

在令人振奋的威尔逊时代前期,哈佛还出版了以下图书:保罗·A. 萨缪尔森的《经济分析基础》(1947),该书成为"哈佛经济学研究丛书"中的一部经典之作;西北大学恩斯特·萨缪尔斯的《亨利·亚当斯的青年时代》(1948),作者写出亨利·亚当斯传记的后两部后,此书的重要性更加凸显;奥斯卡·汉德林的游记《这曾是美国》(1949),该书的合同是斯凯夫于 1944 年签订的;约翰·肯尼斯·加尔布雷思的《价格控制理论》(1952 年初版,1980 年再版);威廉·本廷克-史密斯编辑的《哈佛之书:三个世纪的文选》(1953 年初版,1982 年再版);霍华德·芒福德·琼斯的《1890 年以来美国文学及其背景指南》(1953 年初版,1959

年、1964 年、1972 年再版)。

当时,给哈佛出版人带来最大喜悦的作者并不是哈佛的教授,而是一位做过女校校长的卫斯理学院的 70 岁英语作文教师——艾米·凯利。她将书稿命名为《阿基坦的埃莉诺和四个国王》。哈佛大学出版社 1948 年年初收到书稿时并不太感兴趣,甚至想要退稿,但是她拿出了 2500 美元的现金资助。1950 年 4 月,该书终于出版,立即在书店卖火了,好几个月都跻身畅销书榜。[28] 所谓四个国王,是指埃莉诺的两任丈夫——法国的路易七世和英格兰的亨利二世,以及她的两个儿子——狮心王理查和约翰王。出版社和富兰克林·斯皮尔广告公司将埃莉诺宣传成"史上最具魅力的法国女人"。[29] 最近的统计显示,该书售出约 17.9 万册,而且还在卖。这包括 3.7 万册精装版、11 万册佳酿图书平装版(1959—1971)和 3.2 万册哈佛平装版(1971 年至今)。

威尔逊时代早期,哈佛大学出版社解决了若干政策问题。

作者资助。艾米·凯利支付的 2500 美元一定是哈佛大学出版社从作者那里收取的最后几笔现金资助之一。出版社在马龙治下就不赞成这种资助。现在,在威尔逊治下干脆取消了。威尔逊后来称之为"很坏的东西、危险的东西"[30]。

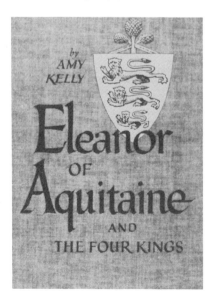

图 26 《阿基坦的埃莉诺和四个国王》。这本扣人心弦的书在 1950 年将哈佛大学出版社推上畅销书榜

审读费。早先,作为对学术的一种服务,哈佛教授免费评估本校出版社的书稿。根据理事会的决议,斯凯夫支付他们 10—25 美元或赠送出版社样书。1947 年威尔逊时代开始时,哈佛大学理事会根据出版社董事会的建议,将支付给非董事会、理事会成员的哈佛教师的审读费定为最高 20 美元。董事会、理事会成员无审读费。随着时间的变化,上限多次提高,在 1970 年代和 1980 年代早期达到了 100 美元。[31]

纪念文集。1950 年和 1954 年,理事会两次决议反对出版纪念文集。[32]其后,哈佛仅出版了很少几种缘起于对个人的纪念的文集,但是原则是该书必须有其自身价值,而且不得称为"纪念文集"或有所误导。

教材。此前,哈佛大学出版社并没有关于教材的明确策略。理事会于 1950 年解决了这个问题。他们投票后决议,哈佛大学出版社不成立教材部门,而且如果需求已经被商业出版公司满足了的话,一般不考虑出版用于大中小学课程的教材。[33]换句话说,他们决定不进入竞争激烈、使用量大、利润丰厚的来源于二手材料的教材的市场。不过,理事会说他们会考虑商业出版公司不会出版的教材,即"可以被学院或大学采用作为深入讲授的文本的教材或图书"。[34]因为哈佛社虽然退出了大体量的教材市场,但并未排除可以用于教学的一些图书的出版。

1950 年,即《埃莉诺》出版的那一年,哈佛出版了赖世和的《美国与日本》。那一年,赖世和年届 40,成为远东语言学的教授。由于日本在美国占领期间及其后逐步有所改变,赖世和在担任哈佛燕京学社社长期间出版了第二版(1957),在担任美国驻日本大使期间又出版了第三版(1965)。该书售出约 17.2 万册,包括 2.6 万册精装版、8.8 万册维京平装版以及约 5.8 万册日文版。

通过费正清和赖世和的著作以及"美国外交政策丛书"的其他品种(关于墨西哥、印度、意大利等),哈佛大学出版社以其他出版社从未企及的程度影响了美国人对外国人的理解。这一贡献还推动了哈佛文理学院战后四大外国研究中心的建立。第一个是 1948 年成立的俄罗斯研究中心,接着是中东研究中心、东亚研究中心和国际事务研究中心。中心的研究者们都长于著书,而且都在哈佛出版。

1950年，随着艾利克斯·英克尔斯《关于苏联的公众意见》的出版，"俄罗斯研究中心丛书"启动。1960年，该丛书的第37种——兹比格涅夫·布热津斯基的《苏联集团》出版，并被列为"国际事务研究中心丛书"的第一种。不过，俄罗斯研究中心影响力最大的书恐怕还是政府学教授、理事梅厄·范塞德的《俄罗斯是如何统治的》，该书深深地影响了一代又一代学生。

与费正清、赖世和的书一样，《俄罗斯是如何统治的》也是哈佛出版的经典之作。1953年初版，1963年再版，范塞德时任俄罗斯研究中心主任，此后很快担任哈佛大学图书馆馆长。两个版本共售出7.6万册——皆为精装版，因为销售稳定，威尔逊不允许出版平装版。1972年，范塞德去世，来不及再行修订了。（1979年，哈佛出版了杰瑞·F.霍夫的修订版，标明"霍夫、范塞德著"，书名为《苏联是如何统治的》。）

费正清主持的"哈佛东亚研究丛书"于1959年启动。该丛书截至威尔逊时代末期共出版了31种，截至1980年则三倍于其数。该丛书并非以其中的畅销书或"经典"而闻名，丛书本身即为经典。费正清曾说过："在现代中国这一新领域，我们需要以学术专著为基础来进行历史的思考。"东亚研究中心是"一个可以帮助作者把论文变成书的机构"。这种出版形式并不常常令出版人兴奋，但会令创新的学者兴奋。中心先于其他大学进入这个领域，全美范围内关于中国的书稿一度任其挑选。费正清认为"编辑工作是极其重要的"。他组建了由伊丽莎白·M.马西森带领的大型编辑团队。必要的资助主要来自福特基金会等外部资源，包括向出版社支付的图书补贴。[35]

1950年代早期，哈佛大学出版社在外交领域崛起之时，在其他方向也多有尝试和建树。

在社会科学领域，哈佛出版了塔尔科特·帕森斯和爱德华·A.希尔斯编辑的《迈向一般的行动理论》（1951）。该书大部分内容非常难读，然而它还是以综合了社会学、人类学和社会心理学而闻名。该书卖了30年，售出1.1万册。

在美国史方面，哈佛于1951—1954年隆重出版了八卷本《西奥多·罗斯福书信集》。书信原件赠给了哈佛学院图书馆。[36]项目主编埃尔廷·E.莫里森和副主编约翰·M.勃鲁姆来自麻省理工学院历史系。勃鲁姆还为哈佛写了一本小书——《共和党人罗斯福》(1954)。《书信集》和勃鲁姆的书使西奥多·罗斯福重新引起了关注。

1953年,哈佛大学出版社第三次获得普利策奖——大卫·约翰·梅斯以其出版于1952年的两卷本《埃德蒙德·彭德尔顿传(1721—1803)》获此殊荣。梅斯是弗吉尼亚州里士满的一位律师,与哈佛没什么交集。彭德尔顿是弗吉尼亚的律师、法官、州长和爱国者,一位被忽视了的美国建国之父。威尔逊想出版这本书,但是无从筹措成本。结果梅斯承担了7044.09美元的生产成本和一部分广告成本,并拥有版权、获得收入,然后向哈佛社支付定价的25%(乘以销售册数)作为佣金。[37]该书共售出1684册,作为一部普利策奖获奖作品,确实是太少了。

要是《埃德蒙德·彭德尔顿传》在三四年之后出版,那它可能就被归入贝尔纳普品牌了。

贝尔纳普出版社

"哈佛大学出版社之贝尔纳普出版社"(The Belknap Press of Harvard University Press)——对于漫不经心的读者而言,这几个单词显得有些神秘,它们于1954年出现在哈佛一本书的版权页上,而且在威尔逊时代,还出现在其他200种书上。这是由于哈佛大学出版社期待已久的金主终于出现了。他就是1920届校友、艺术史家、艺术收藏家、建筑师小瓦尔德伦·菲尼克斯·贝尔纳普,他的财产包括得克萨斯州一些土地的部分所有权。贝尔纳普关于贝尔纳普出版社的设想在他1949年12月14日去世(享年50岁)后揭开面纱。实际上还有一位金主,就是贝尔纳普的母亲——蕾·哈钦斯·贝尔纳普,她比其子多活了十年,也把财产捐了出来。他们得克萨斯不动产的部分所有权继承自她的父亲约翰·亨利·哈钦斯,他是得克萨斯州加尔维斯顿的银行家,去世于1906年。

图 27　小瓦尔德伦·菲尼克斯·贝尔纳普
（1899—1949），贝尔纳普出版社的创立者

　　贝尔纳普母子也没想到得克萨斯的收益会这样猛增。根据他们的遗嘱而设立的贝尔纳普出版基金稳步累积，1961 年攀升至 100 万美元，1967 年攀升至 200 万美元，1978 年攀升至 300 万美元，1982 年攀升至 400 万美元，而且还在不断增长。几十年的徒劳无功之后，哈佛大学出版社终于获得了捐赠！除了基金本金，这对母子还将石油开采费也注入了哈佛。截至威尔逊时代末期，这些开采费加上基金收益使得贝尔纳普出版社的年均投资收入增长到约 22.5 万美元。当然，这还不包括贝尔纳普图书的销售收入，当时已经超过每年 40 万美元。投资收入和销售收入在七八十年代持续增长。[38]

　　贝尔纳普出版社的建立是哈佛大学出版社前 60 年里最重要的事件。威尔逊写道，由于贝尔纳普基金，"我们能够有效出版那些原本我们负担不起巨额成本的图书，我们吸引和留住了想要把书交给其他出版社的作者，哈佛大学出版社从贝尔纳普图书销售收入中得到的分成，也为维持出版社本身做出了重要贡献"[39]。

"何为贝尔纳普出版社?"人们难免会这么问,有时还错念出不发音的"k"。答案是:它是一个"品牌"(imprint),提示该书的出版成本是由贝尔纳普基金承担的,其销售收入的 50% 作为运营费用转给哈佛大学出版社(1976 年之后提升至 60%),其余的返回贝尔纳普运营资金。贝尔纳普出版社没有单独的员工,只有独立的账户。该品牌名称是瓦尔德伦·贝尔纳普自己起的,指定他的捐赠基金的收入用于"哈佛大学出版社以贝尔纳普出版社名义开展的出版活动"。(威尔逊在文字上稍做了调整,删去了"哈佛大学出版社"名字之前的"the",因为那时"哈佛大学出版社"已定名。)[40]

在遗嘱中,贝尔纳普说他希望"贝尔纳普出版社与哈佛大学出版社的关系,应尽可能类似于目前克拉伦登出版社的出版活动与牛津大学出版社的关系"。克拉伦登出版社品牌以出版具有持久重要性、学术卓越、制作精良、不计赢利与否的图书而闻名。这些原则也为贝尔纳普出版社所采纳。起先,当基金有限时,图书主题限于贝尔纳普自己的主要兴趣——美国历史与文明,但是捐赠人并未对主题设限;1961 年,出版范围就扩展到所有领域了。[41]

贝尔纳普为什么会留给哈佛大学出版社遗赠? 问得好。他肯定听说过威尔逊,也听说过威尔逊来社后的积极气氛。但是他跟威尔逊并不相识,不论是威尔逊还是哈佛大学理事会,事先都不知道会有这笔捐赠。[42]

当时,哈佛大学出版社的募款限于"哈佛大学出版社之友"项目,是出版社和弗雷德里克·刘易斯·艾伦领导下的调查委员会在大学的批准下重新启动的,七年里共为特定图书募款 4585 美元。1948 年春天,出版社启动了这一计划,向 131 位有捐赠可能的"友人"发出了多位调查委员会成员签署的信。附带的传单解释说,哈佛大学出版社缺乏捐赠,需要帮助。贝尔纳普是当时登记了的 24 个人之一;1948 年 5 月,他寄回了出版社事先填好了地址的明信片,签着"W. 菲尼克斯·贝尔纳普"的名字(朋友们称他为"沃利")。[43]显然他在 11 月没有回复寻求他对三种书进行支持的信。12 月 13 日,他签署了改变哈佛大学出版社历史的遗嘱。一年后,他死于慢性肺病。

但是故事并不限于此。哈佛收藏稿本和稀见图书的霍顿图书馆似乎发挥了重要作用。与詹姆斯·洛布和保罗·萨克斯一样,贝尔纳普为了追求兴趣,放弃了纽约的金融生涯。他回到哈佛研究建筑,住到波士顿的灯塔街,也研究殖民时期的绘画。[44] 为了给哈佛做点真正有影响的事情,贝尔纳普谋划了很久。在对艺术的研究过程中,他发觉由于资金匮乏,很多重要的原始资料都难以编辑出版。他曾与霍顿图书馆馆长威廉·A.杰克逊讨论过设立一个专项基金来出版哈佛收藏的稿本。杰克逊和霍顿图书馆印刷和平面设计部主管菲利普·霍夫使他将计划进行了扩展。[45] 所以贝尔纳普决定帮助哈佛正崭露头角的出版社,由此他一石二鸟,既回馈了哈佛,又支持了学术著作的出版。

然而他没有想过立即启动。在完成几笔遗赠之后,贝尔纳普决定将剩余遗产设立一个信托基金,其全部收入都给他的母亲。当她去世后,这笔信托基金的一半转给哈佛,其收入用于前面描述的出版事业。另一半将被三等分,其收入给他指定的人。当其中的两个受赠人去世后,相应的两份也将转给哈佛——到本书写作时尚未发生。这意味着贝尔纳普信托基金的 5/6 最终都将转给哈佛,用于贝尔纳普出版社。

轮到蕾·哈钦斯·贝尔纳普登场了。在威尔逊及其代表的不懈鼓励下,她决定亲自见证儿子的精神之子的诞生。1951 年,贝尔纳普去世一年半后,她拿出 10 万美元启动了基金。1954 年 3 月,贝尔纳普出版社宣布成立,其第一种书《哈佛美国历史指南》出版(该书在贝尔纳普去世之前很久就开始运作了)。贝尔纳普夫人开始建造儿子和自己的纪念碑了。其后五年间,她将贝尔纳普信托基金的收入转给哈佛,总计超过 50 万美元。威尔逊和董事会从收入中拿出 27.05 万美元转为基金本金。[46] 其余的投入贝尔纳普出版社 30 种书的出版,直到她于 1959 年 12 月 28 日去世(享年 86 岁)。

贝尔纳普夫人并不是一个很好打交道的人。她希望确认儿子受到了得体的纪念,并且贝尔纳普基金的使用是得当的。她需要被关注,且动不动就疑心被骗。处理与贝尔纳普夫人的关系在 1950 年代是威尔逊和他的代表(包括霍华德·芒福德·琼斯和设计师伯顿·琼斯)的重要工作。[47]

那个时期的困难在出版社的记忆中都褪色了,留下的只是贝尔纳普夫人的慷慨的历史性成果。她不仅使贝尔纳普出版社的项目提前启动,而且在去世前一周签署的遗嘱中,也把它列为自己的首要受赠方。她的遗产加上瓦尔德伦·贝尔纳普的一半遗产,在 1960 年代早期几乎为贝尔纳普出版社基金增加了 100 万美元。[48]某些股份,即一家名为哈钦斯联合股票协会的得克萨斯公司的股份,当时只有票面价值,但是带来了前面提到的 9/10 的石油开采费。哈钦斯联合股票协会在得克萨斯西部拥有一大片土地,租给了海湾生产公司,1981 年有 448 眼油井。[49]

捐赠本身(资本账户)的持续增长有多个原因。其一是根据贝尔纳普的遗嘱,每年都会将石油开采费存入。1982 年,哈佛售出得克萨斯南部一大片土地的地上权(同时保留矿业权),资本账户暴增 36.9 万美元。[50]

贝尔纳普出版社最大的项目是"亚当斯档案"和"约翰·哈佛文库"。没有贝尔纳普基金,哈佛承担不了这样的项目。此外,许多贝尔纳普图书本身就是很好的出版项目,不管有没有贝尔纳普基金都会出版。

《哈佛美国历史指南》就是其中之一,它集结了哈佛美国历史领域的最著名的学者。老亚瑟·M.施莱辛格从 1934 年开始就对这个项目产生兴趣了,当时哈佛从吉恩出版社获得了《美国历史研究与阅读指南》的版权。第二次世界大战之后,他和哈佛美国历史领域的其他教授决定编著新版。其全明星阵容在 1954 年版的书中可以看到:奥斯卡·汉德林、亚瑟·梅尔·施莱辛格、塞缪尔·艾略特·莫里森、弗雷德里克·默克、小亚瑟·梅尔·施莱辛格和保罗·赫尔曼·巴克。当时年仅 30 多岁的副教授汉德林和他的夫人、合作者玛丽·F.汉德林承担了大量工作。该书出版后,编者团队投票决定他应该获

得 40％的版税,其余的分成四个 15％。(巴克拒绝了版税,坦陈他没有
参加实际撰写。)[51]

　　1954 年出版的这本书在 20 年间售出了 2.2 万册精装版和 1.3 万
册雅典娜神殿出版社平装版。该书对于历史学科的重要性比销量显示
的大得多。66 篇关于历史研究和写作的文章几乎占到该书的一半篇
幅。其他部分是分成 25 个历史时期的关于数百个主题的书单。1974
年,哈佛出版了弗兰克·弗雷德尔主编的新版。

　　在 1950 年代,哈佛以贝尔纳普的品牌成为艾米莉·狄金森的出版
者。霍顿图书馆从这位诗人的继承人那里获得了她的文稿及其出版
权,以及所有已出版诗歌的版权。著名的文学史家、劳伦斯维尔中学教
师托马斯·H. 约翰逊担任编辑。[52]1955 年,三卷本《艾米莉·狄金森诗
集》出版,包括异文。该书为哈佛赢得了"凯里–托马斯创新出版奖"。
这个具有里程碑意义的版本第一次大致以时间顺序完整展现了这位诗
人的全部作品,而且尽可能忠实于原稿。同年,约翰逊的《艾米莉·狄
金森:一部阐释性的传记》出版;1958 年,约翰逊和西奥多拉·沃德编辑
的三卷本《艾米莉·狄金森书信集》出版。

"亚当斯档案"

　　名为"亚当斯档案"的丛书是以档案形式出版的史诗性作品。[53]丛书
品种不断增加,包括亚当斯家族三代的日记、信件和其他记录,似乎丛
书注定要持续到 21 世纪。这三代人即约翰·亚当斯、约翰·昆西·亚
当斯和第一位查尔斯·弗朗西斯·亚当斯,皆为美国历史上的领袖和
笔耕不辍的作家。亚当斯家族的后人起先小心地保护着这么多手稿,
1952 年决定将之公开以服务于历史。编辑工作于 1954 年 11 月在波士
顿的马萨诸塞州历史协会启动,后者此前长期充任这些档案的保管者,
很快也成为其拥有者。主编莱曼·亨利·巴特菲尔德(1909—1982)是
美国最有成就的学者型编辑之一,他将历史档案的编辑艺术提升到了
新的水平。

THE POEMS OF

Emily Dickinson

*Including variant readings critically compared
with all known manuscripts*

Edited by

THOMAS H. JOHNSON

THE BELKNAP PRESS
of HARVARD UNIVERSITY PRESS
Cambridge, Massachusetts
1 9 5 5

图 28　三卷本《艾米莉·狄金森诗集》获得了"凯里-托马斯创新出版
奖"。该奖以美国早期历史上的印刷商、出版商马修·凯里和以赛亚·
托马斯命名。在第一卷的扉页上,诗人的名字和贝尔纳普出版社的狮子
标志以红色显示。此书由伯顿·琼斯设计。六年后,"亚当斯档案"也获
得了"凯里-托马斯奖"

1961 年 9 月 22 日,首批四卷本《约翰·亚当斯日记和自传》以哈佛大学出版社之贝尔纳普出版社的品牌出版,并在马萨诸塞州历史协会举办了盛大仪式。协会主席托马斯·博伊尔斯顿·亚当斯在介绍托马斯·威尔逊时说,没有威尔逊的倡议,"我们今天就不会相聚在这里"。威尔逊的演讲全文如下:

> 女士们、先生们:
>
> 　我已经做了 31 年的出版人。如果我会被记得,我希望人们记得我是认识到必须以统一的格式排印出版高贵厚重的"亚当斯档案"的人。如此,它们才不致一卷卷地散落于多家出版社,重点、格式各不相同,失却公共影响和历史影响。我可以骄傲地说,哈佛大学出版社的同事们,以及我需对之负责的委员会与我有同样的感受。今天,是我的出版生涯中的伟大的一天。[54]

早在 1953 年,威尔逊就开始投身于这个项目。代表家族的亚当斯手稿基金会指定了编辑顾问委员会,其秘书由波士顿图书馆馆长和出版社未来的作者沃尔特·穆尔·怀特希尔担任。1953 年 2 月,威尔逊就开始与怀特希尔讨论这个项目了。[55]

当时人们认为,数家出版社将会参与其中,因为没有一家出版社或机构能够在没有大额基金资助的情况下,承担这么大规模的非营利编辑出版项目。不过,这种情况没有发生。[56]当时有两大问题:如何支付出版成本,以及如何对编辑工作付酬。[57]

列出巴特菲尔德及其助手在"亚当斯档案"项目启动后所做的工作,就可以看出历史编辑在哈佛出版的其他许多档案项目中的工作。这些工作包括:盘点现有材料并编目,估计有 30 万页手稿;在全世界搜寻未被亚当斯家族掌握的相关信件和其他文件(最终从美国、荷兰、俄罗斯等地发现了超过 2.6 万页的文件);将全部档案以出版为目的进行逻辑归类;挑选付印档案;识读并打印;有些人物、地点和典故相当琐碎又会令当下的读者困惑,编辑要挑出来并以脚注形式进行解释;撰写各卷的导言,从而为相关档案提供背景;为印刷商准备各卷书稿;校阅校样;编制索引。

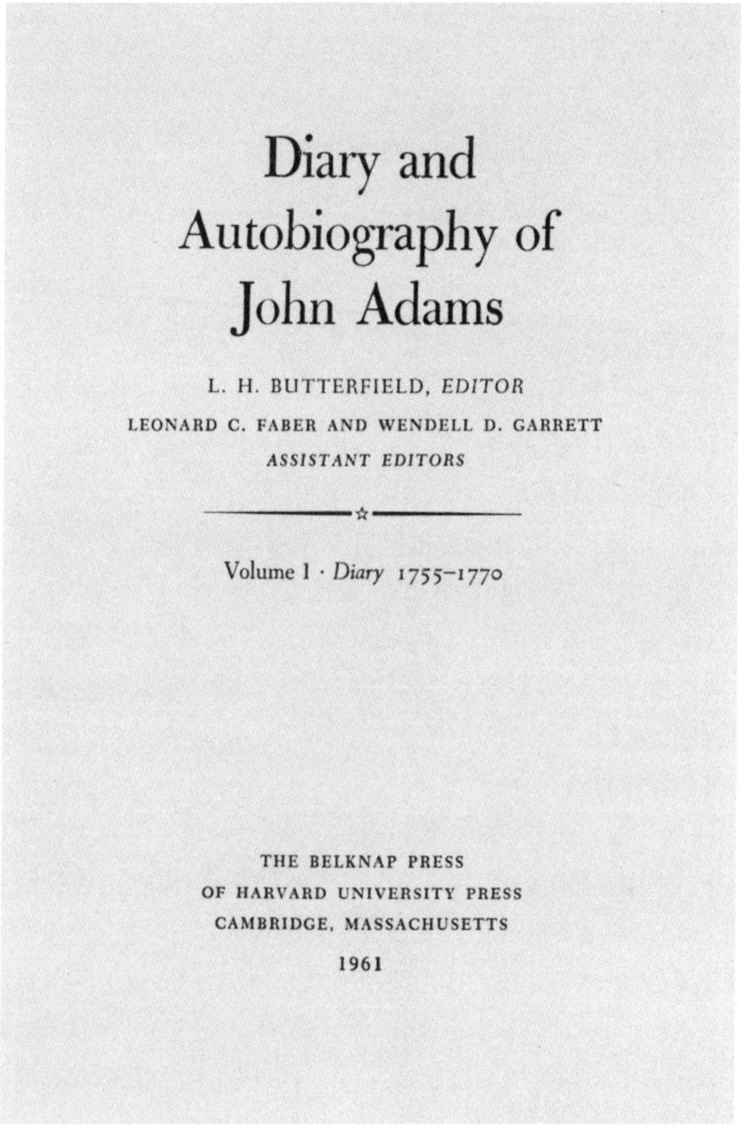

Diary and Autobiography of John Adams

L. H. BUTTERFIELD, *EDITOR*

LEONARD C. FABER AND WENDELL D. GARRETT

ASSISTANT EDITORS

———————— ☆ ————————

Volume 1 · *Diary* 1755–1770

THE BELKNAP PRESS
OF HARVARD UNIVERSITY PRESS
CAMBRIDGE, MASSACHUSETTS

1961

图 29 "亚当斯档案"的设计者为普林斯顿大学出版社的 P. J. 康克怀特、波士顿的鲁道夫·鲁奇卡和哈佛大学出版社的伯顿·L. 斯特拉顿。"亚当斯档案"的主编莱曼·巴特菲尔德认为康克怀特和鲁奇卡是在世的两位最杰出的设计师。字体是鲁奇卡的 Fairfield 中号。本图中的书名原本是绿色的

威尔逊在 1954 年 1 月迅速推进解决了第一个问题,即出版成本问题。当时,贝尔纳普夫人将要补充基金的收入,贝尔纳普出版社的第一本书也将在两个月后出版。即便如此,威尔逊的作为也是相当勇敢的,因为当时贝尔纳普基金的额度和进度并不确定。

他告诉怀特希尔,哈佛愿意自己承担风险和费用来出版"亚当斯档案"。[58]这甚至早于他获得出版社董事会、理事会以及哈佛大学理事会的批准。[59]他给普西校长写了一封长信,除了其他说明,还报告说耶鲁大学出版社已经非正式地告知亚当斯顾问委员会,"如果哈佛不能合作出版'亚当斯档案',耶鲁有信心找到必要的资源"。由此,他的计划获得了大学理事会的非正式批准。[60]

威尔逊也促成了第二个问题即编辑稿酬的解决。主要的推动者大家并不陌生,就是时代公司总裁罗伊·拉森。弗雷德里克·刘易斯·艾伦于 1954 年 2 月去世后,拉森再次成为出版社调查委员会的主席。5 月,威尔逊将拉森、怀特希尔和托马斯·亚当斯聚到了一起。[61]结果,时代公司出十年的编辑运作费用,买下了《生活》杂志的优先连载权。该协议于 1954 年 8 月签署,十年间共提供 25 万美元。最后,《生活》发表了五篇配图文章。[62]

《约翰·亚当斯日记和自传》获得了很高的评价。它使哈佛大学出版社第二次荣获"凯里-托马斯奖"。没有任何一家大学出版社两次获得这个奖项,即便是商业出版社也极少两次获奖。

六年后,威尔逊卸任,"亚当斯档案"已出版 13 卷,分为同时推进的四个子系列。[63]1968—1982 年又出版了 13 卷。哈佛的记录显示,截至 1982 年 6 月 30 日,贝尔纳普出版社的这 26 卷档案产出成本为 43.9 万美元(不包括间接费用),收入为 45.6 万美元。间接费用由哈佛大学出版社在总体上承担,因为贝尔纳普出版社没有自己的员工和办公场所;为负担这些费用,贝尔纳普出版社从运营基金中转过来 22.5 万美元。因此,贝尔纳普出版社的总支出是 66.4 万美元,收入是 45.6 万美元。[64]

图30　1961年10月3日,在《华盛顿邮报》图书午餐会上,约翰·F.肯尼迪手持托马斯·J.威尔逊送给他的"亚当斯档案"前四卷。总统发表了演讲,向与这个项目相关的每一个人表达祝贺,包括主编莱曼·巴特菲尔德,以及约翰·亚当斯总统(照片中挂着他的画像)的后代、马萨诸塞州历史协会主席托马斯·B.亚当斯。肯尼迪是这样开始的:"首先,我想对亚当斯先生说,非常高兴住在您家族的古老房子里,希望您能回家看望我们。"后来,他评价道:"我坚信,莱曼·巴特菲尔德和托马斯·亚当斯松了口气,但是压力还是很大——四卷已经出版,还剩80或100卷。显然,最艰苦的阶段已经过去了。"

"约翰·哈佛文库"

"约翰·哈佛文库"致力于使美国历史上有影响的图书复活,花费了更多的贝尔纳普基金。经过反复的讨论、论证和通信,文库于1960年启动,计划持续15年。贝尔纳普基金使该文库成为可能。首任主编是1940年代就策划了这一项目的霍华德·芒福德·琼斯。第二任(也是最后一任主编)是伯纳德·贝林。总计出版了81种,大多是在威尔逊时代。到1982年,虽然没有明确终止,但是文库也休眠了,这81种书产生成本107.2万美元(不包括间接费用),销售收入100.1万美元。贝尔纳普基金为该文库总计支出约159.06万美元(包括间接费用,转入了哈佛大学出版社的账户),亏损了50多万美元。[65]

虽然"约翰·哈佛文库"缺陷明显、历史复杂,但它为理解美国历史做出了显著贡献。如同"亚当斯档案",文库将历史资料呈现于当下。它对三个世纪的出版物进行了筛选,提供了精致的新版本。这些重要作品要么是买不到了或很罕见了,要么是虽然能买到但需要新的学术性导言(如《汤姆叔叔的小屋》和《联邦党人文集》)。文库有一个高规格的编委会,每一种书都由第一流的学者进行编辑并撰写导言。

文库里的大多数品种都卖得很差,甚至有些书还引起了笑话,特别是埃德蒙德·拉芬的《论钙质肥料》,其1832年版的出版是土壤化学史上的里程碑,但是其1961年版的销量却不到1000册。但是,哈佛版的《美国奴隶弗雷德里克·道格拉斯自传》卖了约6.3万册(精装版1万册、平装版5.3万册)。卖得好的还有哈罗德·弗雷德里克的《西伦·韦尔的堕落》、乔治·菲茨休的《都是食人者!》、梅森·魏姆斯的《乔治·华盛顿传》、安德鲁·卡内基的《财富的福音》。但是一般的书销量都在1500到2000册之间。到1982年,文库中一半的品种断版不印了。

很可能没有人认为"约翰·哈佛文库"达到了其远大的目标,而且实际上关于何为其远大目标,人们的意见也各不相同。是为了抢救作品免遭遗忘,还是为了出版美国的经典?换句话说,斯凯夫时期的"约

图 31 "约翰·哈佛文库"主编霍华德·芒福德·琼斯(左)正在向内森·普西校长展示文库中最畅销的《美国奴隶弗雷德里克·道格拉斯自传》

翰·哈佛文库"还只是一个寻求内容的丛书名,这种不确定性在威尔逊时代延续了下来,而且从没得到解决。这种本质上的模糊是一个悲剧性的错误。

还有其他问题,与第一个问题有关系,但本质上是外部的。这个项目在漫长的酝酿过程中,已被出版业的历史性变革抛在了后面。这就是平装本革命,特别是"高品质平装本"的出现,下一章我们将讨论这个问题。推广经理马克·萨克斯顿回忆说,他"一直反对'约翰·哈佛文库'","当我们这些书印出来的时候,其他出版社早就出版了平装本了。技术变革了。别人比我们更快,而且成本更低"。[66]

文库的分裂性特征及其比较劣势,都可以从詹姆斯·帕顿的一件事中看清。帕顿时任《美国遗产》的出版人,也是哈佛大学出版社调查委员会的活跃成员。1962 年,他计划向《美国遗产》的订户提供 22 种

"约翰·哈佛文库"图书,但是发现了所谓"从邮购角度来看几乎无法克服的问题"。他告诉威尔逊,他本以为文库是由原已绝版的图书组成的,但是"反而发现能以低得多的价格立刻买到多种图书的各种版本"。威尔逊回复说,哈佛正在努力确定文库的性质。[67]

霍华德·琼斯对较低的销量是这么看的:"文库卖得并不是很好。那又怎么样?也没人希冀它卖得好。首要目的是让那些重要著作以永久形式回归,因此图书馆可以充实它们的书架。"不过,琼斯认为哈佛没把文库做好。事后,他说"约翰·哈佛文库""失败于没有抓住平装本这个机遇"[68]。为了减少损失,哈佛确实以平装形式发行了 12 种图书(就威尔逊不出版平装书的政策而言,这是一个例外),而且总体上卖得比布面精装本要好。

在"约翰·哈佛文库"广受赞誉的书中,有一本使哈佛历史学家伯纳德·贝林成为出版社最著名的作者之一。琼斯 1962 年退休后,贝林成为文库主编。当时已出版 24 种,还有更多品种在出版过程中。他应琼斯所请已花数年为文库编辑一本文集《美国革命小册子》。第一卷涉及 1750—1765 年,出版于 1965 年。全书 800 页左右,贝林的导言就有 200 页。后来,他将导言扩充为一本书——《美国革命的思想意识渊源》,由哈佛以贝尔纳普出版社的品牌于 1967 年出版。为此,贝林于 1968 年获得普利策历史奖和班克罗夫特奖。

贝林按照琼斯的总体原则继续编辑"约翰·哈佛文库"。1966 年,编委会解散,查尔斯·沃伦美国历史研究中心接手。1969 年,威尔逊卸任后,哈佛把这个安排也取消了。[69]

公共关系

威尔逊时代,哈佛获得了四项普利策奖和八项班克罗夫特奖(对历史学家来说,班克罗夫特奖仅次于普利策奖)。上文已提到两种普利策奖图书,即梅斯的《埃德蒙德·彭德尔顿传》和贝林的《思想意识渊源》。另外两种与梅斯的书一样,也是传记,即哈佛学者沃尔特·杰克逊·贝

特的《约翰·济慈传》(1963)和恩斯特·萨缪尔斯的三卷本《亨利·亚
当斯传》(1948、1958、1964)。马克·德乌尔夫·豪的《大法官奥利弗·
温德尔·霍姆斯传》的前两卷于1957年和1963年出版,也提升了哈佛
在传记领域的声誉。豪于1967年去世,该书未及完稿。

　　获奖振奋了哈佛社的士气,也有助于维护与作者的关系。在威尔
逊时代,哈佛社还设立了自己的年度哈佛大学教师著作奖,以树立出版
社在哈佛人心中的形象。该奖于1956年启动,每年拿出2000美元,颁
发给哈佛教师在该社出版的"不论其研究领域之宽窄,但为知识和理解
做出了最大贡献"的图书。唐纳德·斯科特匿名捐赠了这笔款项。[70] 第
一个教师著作奖由哈利·A.沃尔夫森凭《教父的哲学》获得。1967年
斯科特去世后,他的遗孀露易丝·斯科特继续捐款,直到哈佛大学出版
社于1975年颁奖之后停办这个奖项。

　　1963年,华盛顿的白宫建立了一个小型图书馆,所选的全部1780
种书中,有110种是哈佛出版的,仅次于麦克米伦的124种,这使哈佛
社的声誉以另一种方式得到了提升。[71]

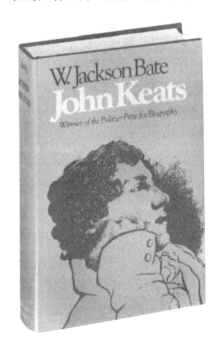

图32　《约翰·济慈传》,初版于1963
年,左图展示了为1978年第四次印刷
而设计的新护封。平装本封面同

April 1967: Extra

 # *The Browser*

A NEWSLETTER FROM HARVARD UNIVERSITY PRESS

Our first opportunity to observe Thomas J. Wilson closely, without being closely observed ourselves, came when he addressed a gathering at the American Academy of Arts and Sciences. He had just returned from a lengthy mission to the Middle East on behalf of Franklin Book Programs, Inc., of which he was then Chairman, and his subject was the distribution of American books abroad. His ideas were characteristically fresh and arresting. His delivery was faultless, and we instinctively believed everything he said. But what riveted our attention was the gentleman's garb, for he was dressed in an immaculate blue pin-striped suit and desert boots.

We bring up this business of the tan suede boots not because it is Mr. Wilson's habit to go about irregularly shod. Indeed, the boots have made no subsequent appearance, and to this day we have been unable to formulate a satisfactory explanation of their use on that occasion. Perhaps some prankster had hidden all his shoes. Our point, if we have one, is that it takes a man of character to make a good speech before an august body while clad in conspicuous footgear, and we remember the event as our first piece of real evidence that Thomas J. Wilson is a man with a forceful personality. The evidence, we might add, is mounting still.

It is our forlorn duty to report that Mr. Wilson will leave Harvard University Press next January, after twenty years as its Director. He plans to assume new responsibilities in the field of publishing, the details of which have not yet been announced.

Mr. Wilson led the Press during its great period of growth, 1947 to date, when distribution of the books published by us increased six-fold, and when many of our books helped to introduce new ideas into the curriculum. President Pusey, announcing Mr. Wilson's decision, said:

"In his long and influential tenure at Harvard, Mr. Wilson has well served the academic community of the nation and the world. He clearly has seen the University press as one of the primary tools of scholarship. He has set the highest standards of selection,

图 33　克里斯托弗·里德的散文风格的例子。哈佛大学出版社的月度通讯持续了六年，里德一直是其作者

哈佛大学出版社用心努力提升形象,不止于教师著作奖。1948 年,出版社在哈佛广场开了一间展示厅,起先位于顿斯特街 22 号,搬了几次之后,最终设在霍利奥克中心的拱廊。1959 年,出版社开始了每年宴请尼曼学者的惯例,有目的地结识这些记者。1965 年,出版社开始发行月度通讯——《博览群书》,六年间在哈佛内外获得了很多读者。

《博览群书》的匿名作者是克里斯托弗·D.里德,他于 1960 年作为图书旅行推销员加入哈佛大学出版社,1964 年起负责馆配服务。(他早期邮寄给图书馆的关于"洛布古典丛书"的一份邮件,花了 83 美元印制费,但是带来了 5 万美元的订单。)[72] 1968 年,他离开出版社加入哈佛校友杂志,但是继续为《博览群书》撰稿,直到 1971 年《博览群书》成为哈佛大学出版社财务危机的牺牲品。

注释:

1　威尔逊的这句名言通常被如此引用,如约翰·T.温特里希《哈佛社迎来 50 周年》,载于《出版商周刊》(1963 年 4 月 22 日),页 16。切斯科·克尔在《美国大学出版社报告》(纽约:美国大学出版社协会,1949)页 13 中提到,威尔逊是 1947 年说的这句话。20 年后,在致哈佛大学校长的一份类似的声明中,威尔逊将"破产"改为"在其财务能力允许的范围内"(致内森·M.普西,1967 年 7 月 14 日,大学档案馆普西档案:哈佛社编年文件)。

2　据董事会纪要(1948 年 2 月 25 日),此语出自威尔逊之口。出版品种的统计基于笔者对哈佛社年报的研究的估算,所有其他数据皆引自哈佛社记录。这 2300 种书不包括只在哈佛校内院系发行的图书(理事会不必评估)。例如,1966—1967 年的 144 种就不包括 21 种校内用书。(哈佛社有时在提到产量时也把这些书包括在内。)"出版"品种也包括进口书,即由国外出版商出版、哈佛社进口并发行美国版的书。在某些年里,进口书品种较多(如 1953—1954 年总品种是 117 种,其中进口书 33 种)。

3　T.J.威尔逊致董事会,1967 年 3 月 13 日(哈佛商学院档案馆斯科特档案："哈佛社杂项"文件夹);出版社理事会致大学理事会的备忘录,1967年5月23日,威尔逊执笔(理事会纪要,卷4,页154—156)。

4 关于公共关系,参见:托马斯·J.威尔逊《出版人有话说》,载于《哈佛校友会刊》(1949年9月24日),页19。引语来自哈佛社1965—1966年报,页5—6,此为威尔逊最雄辩的声明之一。

5 主要引自《美国名人传(1956—1957)》。传记细节见于多处,如:哈佛新闻通稿(1947年4月11日)、《纽约时报》1969年6月28日(威尔逊去世翌日)第31版。威尔逊的书由亨利·霍尔特出版。

6 费正清《中国回忆录》(纽约:哈珀和罗出版社,1982),页358。

7 N.M.普西致霍华德·芒福德·琼斯,1967年10月30日(副本存于普西档案)。

8 哈佛社月度资产负债表;董事会纪要,1958年5月8日;爱德华·雷诺兹致N.M.普西,1958年5月14日;大学理事会投票,1958年5月19日(普西档案)。

9 美国商务部统计局《美国历史统计:从殖民时期到1970年(第一部分)》(华盛顿特区:美国政府印制局,1975),页382—387。

10 董事会纪要,1964年9月28日。另参见:哈佛社1963—1964年报,页10。关于福特基金总体情况,参见:吉恩·R.霍斯《推动知识进步:美国大学出版手册》(纽约:美国大学出版社服务社,1967),页13—16。

11 《哈佛校友会刊》(1955年12月10日),页252。关于1940年代对办公场所的需求,参见:哈佛社1944—1945、1945—1946、1946—1947年报。关于朱伊特楼,参见:董事会纪要,1947年8月8日;理事会纪要,1947年9月19日、11月18日,1948年1月16日。关于1955年的迫切需求,参见:董事会纪要,1955年5月6日,以及哈佛社1954—1955年报。

12 董事会纪要,1955年9月23日、11月4日,1956年1月6日、1月26日;哈佛社1955—1956年报。关于建筑本身,参见:《哈佛大学手册》(哈佛大学,1936),页239;《哈佛教育胜迹》(哈佛大学,1949),

页 66。

13　最先建议命名为"基特里奇馆"的人已不可考,不过显然以下几人在命名过程中发挥了作用:爱德华·雷诺兹、托马斯·威尔逊、大卫·W.贝利(大学理事会秘书)、内森·普西校长以及普西的助理威廉·本廷克-史密斯。贝利致雷诺兹的一封有趣的信(1956 年 4 月 20日)存于普西档案。大学理事会于 1956 年 6 月 4 日批准命名。另见哈佛新闻通稿(1956 年 7 月 2 日)。

14　关于空间的紧张,参见:哈佛社 1957—1958、1958—1959、1959—1960 年报。关于空间的缓解,参见:哈佛社 1960—1961、1961—1962、1962—1963、1963—1964 年报。关于再度紧张,参见:哈佛社1965—1966 年报;董事会纪要,1966 年 10 月 28 日;以及上文注释 3 引用的 1967 年的文件。

15　哈佛新闻通稿,1948 年 1 月 4 日;《出版商周刊》,1952 年 5 月17 日。

16　马克·萨克斯顿 1973 年 11 月 5 日接受的采访。

17　关于科学出版,参见:迈克尔·A.阿伦森《在大学出版社出版科学图书》,载于《学术出版》,1973 年 10 月。关于哈佛社的科学图书,参见:J.D.埃尔德致笔者,1973 年 10 月 10 日;理事会纪要,1951 年 3月 1 日、4 月 12 日,特别是 6 月 14 日。关于联邦基金会,参见:上述纪要、1951 年 6 月 7 日纪要,以及哈佛社 1951—1952 年报。关于"哈佛天文学丛书",参见:理事会纪要,1951 年 11 月 8 日、12 月 8 日;董事会纪要,1951 年 12 月 20 日;特别是威廉·I.本尼特《关于该文件的备忘录》,1973 年 11 月 15 日。布莱基斯顿出版了"哈佛天文学丛书"的八个品种。截至 1982 年,哈佛社又出版了四种,而布莱基斯顿有四种书还在重印(新版),即弗雷德·L.惠普尔的《地球、月球与行星》、哈洛·沙普利的《星系》、巴特·J.博克和普利西拉·F.博克的《银河》以及劳伦斯·阿勒的《原子、恒星和星云》(原作者为阿勒和利奥·戈德堡)。哈佛社在该丛书中出版的第一种是塞西莉亚·佩恩-加波施金的《形成过程中的恒星》(1952),售出 1.27 万册精装版和 7.8 万册口袋书出版社的平装版。

18　伯顿·J.琼斯1973年12月6日接受的采访。

19　莫德·威尔科克斯1981年6月10日接受的采访;埃莉诺·多布森·丘尔1973年11月21日接受的采访。

20　T.J.威尔逊致董事会,1965年9月14日(斯科特档案:"哈佛社:与威尔逊的通信,1964—")。

21　董事会纪要,1950年4月28日、7月28日、10月27日。威尔逊1950年成为美国大学出版社协会的候任主席,1951—1953年任主席。

22　T.J.威尔逊致N.M.普西,1954年3月31日(普西档案)。大学理事会于4月5日批准。

23　哈佛社1966—1967年报,页3。威尔逊致唐纳德·斯科特,1958年9月5日(斯科特档案:"哈佛社—当前举措"),内含对史密斯在第一个十年工作的高度赞誉。

24　董事会纪要,1959年1月5日;大学理事会记录,1959年1月19日。

25　引自哈佛社1958—1959年报,页3。特定职责见于T.J.威尔逊《致哈佛社员工的重要备忘录》,无日期,但很可能是1959年1月(斯科特档案:"哈佛社人事")。

26　这五种书是费正清的《美国与中国》(7月11日评论见报)、露丝·费舍的《斯大林和德国共产主义运动》(9月5日评论见报)、西摩·E.哈里斯的《欧洲复兴计划》(11月7日评论见报)、海德·E.罗林斯编辑的《济慈交游》以及约翰·沃德·奥斯特罗姆编辑的《埃德加·爱伦·坡书信集》(皆于12月19日评论见报)。

27　关于此书的背景和内容,参见:费正清《中国回忆录》(上文注释6),页326—327。

28　哈佛社1949—1950年报。

29　在哈佛社关于凯利这本书的大量文件中,以下是特别重要的:T.J.威尔逊致艾米·凯利,1948年9月29日;理事会纪要,1949年1

月 10 日;哈佛社文件中的合同,1949 年 1 月 24 日;凯利致威尔逊,1949
年 6 月 9 日、11 月 16 日、12 月 5 日及 1950 年 6 月 30 日。另见《哈佛校
友会刊》(1950 年 11 月 11 日),页 156。

30　温特里希《哈佛社》(上文注释 1),页 18。准确地说,根据这篇
文章,威尔逊曾跟温特里希说,哈佛社在 1950 年左右不再"向作者要求
或接受现金资助以出版销售前景不好的学术图书"。艾米·凯利的书
不属于"销售前景不好"的范畴。起码笔者在哈佛社工作期间(1960—
1973),哈佛社员工绝对清楚社里完全禁止从作者那里收取现金资助。

31　理事会纪要,1943 年 9 月 7 日、10 月 11 日;R.L. 斯凯夫致 T.
J. 威尔逊,1947 年 3 月 17 日、3 月 25 日备忘录(哈佛社文件《供威尔逊
先生就任社长时参阅》);董事会纪要,1947 年 10 月 22 日,1964 年 3 月
30 日,1969 年 2 月 3 日、3 月 31 日。对于哈佛之外的审读者显然没有
限制,但几乎总是应用同样的上限。

32　理事会纪要,1950 年 3 月 28 日,1953 年 11 月 4 日、12 月 15
日,1954 年 7 月 8 日。

33　理事会纪要,1950 年 1 月 16 日,特别是 1950 年 3 月 28 日。

34　理事会接受了的教材的一个例子是《希腊语新编》,A. H. 蔡斯
与小亨利·菲利普斯编,哈佛社于 1946 年出版,1980 年代仍然在重印。

35　费正清《中国回忆录》,页 357—360。该中心组织的另一套丛
书"哈佛东亚专著系列",哈佛社仅负责发行而非出版,已超过 100 种。

36　理事会纪要,1948 年 1 月 16 日。用于编辑的资金由西奥多·
罗斯福纪念协会提供。

37　皆引自哈佛社两个厚厚的梅斯文件夹。

38　统计来源于大学提交给监事会的年度财报(1948—1949 年度
之前称为"司库报表"),以及哈佛社的年度统计报告,题为《贝尔纳普出
版社基金》(哈佛社会计文件)。例如,1966—1967 年财报中,贝尔纳普
数据在页 303,其他与哈佛社相关的数据在页 15、17、19、376。

39　哈佛社 1963—1964 年报,页 10;1965—1966 年报,页 7—8。

40　贝尔纳普遗嘱的誊本存于哈佛大学记录秘书办公室。(在哈

佛大学理事会文件中)哈佛社的"官方"名称是"The Harvard University Press",哈佛社自己直到 1940 年代末期还在使用"the"。

41 关于贝尔纳普出版社的指导原则,参见:董事会纪要,1952 年 3 月 4 日。当天的董事会批准了 T. J. 威尔逊关于克拉伦登出版社及其他方面的备忘录(1952 年 2 月 27 日,斯科特档案中存有未标日期的复印件),同时通过了斯科特关于成立贝尔纳普出版社的提议的决议。哈佛大学理事会于 1952 年 4 月 7 日批准。关于主题范围的问题,参见:哈佛社 1960—1961 年报,页 2。

42 T. J. 威尔逊,哈佛社 1963—1964 年报,页 9;T. J. 威尔逊夫人(即菲比·罗斯·威尔逊)1974 年 3 月 15 日接受的采访。

43 格蕾丝·A. 布里格斯 1973 年 12 月 5 日接受的采访;她的"友人"文件中的通信,特别是弗雷德里克·刘易斯·艾伦致小瓦尔德伦·P. 贝尔纳普,1948 年 3 月 31 日;贝尔纳普的明信片,邮戳日期为 5 月 27 日。关于总额 4585 美元的捐赠,参见:哈佛大学财报(从 1947—1948 年度至 1953—1954 年度,"当前使用的捐赠")。哈佛社在这一时期收到了许多针对特定图书的其他资助,但是显然不是来自"友人"。

44 关于生平叙述,参见:爱丽丝·温彻斯特《小瓦尔德伦·菲尼克斯·贝尔纳普(1899—1949)》,载于《小瓦尔德伦·菲尼克斯·贝尔纳普》(小册子,哈佛大学出版社之贝尔纳普出版社,1956),页 5—13。

45 威廉·A. 杰克逊《贝尔纳普出版社》,同前,页 15;T. J. 威尔逊《出版者序》,载于《一位传记作家的记录:威廉·A. 杰克逊选集》(哈佛大学出版社,1967);菲利普·霍夫 1982 年 3 月 16 日接受的采访。

46 董事会纪要,1957 年 9 月 27 日。贝尔纳普夫人的捐赠和每年收益的资本化金额在哈佛大学财报中有显示。

47 霍华德·M. 琼斯 1973 年 11 月 16 日接受的采访;伯顿·J. 琼斯 1973 年 12 月 6 日接受的采访;T. J. 威尔逊致 D. W. 贝利、威廉·本廷克-史密斯、爱德华·雷诺兹和詹姆斯·雷诺兹,1959 年 11 月 19 日(普西档案)。最多的困难来自小瓦尔德伦·P. 贝尔纳普的遗作《美国殖民时期的绘画:来自历史的材料》,由查尔斯·科尔曼·塞勒斯组织出版(哈佛大学出版社之贝尔纳普出版社,1960)。

48 蕾·贝尔纳普的遗嘱的誊本存于哈佛大学记录秘书办公室。资本增加值在哈佛大学财报中有显示。

49 第一国民银行(波士顿)老殖民地受托基金部高级受托基金经理罗伯特·L.韦勒姆1982年7月21日接受的采访;另见亨利·J.阿美拉尔(哈佛大学助理司库)致布莱恩·P.墨菲、斯凯勒·霍林斯沃思和乔治·普特南,1979年4月11日,特别是材料七,后者是罗伯特·韦勒姆一份未标日期的备忘录。哈佛的股份只是哈钦斯联合股票协会总股份的很小一部分。

50 布莱恩·P.墨菲致亚瑟·J.罗森塔尔,1982年2月16日。

51 1930年代,施莱辛格与哈佛社签订的合同在W.W.史密斯关于《哈佛指南》文件的备忘录(1951年1月11日)中有所描述。条款是2000册以下支付定价的10%作为版税,2000册以上为15%,这些条款也写进了1952年2月25日的最终合同里,该合同由威尔逊与这六位教授签订。关于版税的分配,参见:T.J.威尔逊致哈罗德·布莱亚(哈佛社总会计师),1954年5月25日。

52 理事会纪要,1950年3月28日。霍顿图书馆联系哈佛社探讨书信集的出版事宜甚至是在罗杰·斯凯夫卸任之前。

53 马克斯·豪尔《巴特菲尔德退休,泰勒被选为继任者》,载于《马萨诸塞州历史协会杂录(不定期出版)》,1975年3月。这份3000字的文件由该协会于1975年3月9日发布。

54 《"亚当斯档案":马萨诸塞州历史协会举办仪式(1961年9月22日)》(波士顿:马萨诸塞州历史协会,1962),页7—8。演讲稿又见于《马萨诸塞州历史协会会刊(73)》(1961),页119—150。

55 T.J.威尔逊,关于《回复:亚当斯家族档案及其出版可能性》的备忘录,1953年3月17日(哈佛社:社长文件)。

56 会议纪要,1952年8月9日,地点:马萨诸塞州昆西·亚当斯图书馆;另见洛克菲勒基金会备忘录,L.H.巴特菲尔德1952年撰,W.M.怀特希尔1954年3月修改(皆存于马萨诸塞州历史协会关于"亚当斯档案"的档案,总体情况,第 1 箱 A2 文件)。

57 关于历史编辑,参见:L. H. 巴特菲尔德载于《马萨诸塞州历史协会会刊(78)》(1966)页 82、86—87 的内容。

58 W. M. 怀特希尔致 L. H. 巴特菲尔德,1954 年 1 月 8 日、1 月 12 日,以及其后的通信,见于 A2 文件(上文注释 56 有提及)。

59 关于管理委员会,参见:理事会纪要,1954 年 1 月 19 日;董事会纪要,1954 年 1 月 22 日。

60 T. J. 威尔逊致 N. M. 普西,1954 年 1 月 26 日(副本存于哈佛社:"亚当斯档案"文件)。哈佛大学理事会于 1954 年 2 月 1 日批准。另见 T. J. 威尔逊与 T. B. 亚当斯 1954 年 2 月 16 日、2 月 26 日的通信,见于关于"亚当斯档案"的档案,总体情况,第 1 箱 A4 文件,以及哈佛社文件。

61 W. M. 怀特希尔致 L. H. 巴特菲尔德,1954 年 4 月 14 日、5 月 10 日、5 月 12 日,以及其后的通信(第 1 箱 A2 文件)。

62 亚当斯手稿信托基金会与时代公司之间的合同,1954 年 8 月 9 日(第 1 箱 A4 文件)。《生活》的文章载于 1954 年 10 月 25 日、1956 年 7 月 2 日、1961 年 6 月 30 日、1961 年 11 月 3 日、1962 年 5 月 25 日。

63 四个子系列为"日记""亚当斯家庭书信集""亚当斯政治书信集及其他档案""肖像"。

64 这是哈佛社根据"亚当斯档案"各卷的记录为笔者计算的。除了间接费用,成本数据还包括生产和广告。编辑工作是在马萨诸塞州历史协会由其资助来做的。由于国家历史出版和记录局的资助,生产成本减少了 4 万美元(贝尔纳普图书一般不接受来自其他外部资源的出版资助)。45.6 万美元这一收入数字包括 42.8 万美元的销售收入,以及贝尔纳普出版社分享的平装版和两卷本选集(《新闻周刊》出版)的收入。这些数据都不包括《阿比盖尔与约翰之书》(1975),该书源自"亚当斯档案",但是不属于这一丛书,也不是贝尔纳普图书。(根据哈佛社记录,该书的成本超过了销售和附属版权收入。)

65 由哈佛社计算。除了转入哈佛大学出版社总基金的 518451

美元,"约翰·哈佛文库"的成本包括生产、管理和编辑、广告和推广。

66　马克·萨克斯顿 1973 年 11 月 5 日接受的采访。

67　詹姆斯·帕顿致 T.J.威尔逊,1962 年 6 月 6 日;威尔逊致帕顿,6 月 8 日(哈佛霍顿图书馆詹姆斯·帕顿档案)。

68　霍华德·M.琼斯 1973 年 10 月 13 日接受的采访。

69　董事会纪要,1966 年 3 月 28 日、1969 年 10 月 20 日。

70　引自哈佛新闻通稿,1954 年 3 月 12 日。另见:董事会纪要,1953 年 9 月 25 日;理事会纪要,1953 年 12 月 15 日,1954 年 1 月 19日、2 月 3 日、4 月 2 日,1955 年 5 月 3 日。又见 1953—1954 年及其后的哈佛社年报。

71　马克·卡罗尔致各部门,1963 年 8 月 21 日。

72　吉恩·R.霍斯《推动知识进步》(上文注释 10),页 109。

第八章　平装本、《双螺旋》及其他

　　哈佛大学出版社吸引的来稿越来越多,威尔逊明确意识到他和马克·卡罗尔已经无力在接受或退稿之前对之进行有效处理。此外,他们还得为出版社的书单组来更多的好稿子。1960年代,在其他大型出版社的影响下,他开始将"书单建设"部分地授权给为此目的而选择的一些编辑,当时称为"专业编辑"。这标志着现代的、分化的编辑部门出现了(包括组稿编辑和书稿编辑)。

编辑职能的重构

　　最迫切的需求是处理大批的社会科学和人文学科书稿。威尔逊首先创设了社会科学编辑的职位。我从1960年7月1日开始担任此职,直到1973年转至哈佛商学院任职。

　　我是通过纽约都市区域研究项目来到哈佛的。该项目由哈佛公共管理研究生院执行,经济学家雷蒙德·范农担任项目主管,我担任编辑主管,所以我们都到了哈佛。该项目推出了10种书,都是由哈佛出版的。

　　社会科学编辑的工作职责主要涉及历史学、经济学和政府学图书。

目的是帮助决定出版什么,在决定出版之前与作者协作,以及在可能的限度内为哈佛组来可能投到其他出版社的好书稿。

随着出版社工作量的增加,埃莉诺·多布森·丘尔和莫德·威尔科克斯不得不聘用了更多的书稿编辑。到 1965 年夏季时,编辑部有 14 位全职员工(其中书稿编辑有 9 位),以及 6 位承担了不少工作的兼职编辑。但这并没有解决书稿积压的问题。1965 年 9 月,威尔逊向董事会报告说,除了"行政管理功能不足"(反映在他自己身上与丘尔夫人身上一样明显,或者更明显),"社长和副社长难以完全承担出版最重要的职能——选择书稿并向理事会提出出版建议。编辑部应该提供有力的帮助,但是目前这样运转的编辑部对此无能为力"。[1]

结果,在马克·卡罗尔的积极参与下,威尔逊聘用了大卫·H.霍恩担任负责编辑事务的助理社长,聘期自 1966 年 1 月 1 日开始。此前六年间,他在耶鲁大学出版社担任执行编辑,实际上就是首席编辑官(chief editorial officer)。卡罗尔在耶鲁的时候就认识霍恩了,是他把霍恩推荐给了威尔逊。霍恩精力充沛,极有条理性,是一位有说服力的作家,带有幽默的天赋,在大学出版界备受尊敬。他在耶鲁获得了英语博士学位,曾在密苏里大学和耶鲁大学讲授英语,在 1950 年代与耶鲁大学出版社逐渐建立了联系。他还曾为耶鲁的四个院系编辑图书。[2]

埃莉诺·丘尔在哈佛大学出版社做了多年的总编辑,在还有四年半才到退休年龄时,被任命为负责重大出版项目的总编辑。做了八年执行编辑的莫德·威尔科克斯,被任命为人文编辑,负责文学、哲学、古典学、艺术、音乐等图书。

霍恩自己接手了向编辑分派书稿的工作,并将重点放在压缩费用以及提高运行效率上。但是部门还在继续扩张,到 1966 年年底时,哈佛社每年出版约 130 种书,有了 24 位全职编辑,包括 14 位书稿编辑。[3]霍恩很快决定,他需要一位主任编辑来指挥书稿的流转并负责编辑办公室的行政管理。他聘用了迪米斯·麦克道尔·毕肖普担任此职,此前她在五家商业出版社和两家大学出版社做过编辑或行政助理。即便如此,理事会接受的书稿还是太多,在她的办公室堆得很高,等待编辑。

图34　1963年哈佛大学出版社50周年社庆时的三位领头人。这是在社长办公室。从左至右依次是:副社长马克·卡罗尔、副社长兼业务经理沃伦·史密斯和社长托马斯·威尔逊

自1966年开始,专业编辑(包括约瑟夫·埃尔德,他从1948年开始编辑科学类书稿)负责接收其领域内的所有来稿和选题计划并做出判断。这是一个大变革。马克·卡罗尔将前台收到的所有待处理的来稿都转到了我们的书架上。我们称之为"洪水"(The Deluge)。专业编辑可以根据自己的判断对作者说"不",但是当然不能通过此种方式"接受",我们只能建议社长推荐给理事会。为了支持自己的判断,我们还得安排外审。

编辑没有足够的时间,又希望成功组稿或者物色到书稿,这成为担心的来源。出版社早期的专业编辑淹没在来稿的审读和判断之中,还得应对在编辑过程中的图书不断出现的问题,这使他们无法将组稿排到最高优先级。我们也没有出差和招待的费用。我们向作者组稿主要限于哈佛教师和在本社出过书的作者。威尔逊不允许我们去找其他有

图 35　1963 年的编辑阵容。这是在出版社的会议室。从左至右依次是：科学编辑约瑟夫·埃尔德、执行编辑莫德·威尔科克斯、总编辑埃莉诺·多布森·丘尔和社会科学编辑马克斯·豪尔

图 36　1963 年，会议桌前从左至右依次是：生产经理伯顿·L. 斯特拉顿、助理业务经理格蕾丝·布里格斯、销售经理洛林·林肯和推广经理马克·萨克斯顿

图 37　大卫·霍恩，他于 1966 年从耶鲁来
到哈佛，成为负责编辑事务的助理社长

出版社的大学的新作者——如果一个芝加哥的编辑给哈佛的教授打电
话，他就会发脾气——但是他和我们所有人都想从哈佛最好的作者那
里获得更多。

　　1967 年，哈佛社设立了第四个专业编辑职位。积极进取的安·奥
尔洛夫做了大约十年的书稿编辑，由此成为行为科学编辑，负责社会
学、心理学和人类学图书。她也负责处理关于宗教的书稿。

平装本问题

　　在威尔逊时代，是否出版平装书是一个引起重大争议的问题。除
了一些特殊情况，威尔逊坚定地回答"不"。最后，在 1966 年，他报告
说，关于启动平装书产品线，他和卡罗尔"不那么反对了"，而员工们则
"一致赞成"。然而，到那时，哈佛社已经向其他出版社授予了 250 种图

书的平装版权,而哈佛平装书直到 1971 年才面世,那已是威尔逊卸任
三年多之后的事了。[4]

美国的平装书革命在威尔逊 1947 年到任之前就早已发生了,但是
学术出版社还很少介入。苏珊·朗格的《哲学新调》商业平装版的巨大
成功开始于 1948 年。虽然不是威尔逊将这本书授权给商业出版社的,
但是其年度销售数字一定令他印象深刻,新的知识类平装书的机会的
出现,可能也影响了他的行动。

机会是由 1953 年"高品质平装书"的到来所创造的。首先是双
日·铁锚图书,定价 1 美元。很快是哈珀·火炬图书、克瑙夫的佳酿图
书等许多其他品牌。此前,平装书是在报亭和香烟店售卖的,那时则出
现在书店里,而且越来越受到尊重。不久,平装书就主导了大学课程的
阅读书单和大学书店的书架。

大学出版社的在版书目包括很适合被低价版本赋予新生命从而流
传得更广的重要作品。[5]平装版可以比精装版定价低,不仅因为"封面"
更便宜,而且因为印量更大(因此每册书的成本更低)、版税更低,此外
精装版一般已经支付了选书、出版、推广、编辑和制版的成本。[6]

大学出版社在 1955 年就开始出版自己的平装书了。1959 年,有
12 家出版社参与,据说起先收效不一。到 1967 年,已有 37 家出版社进
入了这个领域。[7]哈佛大学出版社走了一条不同的路,不但由于哈佛有
很多商业出版社渴望获得的图书,而且是由威尔逊关于哈佛大学出版
社的功能的观念所决定的。他辩称,做平装书会分散哈佛的精力,偏离
其存在目的和擅长领域,即尽可能多地出版可以增加知识总和的原创
图书。他还辩称,出版平装书可能会导致哈佛丧失免税地位,当出版社
越来越繁荣时,就算不考虑平装版问题,这个可能的灾难也困扰着他。
他认识到如果哈佛自己出版平装书,作者可以获得更高的版税率,但是
显然他认为大型商业公司会卖得更好。[8]而且,哈佛的很多作者很乐意
在著名的平装书产品线出版作品,如火炬图书、铁锚图书、佳酿图书和
口袋书。所以他坚信应将平装版权出租,而且他授权给别人的好书越
多,就越难以改变这种做法,即使他想改变。

沃伦·史密斯和格蕾丝·布里格斯是哈佛重印版权和许可授权的传统护卫者,他们并不理解威尔逊的平装版策略。在1950年代威尔逊终结他们的计划之前,他们对平装版权的询价都是拒绝的,并最终撰写了一份哈佛重印图书的文件。史密斯辩称,哈佛不应该犯错误,不应该抵制这一明显的未来趋势。[9] 威尔逊则不同意这是未来趋势,并于1956年授权了《阿基坦的埃莉诺和四个国王》等书的平装版。1959年,接受商业出版社购买平装本版权成为哈佛的官方政策。

平装版政策的明确与马克·卡罗尔在哈佛社获得真正的权力是同时发生的,而且两个事件是相关联的。1959年1月5日,威尔逊将平装版议题提交到董事会,同一天董事会也批准卡罗尔担任副社长。董事会没有准备好就平装版策略做出决定,要求在下一次会议上进一步讨论。威尔逊指派卡罗尔对此进行研究并撰写一份可以提交给董事会的报告。

同时,在董事会此次1月会议与下一次的4月会议之间,威尔逊洽谈了两种特别重要的平装版权。前文已提到,他将《哈佛简明音乐词典》无限期授权给了口袋书。其后他征求了对洛夫乔伊的《存在巨链》(1936)的报价。子午线图书报价预付2500美元,这在1950年代已经算是很高了。兰登书屋报价3000美元,双日·铁锚图书报价3500美元,哈珀·火炬图书报价5000美元。威尔逊接受了火炬图书的报价。[10]

在报价过程中,卡罗尔提交了他的报告。他反对启动平装书产品线。他指出大规模出版平装书有可能成功,但是也提到了当时很多人提出的平装书市场的不确定性和风险。卡罗尔说,哈佛社员工已竭尽全力出版了比其他任何大学出版社都多的图书,其首要使命还是出版原创性学术作品。[11]

4月8日,威尔逊将这份文件提交给董事会并获得了批准。这个决议,特别是资深政治家唐纳德·斯科特的支持,为威尔逊提供了其后几年间在作者、教师和调查委员会面前为其政策辩护的强大武器。

1961年,《美国与中国》《美国与日本》的平装版授权给了维京出版社。截至当年年底,威尔逊和卡罗尔已经授权了大约50种图书给其他出版社。而且这一行动才刚刚开始。其后九年间,平均每年有 29 种哈佛图书以其他出版社的品牌出版了平装版。最多的是哈珀和罗、W. W. 诺顿、佳酿(当时已成为兰登书屋的一部分),但是从哈佛社获得最多平装版权的公司还是雅典娜神殿出版社(在 1960 年代占到总数的1/3),哈佛社于 1962 年 3 月与之达成特殊协议。

纽约的雅典娜神殿出版社于三年前成立。威尔逊的协议赋予该公司以所有已出(但尚未授权或有明确承诺)和即将出版图书的优先选择权(即"首先提出报价的权利")。联合声明开头就说,哈佛平装版"一般"以雅典娜神殿出版社的品牌出版。雅典娜神殿出版社同意每年至少出版 10 种。哈佛社对条款如果不满意,可以拒绝任何报价。雅典娜神殿出版社同意在每本书的封面和版权页上说明,该书首版由哈佛大学出版社出版——这个条款也许是威尔逊喜欢这份协议的原因之一。[12]

史密斯和卡罗尔都有疑虑。他们都担心其他出版社会有不好的感觉。史密斯认为这个协议没有给哈佛社提供任何特别的好处,所以完全反对。[13]但是,在斯科特的支持下,威尔逊说服董事会批准了谈判。[14]他说,这份协议可以使哈佛图书的平装版获得更大市场,包括很多断版书和其他公司不适合销售的书。对于其他出版社可能产生的负面反应,他也有所考虑,并采取在宣布之前给他们写信的方式加以预防,这封信将解释说哈佛社与雅典娜神殿出版社的协议不是独家的。威尔逊认为,该协议唯一的缺点是意味着阻碍哈佛社自己进入该领域,但是他以哈佛社不大可能走这条路为由对此未加考虑。[15]

在其后八年左右的时间里,雅典娜神殿出版社出版了大约 80 种哈佛图书的平装版。1970 年代,哈佛社收回来一部分(这是不符合威尔逊的哲学的),但是直到 1980 年还是有大约 60 种在雅典娜神殿出版社的书目里。很多书卖得不错,也有很多书卖得不好。迄今为止卖得最好的是约翰·M. 布鲁姆的《共和党人罗斯福》,雅典娜神殿出版社在拥有版权的 15 年里卖了 12 万册。根据另外一份协议,雅典娜神殿出版社击败霍顿-米弗林,支付 10.4 万美元买到了 26 卷本"亚当斯档案"的平装版权(收入的 80% 用于"亚当斯档案"的编辑运作)。但是只出版了

11 卷,因为销售情况实在太令人失望了(除了前 4 卷),没有理由再出版其他卷。

虽然哈佛大学出版社在 1960 年代中期发行了"缪斯文库"和"约翰·哈佛文库"中一些图书的平装版,但是威尔逊认为这并不是总体的平装版出版的前奏。[16]考虑到社长对其理念的坚守,以及他与其他出版社的合作,他在 1966 年遭遇社内类似起义的反抗时相当震惊。

多年以来,员工们一直对平装版策略不满。大卫·霍恩入社统领编辑事务后,也表示异议。他刚从平装书做得很好的耶鲁转任而来。而且,马克·卡罗尔也感到情况相对于 1959 年已经变化了,与雅典娜神殿出版社的协议也是一个错误,就不再激烈地反对出版平装版了。[17]1966 年秋,在威尔逊的允许下,霍恩从其他四个部门负责人那里收集了支持平装版的观点,连同他自己的观点一起进行传阅。霍恩说,其他出版社都没有后悔过实施平装版项目,而且很多都对此很热衷。他质疑哈佛社有没有利用其宝贵的在版书目来为自己和作者们谋取最大福利,也驳斥了大学出版社缺少必要的销售力量的说法,认为那是"商业出版社的谎言",他说不需要新的编辑,并得出结论说"风险很小,潜在收益很大,值得采取有前瞻性的管理模式"。[18]

威尔逊反应强烈。他在五份备忘录的页边写下了激烈的评论。在 11 月 23 日的部门负责人会议上,他断然拒绝了他们的主张。两天后,他让大家传阅了一份备忘录,他在其中为中断会议、看起来不够理智而道歉。他说他现在"犹豫不定",因为受到"你们,我的同事们"的强烈影响。他还说他们的备忘录"完全没有给出任何可以正式、坚定地提交给董事会和律师的政策和项目",也没有认识到"目前哈佛社的每一个部门都不够尽职的事实"。他请卡罗尔和霍恩写一份可以提交给董事会的计划。[19]但是他们觉得反正威尔逊还没有准备好尝试平装版,所以也就没有写。[20]

这时,威尔逊才在 1965—1966 年报中公开说,他不像以前那么反对了。当然,现在他知道变革是无法避免的了,而且也不会由他来做了。他已经决定卸任,而且这之后只过了一年他就告别哈佛社了。

《双螺旋》

威尔逊快卸任的时候,哈佛大学出版社历史上最奇怪的争论逐步有了结论。这就是《双螺旋》事件。哈佛大学出版社理事会三次批准该书,但是有两个人隔着大西洋针对这部书稿发动了一场"战争",而且奏效了,哈佛大学理事会采取了闻所未闻的行动——禁止出版。后来,该书在商业出版社出版了,而且成为畅销书。这件事使哈佛大学被动地受到关注,而且关于此事有太多误解。下文将概述一下主要的事实。

这本书的作者是哈佛大学的生物学教授詹姆斯·D. 沃森。1962年,34 岁的他与两位英国科学家弗朗西斯·H. C. 克里克、莫里斯·H. F. 威尔金斯由于九年前发现了 DNA(脱氧核糖核酸)的螺旋形分子结构而共同获得了诺贝尔奖。1960 年代中期,沃森写出了寻找 DNA 之路背后的故事,并将其不长的书稿命名为《诚实的吉姆》,而且在开头就写道:"我从来没有见过弗朗西斯表现出谦虚平和的态度。"剑桥大学的劳伦斯·布拉格爵士为之作序,而且始终坚定地支持这本书。

大约在 1966 年 1 月,出版社理事、比较动物学博物馆馆长恩斯特·迈尔使托马斯·威尔逊注意到了这部书稿。威尔逊发现书稿有误导性,而且容易引起法律纠纷,"但这是他 36 年出版生涯中读过的极少真正令人激动的书稿之一"[21]。他建议对书名等部分进行修改,并与沃森签了合同。沃森极不情愿地删掉了很多有风险的段落。威尔逊征询了法律意见,被告知如果没有克里克、威尔金斯和其他几个人的书面同意,就不应该出版这本书。[22]威尔逊认为书面同意是可以拿到的,出版社理事会便于 9 月接受了书稿。

威尔逊将新一稿寄给了克里克和威尔金斯,他们回应时都要求哈佛社放弃书稿。哈佛社拒绝了。[23]克里克显然对哈佛会考虑这么一部非正式的书稿很吃惊,便向还没听说过这本书的内森·普西校长表达了抗议。威尔逊为书稿辩护,校长告知克里克他认为自己不应该干预。克里克回复以刺耳之语,而且一再攻击。[24]他的说法是,一个科学家出版一本其合作者反对的回忆录是不道德的,而且书稿内容纯属八卦,却伪装成纪实作品,格调低俗,也侵犯了他的隐私。但是,哈佛大学内外的很多审读者认为故事扣人心弦,揭示了科学界的竞争,不会真正损害他人声誉,因为这是个人的记录而不是正式的研究报告,所以也不存在道德问题,这使威尔逊坚定了自己的观点。1967年1月9日,出版社理事会再一次支持了威尔逊。同时,威尔逊和出版社一位最好的编辑乔伊斯·贝克曼继续与作者一起进行修改,使书稿更容易被接受。

2月,莫里斯·威尔金斯也致信普西,呼应了克里克提出的道德问题,说稿子对他不公,也不准确。普西回复说,作为校长他不干预出版社的编辑判断。[25]

3月,沃森完成了"最终最终的"版本。威尔逊向普西报告说,如果这两位合作者仍然反对,他认为不得不请求校长给予"指导"。出版社理事会第三次批准出版,威尔逊报告说是"一致同意"。[26]但是两位合作者仍然反对,威尔逊跟一些理事说,他没有改变自己对这本书的观点,但是"灰心了,也有点厌倦了"。他跟一位律师说,他认为"有必要由普西校长亲自做出最终决定"。[27]

1967年年初的那几个月,关于沃森项目有很多通信。根据哈佛大学出版社档案4月19日的一份清单,有33位科学家和14位其他人士审读过书稿。这还不包括少数不认可的人,两次获得诺贝尔奖的化学家莱纳斯·鲍林就是其中之一,沃森在书中描述了他破解DNA之谜的失败。他向普西表达了不悦。[28]

克里克和威尔金斯终于发起了最猛烈的攻击。5月12日,威尔逊收到一封来自纽约的特快专递,信头赫然印着"保罗、魏斯、里夫金德、沃顿和加里森律师事务所"。该事务所说,在其客户看来,这部书稿是诽谤,侵犯了他们的隐私权。威尔逊必须在几天内来信说明已放弃出版,否则将提起法律诉讼。[29]

同一天,哈佛瑞格律师事务所(Ropes & Gray)的奥斯卡·肖应约给普西校长写了两封信。第一封信说,他已经告知威尔逊书稿中有些段落可能成为侵犯隐私和诽谤诉讼的基础,而且原告可能胜诉。第二封信中,他概述了来自纽约的信息,说它大大改变了问题的性质,出版这本书是不明智的,起码以其目前的形式出版是不明智的。[30]

威尔逊仍然没有放弃。他带着几位理事一起去了校长办公室解释他们的观点。但是其实已经没有挽回局面的机会了。必须意识到三个事实。第一,威尔逊说的不是出版社有权决定此事,相反,他规规矩矩地把决定权交给了哈佛大学理事会,虽然大学理事会并没有寻求这种权力,但是现在不得不回答可否出版。[31]第二,他们必须对会影响其评议的法律风险进行考虑,这也是事实。即便胜诉,也会带来不好的名声。第三,出版社理事们的立场也不是毫无保留的。恩斯特·迈尔后来写道:"虽然我们这些理事投票支持,但还是有几位不太喜欢这本书。"理事康拉德·布洛赫也获得过诺贝尔奖,他跟威尔逊和普西说,由于持续的反对,特别是威尔金斯的反对,他感到出版这本书会让出版社和大学处于不利地位,不得不在顶级科学家之间的严重争议中选边站。他希望这本书通过其他方式与公众见面。[32]

最终的决定就是通过这第三重考虑表述的。1967 年 5 月 22 日,校长将这个问题提交给哈佛大学理事会。第二天,校长致信威尔逊,其中并没有提到法律风险。他写道,经过长时间的认真考虑,大学理事会得出结论:"虽然这部作品明显有很高的价值,但是出版后会导致科学界的重大争论,而哈佛作为一所大学没必要介入。由哈佛大学出版社出版在某种程度上暗示着哈佛大学对沃森教授的支持,而他的观点又是被其前合作者激烈反对的,哈佛大学卷入这件事对他们来说似乎是不公平的,而且也不符合大学的长远利益。"[33]

威尔逊 6 月向出版社理事会通报了这一结论,表示希望这本书能由其他出版社出版。它确实出版了。威尔逊征得沃森的允许,将书稿转给了雅典娜神殿出版社。该社于 1968 年 2 月 26 日出版了《双螺旋》并取得了巨大成功。韦登菲尔德和尼科尔森出版社在英国发行了此书。不论是在美国还是在英国,都没有引起诉讼。显然,克里克的强烈愿望并不是彻底阻止出版,而是阻止由一所伟大的大学的声誉做背书的出版。

令人意外的是,哈佛大学理事会的举动一开始时逃脱了公众的关注。1968年2月13日,在该书快要出版之时,以及在《大西洋月刊》的两期上出现之后,公众才注意到。哈佛校报《深红》在第一页顶端以《大学理事会拒绝出版沃森作品》为题进行了报道。这则报道引起了广泛的连锁反应。例如,《纽约时报》的头版报道就是以《哈佛不能出版的书》为题的,《波士顿环球报》的社论则以《哈佛丧失了勇气么?》为题。[34]这些报道形成了一种总体印象,就是哈佛大学管理层突然主动介入,对一本书进行压制。几乎没有人提到法律问题。

公众对于这本"哈佛不能出版的书"的迟到的关注起码有一个明显的效果,就是让《双螺旋》卖得更好了。

在1980年代回首这出悲喜剧会感觉很平常,也能看清托马斯·威尔逊如果一开始就直接向沃森建议说他的书稿更适合一家商业出版社,那就会节省很多人的很多时间和精力,也不会引起那么多不快。有时他就是这么对待其他作者的。但是对于一位大学出版社社长来说,遇到由本校获得诺贝尔奖的教授所写的关于如此重要主题的书,既鲜活,又富启发性,且极具市场潜力,确实机会难得。

一个时代的结束

哈佛大学出版社1963年1月的50周年庆典,像1938年的25周年庆典一样受到了极大关注,但是也有一个很大的区别。前一次的主题是"希望",这一次的主题是"成功"。事实似乎验证了柯南特校长1938年的祝酒词"哈佛大学出版社的未来——实力雄厚、举足轻重、成就非凡"。晚宴在珍本书俱乐部举办,威尔逊曾在那里愉快地主持过董事会、理事会和调查委员会的许多次会议。威德纳图书馆还举办了一个展览。50周年纪念的主题延续到6月,哈佛社主办了美国大学出版社协会的会议。几乎同时,威尔逊回到教堂山接受了母校颁给他的荣誉学位。1965年,哈佛大学授予他人文学博士学位,由唐纳德·斯科特陪同,普西校长称他是"一位有同理心和想象力的学术成果的传播者、卓

图 38 1965 年 6 月,哈佛大学授予托马斯·J.威尔逊荣誉
学位。左边的陪同者是他的同事和好友唐纳德·斯科特

越的大学出版社的睿智领袖"。威尔逊卸任时,哈佛大学出版社在 55
年的历程中共出版了 4000 多种书,其中一半以上是他担任社长期间出
版的。

与哈罗德·默多克时期一样,在威尔逊治下,哈佛大学出版社启动
了很多新的丛书。其中四套特别重要的是:(1)"美国自由历史研究中
心丛书",由奥斯卡·汉德林创立;(2)"国会图书馆美国文明丛书",由
耶鲁的拉尔夫·H.加布里埃尔编辑,包括了托马斯·C.科克伦、弗兰
克·路德·莫特、奥斯卡·汉德林等人的著作;(3)"麻省理工学院和哈
佛大学联合城市研究中心丛书",由两所大学的出版社联合出版,包括
了詹姆斯·Q.威尔逊、雷蒙德·范农、斯蒂芬·A.特恩斯特伦、小萨
姆·B.华纳等人的著作;(4)"兰德公司研究丛书",包括约翰·R.迈
尔、约翰·F.凯恩和马丁·沃尔的《城市交通问题》,查尔斯·J.希契、

罗兰德·N.麦基恩的《核时代的防御经济学》。

大部分既有的丛书在威尔逊时期继续出新。规模最大的丛书——"洛布古典丛书"出版到近 440 卷,销售增长强劲,特别是在 1960 年代,1966—1967 财年的销售额高达 21.7 万美元,而罗杰·斯凯夫治下的最后一年仅有 3.2 万美元。"查尔斯·艾略特·诺顿讲座系列"在威尔逊时期出版了 13 种。卖得最好的(不一定是最重要的)是亚伦·科普兰、E. E. 卡明斯和本·沙恩的。"戈德金讲座系列"也出版了几种重要作品。最常被提及的是《大学之用》(1963),加州大学校长克拉克·克尔在书中分析了现代的"多元化巨型大学"。最引人注目的是 C. P. 斯诺的《科学与政府》(1961)。它是哈佛社第一本被"当月好书俱乐部"选中的书。销售经理洛林·林肯 1973 年退休时,人们问他,他在销售部工作的 28 年里,哈佛社的哪本书最受书店青睐。"C. P. 斯诺的那本。"他毫不迟疑地回答。斯诺在书中讨论了如何使科学家在政府中最有效而又最低风险地发挥作用。该书的哈佛常规精装版卖了 1.9 万册,"新美国文库"的平装版卖了 7.2 万册。

威尔逊时代的大多数图书都是出版社而非外部机构所有的,不过非自有图书还是不少。例如,在他治下,"哈佛经济学研究丛书"出版了大约 50 种,"哈佛历史研究丛书"和"哈佛历史学专著系列"出版了 66 种。出版社对非自有图书收取的佣金数额依然是一个麻烦的问题。1953 年,出版社将向校内院系收取的佣金从图书定价的 25% 提高到 30%,同时加收 5% 的生产成本。与杜马·马龙时代一样,院系对此反应很复杂,还引起了公开反对。这时就得适当妥协。[35]

威尔逊任期的后十年(1957—1967),关于每一种重要图书都有很多可写。其中的不少品种上文已经提到过了,其他一些包括劳伦斯·怀利的《沃克卢村》,沃尔特·穆尔·怀特希尔的《波士顿地志史》,托马斯·C.谢林的《冲突的战略》,鲁珀特·爱默森的《从殖民帝国到民族国家》,卡拉克·克尔、约翰·T.邓洛普、F. L.哈比森和查尔斯·A.迈尔的《工业主义与工业化的人》,威拉德·冯·奥曼·蒯因的《集合论及其逻辑》,以及卓越的不断出版的拉尔夫·瓦尔多·

爱默生的笔记系列的早期几卷（来源于霍顿图书馆的手稿，以贝尔纳普出版社的品牌出版）。

哈佛大学出版社时任理事写的两本书在出版社历史上有特殊的荣誉地位。一本 125 页，另一本 813 页。即：

1.《教育过程》(1960)，哈佛心理学家杰罗姆·S.布鲁纳著。其全球销量超过 70 万册，仅次于《哈佛音乐词典》。这本很小的书建立在这一著名的理念之上：可以在比通常认为的更小的年纪教会儿童某一学科的基础知识。该书出版 24 年之内，哈佛社卖出了大约 8.6 万册精装版，佳酿图书卖出了 35.3 万册平装版，哈佛平装版从 1977 年开始也卖了 3 万册。此外，大约 20 种翻译版的已知销量超过了 24 万册。

2.《动物物种与进化》(1963)，恩斯特·迈尔著。这本大部头的书是进化生物学的发现和思考的全面总结，是里程碑式的生物学著作。这本书也促使哈佛大学出版社开始区分进化论和动物行为这两个相近的领域并崭露头角，迈尔为此做了很大贡献。他于 1953 年获得哈佛教职，在哈佛比较动物学博物馆做了多年馆长。在他的领导下，哈佛大学很快发展成为基于进化理论的研究的中心。他也是出版社历史上最热心的理事之一。

威尔逊将越来越多的责任转给了马克·卡罗尔，因此卡罗尔到 1967 年已经成为类似于常务副社长的角色，负责监管会计和发货之外的一切事务。威尔逊也在年报中提携卡罗尔，还让他参与董事会涉及的业务问题并在 1962 年成为董事会秘书。[36]

威尔逊的历史地位部分地是由于他对图书出版业国际事务的参与。在他的指挥下，哈佛社成为最早将美国的学术真正推向世界市场的出版社之一。在当时和现在，国际销售收入都很重要，1966 年占到哈佛社总收入的 1/6。[37]哈佛社与另外六家大学出版社成立了国际图书出口小组（International Book Export Group，简称 IBEG），总部位于普林斯顿。（哈佛社继续通过牛津大学出版社在英国推广销售图书。）在 1960 年代早期，威尔逊担任了四年的富兰克林图书项目（Franklin Book Programs）的委员会主席，致力于促进欠发达国家翻译出版美国

图 39　1960 年代早期的部分图书

图书,推动当地出版业发展。威尔逊在该项目中参与的事务包括募集主要基金(如来自福特基金会的 100 万美元)和访问该项目在全球的 13 个运营办公室等。

　　当时,哈佛大学的政策是管理人员必须在 66 岁生日之后的第一个 6 月 30 日退休。沃伦·史密斯 1967 年 6 月 30 日从副社长兼业务经理的任上退休时,接替他担任业务经理(不兼任副社长)的是 1964 年以来担任总会计师的约翰·A.尼尔森。生产经理伯特·斯特拉顿和高级设计师伯特·琼斯都在法定退休年龄之前退休了。1967年接替斯特拉顿的是1965年以来担任助理生产经理的克里斯托弗·C.凯洛格。继任高级设计师的是1960年加入哈佛社的大卫·福特。威尔逊对于护封有固执的观点,比如他坚持认为作者的姓名应该与书名一样大,但是他不像1920年代的哈罗德·默多克那样对图书生产的美学有那么大兴趣。[38]

　　威尔逊按规定应该在1969年6月30日退休。1960年代中期,他意识到自己希望在其后继续从事出版工作,而且需要钱来培养两个孩子和支持前一段婚姻的家庭。1966年10月,他告知普西校长,他想在1968年年初或年中提前退休,以便再找一个财务回报更丰厚的工作。这比哈佛社关于平装本的抗议稍早一点,大约在哈佛大学理事会否决出版《双螺旋》之前七个月。

　　威尔逊的好朋友、运作"亚当斯档案"的副手马克·弗里德兰德曾在雅典娜神殿出版社工作,知道他的想法后便告诉了雅典娜神殿出版社。结果雅典娜神殿出版社的合伙人小阿尔弗雷德·克瑙夫和西蒙·迈克尔·贝西提出了一个威尔逊无法错过的岗位:担任这家纽约公司的副总裁兼高级编辑。1967年3月,他正式申请提前到12月31日退休,告知普西他得履新了,否则就得放弃这个机会。他建议马克·卡罗尔为继任者。在列举了16位其他潜在可能的候选人之后,他指出每个人都有不足之处,论称卡罗尔是"唯一正确的选择"。[39]

　　当时,87岁的唐纳德·斯科特正在西部的加州圣巴巴拉的家里。威尔逊给他寄了一份推荐卡罗尔的信的复印件。斯科特从那里致信普西,也推荐卡罗尔,说除了其他方面,卡罗尔还是一个性格坚强、信念积极的人,对出版的财务事宜相当熟悉,对若干学术领域也有同情之理解。他提示说不要从商业出版社招聘人来,那样会有损出版社的品质。[40]五天之后,1967年4月4日,唐纳德·斯科特去世了。

　　当时的董事只有六位了:董事长、1960年接替爱德华·雷诺兹担任哈佛大学行政副校长的L.加德·威金斯,托马斯·威尔逊,商学院院长乔治·P.贝克,法学院院长欧文·N.格里斯沃尔德,大学图书馆馆长默尔·费恩索德,经济学家、公共管理研究生院前院长爱德华·S.梅森。几个月之后,贝克卸任,由商学院的伯特兰·福克斯接任;格里斯沃尔德卸任,由法学院的阿奇博尔德·考克斯接任;奥斯卡·汉德林被任命填补斯科特的空缺。

威尔逊和斯科特最后的一项合作是共同请求大学管理层不要干预出版社的自然增长,他们预计到 1970—1971 年每年会出版 200 种书。他们一定有理由担心威尔逊退休后出版社会受到限制。1967 年年初,斯科特草拟了申请文稿。威尔逊对斯科特的笔记进行了编辑,连同他自己长长的备忘录于 3 月 13 日提交给了董事会,题为《出版社需要更多的人手和空间》。[41]他说出版社 1971 年之前起码还需要 22 个人,其中 9 人需要立即到岗。然后,一件相当奇怪的事情发生了。出版社理事会让威尔逊起草一份提交给哈佛大学理事会的备忘录,"细致解释出版社董事会的一致意见:不应该妨碍出版社继续自然增长"。威尔逊照做了,所有理事都签署了这份文件:W. J. 贝特、康拉德·E. 布洛赫、克莱恩·布林顿、小弗兰克·M. 克罗斯、约翰·P. 道森、伯特兰·福克斯、乔治·M. A. 汉夫曼、曼弗雷德·卡诺夫斯基、西蒙·S. 库兹涅茨、胡安·马里查尔、恩斯特·迈尔、约翰·W. M. 惠廷和主席威尔逊。出版社理事会直接请求大学理事会支持不是新鲜事,但是其他几次都是在逆境中。威尔逊被正式通知说,备忘录受到大学理事会的认真关注,其反应是完全正面的,但是没有采取什么措施,因为备忘录也没有提出什么要求。[42]

普西校长没有组织委员会来遴选新任社长。1967 年夏,他自己花了很多时间,发现卡罗尔确实是正确的选择,这令他很满意。他与威金斯、贝克、格里斯沃尔德、费恩索德和梅森等董事交谈,他们都与威尔逊一样支持卡罗尔。他还给其他 60 多个人写了信,包括其他大学出版社的社长们。9 月 13 日,他告诉大学理事会,没有收到一封反对卡罗尔的信。9 月 18 日,大学理事会批准了任命。[43]威尔逊在 1966—1967 年报(也是他的最后一份年报)中说:"当他获得任命的消息传到我们这里时，全社爆发出的欢乐无法描述。"他还说，卡罗尔"将会把出版社带到新的高度"。

威尔逊留下的出版社，有 300 万美元的年收入、很高的学术声誉、来自大学的有力支持、不少的现金余额、一笔捐赠、来自油井的收入、在版的 2500 种书以及雄心勃勃的增长计划。它也有很高的间接费用。但是没有将来可能需要的一些东西，包括计算机时代的足够的计算机设备以及平装书时代的平装本项目。还有一个重要的事实在那个繁荣的时刻几乎没被认识到：出版社库房中的成千上万册图书，有许多根本卖不出去。

在纽约，威尔逊在新岗位上可以投入地工作的时间太短了。1969年 6 月 27 日，威尔逊因心脏病发作而去世，享年 66 岁，比他在哈佛的法定退休日期还早了三天。

注释：

1　T.J. 威尔逊致董事会，《关于哈佛社编辑部的建议》，1965 年 9 月 14 日（哈佛商学院档案馆斯科特档案："哈佛社，与威尔逊的通信，1964—"）。

2　霍恩的任命及其带来的变化在哈佛社新闻通稿（1965 年 12 月 3 日）中宣布，在哈佛社 1965—1966 年报中（页 1—2）也有描述。

3　哈佛社 1965—1966 年报，页 2。

4　引自哈佛社 1965—1966 年报，页 11。关于平装本的统计是笔者的估计，基于对哈佛社授权给其他出版商的图书的卡片目录的检查。

5　对大学出版社来说，平装不是新工艺。根据切斯特·克尔的《美国大学出版社报告》（纽约：美国大学出版社协会，1949）页 126 所述，1948 年大学出版社大约 27％ 的图书是以平装形式发行的。不过，这些只是小册子和其他出版物，不是针对新的平装本市场的。

6　切题的讨论可参见：马歇尔·A. 贝斯特《在出版界，他们称之为革命》，载于《美国的阅读大众》（纽约：R.R. 鲍克出版社，1963；基于《代达罗斯》杂志 1963 年冬季号的研讨），页 72—75。

7 吉恩·R.霍斯《推动知识进步:美国大学出版手册》(纽约:美国大学出版社服务社,1967),页6。

8 高品质平装书出版商一般支付图书零售价的 7.5%,而哈佛社与作者平分此项收益。关于托马斯·威尔逊对平装书政策的简明清晰的陈述,参见:哈佛社 1963—1964 年报,页 16—17,以及约翰·T.温特里希《半个世纪的哈佛社》,载于《出版商周刊》(1963 年 4 月 22 日),页 21。

9 W.W.史密斯致笔者,1982 年 8 月 2 日;格蕾丝·A.布里格斯 1974 年 1 月 5 日接受的采访。

10 哈佛社洛夫乔伊文件,1959 年的通信,包括 T.J.威尔逊致 W.W.史密斯,2 月 27 日;史密斯致威尔逊,3 月 4 日;梅尔文·阿诺德致威尔逊,3 月 9 日、3 月 30 日;威尔逊致阿诺德,3 月 11 日、3 月 26 日。合同签署于 3 月 30 日。

11 马克·卡罗尔致 T.J.威尔逊《高品质平装书的出版》,1959 年 3 月 16 日(复印件存于斯科特档案:平装书),页 3—4,特别是页 6。

12 哈佛社合同文件及"雅典娜神殿出版社项目(1961 年—1962 年 3 月)"文件中的通信。该合同由小阿尔弗雷德·克瑙夫代表雅典娜神殿出版社于 1962 年 3 月 6 日签署,威尔逊于 3 月 15 日签署。五年之后,该合同将以两年为单位自动延长,除非被取消。笔者未发现取消的记录;显然当哈佛社决定进入平装书市场时,双方直接默认该合同已经无效了。雅典娜神殿出版社于 1962 年与普林斯顿大学出版社达成了类似的协议,后者也比大多数大学出版社更晚全面进军平装书出版领域。

13 马克·卡罗尔致 T.J.威尔逊,1962 年 1 月 11 日;W.W.史密斯致威尔逊,1962 年 1 月 16 日。

14 董事会纪要,1962 年 1 月 22 日;唐纳德·斯科特致 T.J.威尔逊,1962 年 2 月 16 日。

15 威尔逊手写的笔记,未标明时间,但显然是为董事会准备的;另见 T.J.威尔逊致小阿尔弗雷德·克瑙夫,1962 年 3 月 5 日(副本存于哈佛社文件）。

16　董事会纪要，1965 年 3 月 8 日。

17　马克·卡罗尔致 T.J.威尔逊，1966 年 12 月 13 日（哈佛社文件："哈佛平装书—历史"）。卡罗尔 1982 年 7 月 16 日告诉笔者，"与雅典娜神殿出版社的协议以及其他出版商在平装书上的成功"使他改变了想法。

18　大卫·霍恩致 T.J.威尔逊等十人《平装书问题》，1966 年 11 月 21 日。销售经理洛林·林肯在备忘录中呼吁"全速"启动平装书，以使哈佛社在班级采购市场、大学书店和一般书店里更好地竞争。

19　T.J.威尔逊致 W.W.史密斯、马克·卡罗尔、大卫·霍恩等九人，1966 年 11 月 25 日。

20　大卫·霍恩致马克·卡罗尔，1966 年 12 月 13 日；卡罗尔致 T.J.威尔逊，同日。

21　T.J.威尔逊致恩斯特·迈尔，1966 年 9 月 2 日；引自威尔逊打印版笔记（1966 年 7 月 4 日，哈佛社文件：《沃森〈双螺旋〉，1966》）。

22　瑞格事务所的奥斯卡·M.肖致 T.J.威尔逊，1966 年 8 月 29 日（哈佛社文件，1966）。

23　F.H.C.克里克致 T.J.威尔逊，1966 年 10 月 10 日；威尔逊致克里克，10 月 14 日；M.H.F.威尔金斯致威尔逊，10 月 17 日（哈佛社文件，1966）。

24　普西与克里克 12 月与 1 月的通信存于普西档案（哈佛社文件夹）。

25　M.H.F.威尔金斯致 N.M.普西，1967 年 2 月 2 日；普西致威尔金斯，2 月 20 日（普西档案）。

26　T.J.威尔逊致 N.M.普西，1967 年 3 月 24 日、4 月 14 日（副本存于哈佛社 1967—1968 年沃森文件）。

27　F.H.C.克里克致 J.D.沃森、T.J.威尔逊和 N.M.普西，1967 年 4 月 13 日，以及 M.H.F.威尔金斯致 T.J.威尔逊，1967 年 5 月 4 日（普西档案及哈佛社 1967—1968 年文件）；威尔逊致康拉德·布洛赫、约翰·P.道森、曼弗雷德·卡尔诺夫斯基及恩斯特·迈尔,1967 年 4 月 17 日;威尔逊致 O.M.肖,4 月 18 日(副本存于哈佛社文件)。

28　L.C.鲍林致 N.M.普西,1967 年 4 月 25 日(普西档案)。

29　小罗伯特·H.蒙哥马利致哈佛社,1967 年 5 月 11 日(哈佛社文件)。

30　肖写于 1967 年 5 月 12 日的信存于普西档案。

31　威尔逊希望校方决定此事,不仅见于上文已引用的信,而且见于 1967 年 6 月 12 日的理事会纪要。该纪要说,出版问题"由出版社理事会呈送给了校长,而校长则将该问题提交给了大学理事会"。

32　恩斯特·迈尔致马克·卡罗尔,1968 年 3 月 8 日;康拉德·布洛赫致 T.J.威尔逊,1967 年 5 月 19 日(哈佛社文件),一份也提交给了普西校长。

33　N.M.普西致 T.J.威尔逊,1967 年 5 月 23 日(哈佛社文件)。

34　《纽约时报》,1968 年 2 月 15 日;《波士顿环球报》,1968 年 2 月 16 日。亦可参考 T.J.威尔逊(2 月 19 日)、塔尔科特·帕森斯(3 月 2 日)和 J.K.加尔布雷斯(3 月 9 日)刊于《深红》的信。

35　董事会纪要,1953 年 9 月 25 日、10 月 30 日、12 月 3 日;理事会纪要,1953 年 11 月 4 日;哈佛社 1952—1953 年报,页 653。对于非哈佛的赞助人如联邦基金会和大都会艺术博物馆,佣金定为销售收入的 40％和生产成本的 5％。1964 年,提高到 45％加 10％(董事会纪要,1964 年 9 月 28 日)。

36　卡罗尔接替了 1948 年起担任秘书的大学财务人员查尔斯·C.派恩。

37　哈佛社 1965—1966 年报,页 9。

38　琼斯有 6 本书入选美国平面艺术学会的年度"50 本好书"巡展。福特有 3 本。福特继续担任高级设计师,直到他 1974 年离开哈佛社,其后他成为哈佛社和其他出版社的兼职设计师。哈佛社的生产文件包含了一份威尔逊致琼斯和福特的非常犀利的关于护封的备忘录(1960 年 9 月 28 日)。

39　T. J. 威尔逊致 N. M. 普西,1967 年 3 月 13 日、3 月 16 日(斯科特档案:"哈佛社—杂项")。

40　唐纳德·斯科特致普西,1967 年 3 月 31 日(副本存于前述文件)。

41　同上。

42　理事会纪要,1967 年 5 月 23 日。关于大学理事会的反应的记录见于理事会纪要(卷 4),页 154—156。

43　普西提交大学理事会的信息以及他关于 1967 年 6 月、7 月的活动的记录,存于普西档案。

第九章　危机与重组(1968—1972)

出版最高品质的学术图书实在昂贵,这在如今的时代会带来亏损。但是如果首先让财务人员来判断一家学术出版社成功与否,那么它很快就不再是学术出版社了。[1]

——L.H.巴特菲尔德致博克校长,1972 年 2 月

不能简单地视哈佛大学出版社为商业实体,这一点我与你意见一致。它是哈佛大学学术事业非常重要的组成部分。然而,哈佛大学出版社的亏损实在太大了,如果大学财力紧张到一定程度,出版社的亏损必将伤及学校其他教育项目。[2]

——博克校长致 L.H.巴特菲尔德

1968 年 1 月 1 日至 1972 年 2 月 18 日,马克·卡罗尔担任哈佛大学出版社社长共 4 年 49 天。其间,出版物的品种依然较多,质量也较高。然而,自卡罗尔的第一个完整财年开始,哈佛大学出版社分别出现了 4.3 万、22.09 万、54.82 万、34.99 万美元的亏损。这一方面是由于恶化的外部条件,当时所有的大学出版社都深受其害。另一方面也是由于继承自威尔逊时代的政策、人员,以及不得不记作亏损的库存。此

外,哈佛大学出版社不断增长的营运资金贷款的利息,以及通过大学的计算机来处理订单的昂贵费用,也对此有所影响。

从历史证据可以看得很清楚,卡罗尔热衷于沿着托马斯·威尔逊开启的路径推进,但是面对出版社财务情况的恶化,他在调节速度、体量等方面动作迟缓。威尔逊式的扩张主义过去了,但是出版项目有其自身的动力——已接收的书稿、已签订的合约、高速运转的项目,这种动力并不容易反转,特别是如果人们还是在期待新的繁荣就在眼前之时。因此,虽然销售收入是平稳的,但是员工规模还在继续扩大,各种花销持续增长。甚至尽管有来自贝尔纳普基金和得克萨斯石油资产的收入,但是由于贝尔纳普项目都旷日持久,连贝尔纳普出版社的独立账户都出现了亏损。最后,卡罗尔也开始下大力削减开支。然而,这些举措还是有点晚了,也不那么奏效,要是他和助手们能对未来做出更准确的年度和月度预测就好了。

由于这场财务危机,本章不仅记录了出版方面的成就,还记录了导致卡罗尔被免职的一个又一个麻烦。这是哈佛大学出版社自1942年战争时期的危机以来最为震荡和混乱的时期。与1919年和1942年的危机不同的是,1970年代早期的这场危机被公开了,而且成为哈佛大学和出版界议论纷纷的话题。

图　书

1924年4月25日,马克·苏立文·卡罗尔生于波士顿。作为哈佛大学出版社第六任社长,他也是第一位从社内一步步成长起来的社长。他1943年从波士顿拉丁学校毕业后,在军中服役四年,1950年毕业于哈佛大学。他在大学期间就是《波士顿邮报》的通讯员,毕业后成为波士顿一家广播电台的新闻编辑。1951年修完拉德克利夫出版课程后,他在耶鲁大学出版社做了五年的推广经理。但是,他的目标是哈佛大学出版社,从1956年开始,他先任威尔逊的助理,后任副社长,极度热爱工作,执行力极强,随时准备承担责任,广交哈佛内外朋友,因此才43岁就当上了社长。

图 40 哈佛大学出版社第六任社长马克·
卡罗尔

在卡罗尔治下,哈佛大学出版社出版了 580 种新书和再版书。年均 140 种,较威尔逊的最后四年年均多 10 种。1970—1971 财年,也是哈佛大学出版社亏损最大的一年(达到 54.82 万美元),出版了创纪录的 163 种。[3] 此前,品种最多的是 1967—1968 财年,出版了 144 种。

据我计算,哈佛大学出版社前 60 年(1913—1972)总共出版了大约 4800 种图书。(加上本书未论及的 1973—1982 年,总品种数略超 6000 种。)

除了在数量方面,卡罗尔治下的哈佛大学出版社在品质方面也是光彩熠熠,虽然好景不长。1971 年出版了多种极其重要的书。在卡罗尔离任前三个月,哈佛大学出版社还出版了一部该社史上最受赞誉的著作——约翰·罗尔斯的《正义论》。

罗尔斯是哈佛大学的哲学教授,撰著《正义论》已有多年,他关于这一主题的文章早已受到关注。人文编辑莫德·威尔科克斯跟进着罗尔斯的进度,也阅读了书的初稿,作者本倾向于在其母校普林斯顿出版,也经莫德说服而改到哈佛了。罗尔斯在该书中发展了作为"公平"

(fairness)的正义(justice)的概念。此前,功利主义被普遍视为道德哲学的主要传统。他论证了功利主义无法为政治权利或关于何为正义的直觉观念构建稳固的基础。他的替代性方案是历史更为悠久的社会契约论的传统,并加以解释、辩护和改造。该书获得了多个奖项,销量远超 10 万册。[4]

1971 年的另一部书是哈佛动物学家爱德华·O. 威尔逊的《昆虫社会》。这部书进一步提升了哈佛大学出版社在进化论和动物行为领域的地位,这也是 E. O. 威尔逊在哈佛出版的第一部书。在《纽约时报·书评周刊》重点推荐该书的文章中,版面被长长的蚂蚁队伍隔成了两栏。威尔逊同意在哈佛社出版,一方面是由于恩斯特·迈尔的影响,另一方面是出于对哈佛社 1967 年出版的卡尔·冯·弗里希的《蜜蜂的舞蹈语言和定向》的敬意。两书都是由大卫·福特设计的。出版社最初联络威尔逊的是默里·查斯顿,由于联邦基金会的支持,查斯顿刚刚被聘为生物医学编辑,他的到来使专业编辑增加到了五位。威尔逊在《昆虫社会》中用 560 页、258 幅图探讨了群居性黄蜂、群居性蜜蜂、蚂蚁、白蚁的博物学和生命周期。他的最后一章"统一的社会生物学的前景"预示了他的后续图书。

1970 年,威尔逊在《昆虫社会》即将完稿时,接替恩斯特·迈尔进入出版社理事会。同年,哈佛社以《人口、物种与进化》为题,出版了迈尔 1963 年的《动物物种与进化》一书的简写版,删掉了一些术语,扩大了读者范围。为此,迈尔请了一位没有生物学背景知识的编辑,并坚持要她对所有不理解的段落进行质疑。编辑南茜·克莱蒙特接受了这个任务。卡罗尔时期还出版了另一部重要的欧洲动物学著作的美国版——迈尔的老朋友康拉德·洛伦茨的《动物与人类行为研究》。

1971 年,在拉德克利夫学院的赞助下,哈佛社出版了三卷本的《美国著名女性传记辞典(1607—1950)》,由老亚瑟·M. 施莱辛格策划,爱德华·T. 詹姆斯和珍妮特·W. 詹姆斯编辑。该辞典包括 1359 位女性的传记。类似图书从未出版过。在拉德克利夫学院的出资支持下,编辑工作始于 1958 年。托马斯·威尔逊 1959 年抛出橄榄枝并签约,贝尔纳普出

图 41　E. O. 威尔逊在哈佛社出版的第一
本书,出版于辉煌的 1971 年

版社最终负担沉重的出版费用并向拉德克利夫学院支付版税。

　　也是在 1971 年,哈佛社进入了平装书市场,这要比其他主要的大学出版社晚了 10—15 年。1970 年,卡罗尔认为时候到了。他跟董事会说,哈佛社的许多作者和员工强烈要求正式启动平装书项目,而且他认为这将"以极少投资带来所需的收入"。[5]1971 年 1 月,董事会予以批准,卡罗尔创立了哈佛平装书产品线。哈佛社开始从商业出版社收回平装书的版权。

　　以卡罗尔的助理之一——克里斯托弗·伯恩斯为首的一个平装书委员会努力使首批 10 种哈佛平装书在当年 5 月出版。没有聘用额外的人,没有占用额外的办公空间,更没有威尔逊和卡罗尔之前的争执。春季书目印得早,没提到这 10 种书。秋季又出版了 11 种,全部 21 种就一起宣传了。平装书突然进入国内书店,销售人员非常高兴。哈佛平装书一开始就非常成功,卡罗尔在1970—1971年报(也是他的最后一份年报)中说,平装书为哈佛社的整个出版版图带来了"急需的灵活性"。

哈佛社幸运的是有理想的书作为平装书的第一种。费正清刚完成第三版的《美国与中国》("美国外交政策丛书"中最畅销的一种),正好能赶上1971年春季出版,哈佛社决定同时发行精装版和平装版。因此,该书可以立即被教学采用,出版后一年半之内就卖了大约4万册平装版。第10种也是一本新书——哈佛医学院精神病学家莱斯特·格林斯彭的《反思大麻》。第一年的所有其他品种都选自哈佛社的在版书目,包括伯纳德·贝林的《美国革命的思想意识渊源》、切斯特·巴纳德的《经理人的职能》、亚瑟·洛夫乔伊的《存在巨链》、苏珊·朗格的《哲学新调》以及艾米·凯利的《阿基坦的埃莉诺和四个国王》——这些书好像注定要一直卖下去。

卡罗尔时期,哈佛社还出版了其他一些卓越的图书,包括哈佛经济学家西蒙·库兹涅茨的《各国的经济增长》、范德比尔特大学经济学家尼古拉斯·乔治斯库-罗金的《熵定律与经济过程》、哈佛商学院哈里·列文森的《卓越的经理人》、威斯康星大学 G. 托马斯·坦瑟雷的《美国图书品牌研究指南》(这是许多制作昂贵但被专业读者热情接受的贝尔纳普出版社项目的一个例子)、拉乌尔·伯格的《国会对陈最高法院》等。伯格是一位退休的纽约律师,后来成为哈佛法学院的研究员,在1970年代又写了《弹劾》《行政特权》《司法的统治》等三部书名应时的书。在卡罗尔时期,法律史是一个活跃的主题,1971年还启动了一套新丛书——"哈佛法律史研究"。另一套丛书"哈佛城市史研究"大约也在同时启动。

基特里奇馆之内

每个社长都需要他信任的能干助手,他得愿意听这个人的意见,而且能够一起工作。卡罗尔特别需要这种支持,尤其是在业务方面,当然也包括其他领域,但他并非总能如愿。卡罗尔后来说:威尔逊和卡罗尔治下的

图 42　首批 10 种哈佛平装书销路很好,带来了 1971 年的丰收

出版社"组织性相对不足",受制于"不充分的沟通"。[6]1971 年秋,他聘用了布莱恩·P. 墨菲担任运营经理,负责完善财务管理并控制成本。这对哈佛社来说是成功之举,但对保住卡罗尔自己的职位来说则太晚了。

卡罗尔 1968 年被提拔为社长时,任命霍恩为副社长,直到他离任时,霍恩一直担任副社长。卡罗尔寄希望于由霍恩来改进和掌管编辑部门,这本身就很艰巨了,又让他担任理事会的秘书。卡罗尔没有像威尔逊在 1960 年代赋予他本人的那样,赋予霍恩对于出版社运营的总体上的权威。卡罗尔和霍恩之间关系冷淡,两人在后来的采访中都确认了这一点,但是其原因我们不清楚,或者起码太复杂,本书无法厘清。霍恩致力于提高编辑运作的效率,但是他对结果一点也不满意。他试图加强计划性(设定目标、报告进度),但是无力推行改革。霍恩认为,整个出版社也缺乏计划性。[7]

在卡罗尔治下的大部分时间里,与他最亲密的部门负责人是推广经理科斯特洛·毕肖普。哈佛的社长们到任时,总想在推广上发力。罗杰·斯凯夫和托马斯·威尔逊如此,马克·卡罗尔也是如此(后来的亚瑟·J.罗森塔尔也不例外)。卡罗尔最早的行动之一就是重组推广部。做了15年推广经理的马克·萨克斯顿离开了,被一个纽约来的人所取代,这人却只待了几个月。卡罗尔又任命毕肖普担任此职,他原来是纽约的广告销售员,在剑桥的一个教材开发公司也工作过,他的妻子是哈佛社的主任编辑迪米斯。

毕肖普于1968年11月接手。他组建了热情洋溢、士气高涨的年轻团队,还增加了哈佛被图书俱乐部选中的图书品种,选择了波士顿的奎因与约翰逊广告公司来取代纽约的富兰克林·斯皮尔公司。1970年,卡罗尔为他创设了助理社长一职,让他管理推广和销售两个部门。1971年春,当财务问题急剧恶化时,社长让他担任董事会秘书,进入高层。很久之后,卡罗尔在一次采访中评论说,相较于所用的推广费用,毕肖普的方法并没有提高销售收入。

克里斯托弗·伯恩斯是另一位一度获得卡罗尔信任的新人,上文提到了他与平装书的联系。1970年2月,卡罗尔聘用伯恩斯担任社长助理,这与伯恩斯之前在耶鲁大学出版社的职位一样。

当然,"社长助理"在级别上要低于"助理社长"。卡罗尔就任时已经任命了两位助理。一位是他原来的秘书罗伊斯·沃瑟斯庞,负责安排日程、处理信件、处理翻译和重印版权,并被赋予有关"出版社的运营活动"的模糊职责。另一位是娜宁·K.哈钦森,她掌握了比职位更大的权力。哈钦森曾在推广部工作了大约十年,开创了出版社在学术会议上频繁展示图书的做法,并被提拔为助理推广经理。她作为卡罗尔的助理的新职责包括从各部门收集信息,以提出关于印数、装订数、定价、给书店多大折扣以及何时重印还是任其断版的建议(这些建议通常都会被卡罗尔所接受)。[8]

克里斯托弗·伯恩斯是另一种形式的助理。他对出版社的运作进行调研,提出关于财务、客户关系和订单处理的改进建议。他的部分主张得到了实践,但是遇到了巨大的阻力。他最持久的贡献是创立了平装书项目。在出版社服务一年半之后,伯恩斯于 1971 年 8 月离开了。

1971 年年初,哈佛大学出版社有 140 多名员工,也就是说在卡罗尔就任三年来增加了大约 30 人。那一年出版的书很多,大多数员工都忙于辛苦工作,很少有人探听卡罗尔和董事会之间发生了什么。有些人会回忆说,那是一个为成就而骄傲的时期,哈佛大学出版社是"一个理想的工作单位"[9],把卡罗尔时期看作悲观纷扰的时期是不对的。悲观主要在 1972 年降临,而内部的纷扰则早已存在。

1970 年 3 月,商学院哈里·列文森的四位博士生提交了对哈佛大学出版社进行五个月的调研之后得出的结论。[10] 他们开展了大约 50 次面谈,还说服 93 位员工填写了问卷。他们发现了一个一致的主题——为高品质学术图书出版事业而工作,但是关于"哈佛大学出版社是什么"这个问题的回答则意见纷纭。根据这份报告,基本的问题是"哈佛大学出版社在哪里,它要到哪里去,对于这些问题有潜在的担心和困惑"。部门之间的沟通很少,因此"缺乏为共同的工作共担责任的意识"。还有,"出版社里存在着没完没了的不必要的敌意"。调研者建议哈佛大学出版社定义其目标,进而为达到该目标而制定政策。员工们对这份报告看法不一。[11]

卡罗尔自己也对内部沟通非常忧心,遂于 1971 年 1 月 19 日向"所有员工"发布了一份言辞激烈的备忘录。他说,调和不能达成共识的人和团队所占用的时间令他吃惊。"我们在世界领先的出版社、伟大的教育机构工作,但是各种各样的中伤、攻击和争吵把我裹挟其中,这降低了我们在自己和公众眼中的水准,这一事实非常清楚,但是常常被自证清白的尝试所遮掩。"

预算和亏损

卡罗尔从另一个方向也被击中了。出版社的董事会逐渐丧失了对他评估和改进财务状况的能力的信心。

先前,托马斯·威尔逊掌控着局面,唐纳德·斯科特也站在他这一边,出版社的繁荣被认为是理所当然的,所以董事会也没什么需要管的。董事会甚至不看年度预算。但是,现在一个年轻人接替了威尔逊,董事会感到一种新的责任感。

除此之外,福克斯、考克斯和汉德林这三位活跃的新董事都对出版社有浓厚的兴趣。伯特兰·福克斯教授是商学院的研究主管,刚刚结束他在出版社理事会的任期。阿奇博尔德·考克斯是法学教授,后来做过水门事件的检察官,在1960年代早期担任美国司法部副部长时曾做过出版社调查委员会的主席,他的《沃伦法院》很快将在哈佛出版。奥斯卡·汉德林做了两届理事,在哈佛出版了8本书,还编辑和指导过历史系和美国自由历史研究中心的许多书。福克斯、考克斯和汉德林加入了董事长L.加德·威金斯和董事爱德华·S.梅森、默尔·费恩索德、卡罗尔的团队。

董事会担心出版社管理问题的核心原因是预算和决算之间的鸿沟。年度亏损相当严重,但是对卡罗尔的职位构成更大威胁的是"年度意外"。确实,在开始一年左右并没有值得警惕的东西。1967—1968财年,销售额达到创纪录的314.9万美元,稳固的利润达到4万美元,略高于卡罗尔的预期。即便如此,董事们还是要求报告关于月度趋势的更多信息,要求提交用以衡量绩效的目标数字。1968年10月,在福克斯的动议下,董事会坚持要求提交年度预算并由其批准。[12] 在后面的三年,在不断变化的情况下制定仅具大致可靠性的预算,让卡罗尔和出版社的财务人员应接不暇。因此,出版社丧失了其财务可信性。

1968—1969年,卡罗尔预计还会有盈余。但是冬季和春季销量突然下滑,所以12个月的总额仅有321万美元,比前一年高得不多。不过工资和其他成本增加了,所以出版社遭受了4.3万美元的亏损,这自1950年代以来还是第一次发生。

1969—1970年,预算不得不在1969年春季提交,较该财年的开始早了三个月,连这一年能出版什么书还不完全清楚呢。这是董事会纪要里发现的第一个上报的预算。它预测销售额将大幅增长,并出现1

万美元的盈余。[13]但是这一年的销售收入上下震荡,最终大幅下滑,12
个月的总额仅有 304.7 万美元。这样的销售额下跌幅度,卡罗尔在哈
佛社的 14 年里几乎是第一次遇到。1970 年 3 月 2 日,该财年还剩四个
月,出版社就预测将亏损 2 万美元。5 月 18 日,该财年只剩六个星期
时,卡罗尔提交了修正后的预算,预计亏损 5.15 万美元。[14]而实际的亏
损达到 22.09 万美元。

1970—1971 年,最初的预算继续预测了 1 万美元的盈余。前五个
月的销售数据较前一年大幅增长,好像要验证预算似的。然而,随后书
店退回了极大量的图书,这就减少了销售总额。同时,出版社的成本继
续快速上涨。1971 年 5 月,距离该财年结束还剩两个月时,出版社预测
将亏损 14.85 万美元[15],而实际的亏损最终定格在 54.82 万美元。

1971 年 3 月,谁都没有想到过 1970—1971 财年的亏损会超过 50
万美元,甚至在出版社做出 14.85 万美元的亏损预测之前,卡罗尔就不
得不提交后一年即 1971—1972 财年的预算。这一次他没有预计盈余,
而是预计亏损 13.5 万美元。这是现实的,也是刺激性的。当时,出版
社董事会已经亏够了,哈佛大学管理层也是如此,因为亏损的美元是从
大学的口袋里拿的。据说即将卸任的内森·普西校长被赤字"吓坏"
了。[16]哈佛大学理事会驳回了预算。加德·威金斯也将卸任副校长,他
在 5 月 7 日召开的一次董事会特别会议上告知卡罗尔,赤字预算不可
能被批准。他让卡罗尔取消旅行计划,直到准备好一份能被接受的收
支平衡的预算。卡罗尔感到自己被置于进退两难的境地,只好简单地
修改了一些预测以使预算平衡。实际上,他跟董事会说过:"好吧,既然
你们要的是收支平衡的预算,那我就给你们一份吧。"这也并没有被愉
快地接受。一年多之后的计算显示,1971—1972 财年的实际亏损是
34.99 万美元。[17]

卡罗尔离任后,哈佛大学出版社继续亏损了两年,这也说明了当初
那份平衡预算的不切实际。1972—1973 年亏损了 11.05 万美元,
1973—1974 年亏损了 7.93 万美元。

截至 1971—1972 财年,这四个财年一共亏损了 116.22 万美元。

由于在亏损之前出版社有相当多的盈余,因此在大学账簿上的负损益也小一些,为95.9万美元。[18]加上卡罗尔离任后的两年亏损,累计负损益是114.88万美元。出版社一共花了七年时间来偿还哈佛大学这笔钱。

大学管理层和出版社内部的许多人都看不懂卡罗尔时期令人惊讶的亏损额。显然,收入增长缓慢,但是人工成本和其他运营费用快速增加了。这没什么神秘的。但是还有一些影响收入和支出数据的财务因素则没那么显而易见。

首先,收入增长缓慢。销售收入在威尔逊的最后四年里增长了57%——涨幅大大超过了100万美元。而在卡罗尔的四年里只增长了16%,从314.9万美元增长到366.3万美元。这一涨幅大部分也是由图书定价的提高带来的。[19]伴随着全国经济的不确定性,销售收入上下震荡。从客户那里收款也成为一个问题。书店的退货则没想到会那么多。学生的抗议和校园的"政治化"可能也影响了图书的销量,不过这些难以计算。卡罗尔多次向董事会说明,其他出版社也遇到了经济难关。确实如此。人们通常认为,学术出版的总体销售困境也与1969年起投入大学和图书馆的联邦预算的削减有关。[20]

那几年,来自基金会的补贴的减少也影响了收入。特别是威尔逊时期,福特基金会的29万美元资助推动了许多销售前景不好的图书的出版,但是每年仍有利润,现在则完全没有了。贝尔纳普基金还有,否则出版社出不了那么多、那么好的书;但是贝尔纳普基金只用于支付贝尔纳普项目的成本。(卡罗尔刚离任后的几年,梅隆基金会给予一些大学出版社重要捐赠,哈佛得到了25万美元。)

影响赤字的三个不那么明显的因素是:年久滞销的库存作为废品被报废的要求、债务利息和计算机梦魇。

库存的报废常常被误解。

出版属于制造业。制造商通常都是从银行贷款来投资商品生产。出版社的银行就是大学。出版社从哈佛司库借款来投资于运营,提款减去作为存款的收入,成为循环的借款,主要以库存的价值来担保。制造完成的货品,卖不出去则必须看作损失。长期以来出版社记录这种损失的办法是,在出版之后第六年将没卖出去的图书的全部成本注销。为了提供足够资金以覆盖预期的注销,出版社每个月要向一个库存储备账户转账。这种转账也是开销,与其他开销一样会在每个财年结束时进入损益表。

关于 1970—1971 年 50 万美元的赤字,出版社内外都认为大部分是由于库存的报废。实际上,哈佛大学的一份学生报纸在 1972 年就报道了出版社的一位领导曾谈及这种效应。[21]据说注销金额超过 30 万美元。这是错的,这是对 1970—1971 年一份审计报告的错误解读。出版社的记录(以及这份审计报告本身)表明,实际上记作花销的注销金额是 9.6 万美元。[22]这是到当时为止注销金额最大的一年,但是卡罗尔时期也没有比威尔逊时期大很多。由于卡罗尔时期产量的增加,后来又发生了更大的注销额。事实上,最大的一笔年度注销金额 29.5 万美元出现在 1976—1977 年,恰好是在创了产量纪录的 1970—1971 年的六年之后。[23]

利息支出对赤字的影响要更大些。就像联邦预算包括国家债务的大笔利息一样,出版社的支出也包括从大学获得的循环借款的 50 万美元以上部分的(用于营运资金的)利息,而这笔利息在卡罗尔时期大幅跃升。在出版社出现 54.82 万美元赤字那一年,仅借款利息就高达 14.45 万美元。在总赤字 116.2 万美元的四年间,利息一共花了 47.16 万美元。而此前四年,利息只有 13.38 万美元。当然,其原因是出版社支出增加导致从大学获得的借款本身快速增长了,而转为存款的收入谁也没想到会那么少。1960 年代一直维持在 100 万美元上下的借款在威尔逊的最后一年里保持增长,在卡罗尔时期持续增长,直到 1970—1971 年超过了 300 万美元,甚至在 1972 年 6 月达到了创纪录的 343.6 万美元。(1982 年 6 月是 210.7 万美元。)

计算机问题不好计算,但是在导致支出增加的同时也影响了销售。

威尔逊治下不断扩张的出版社需要更高效地处理大量的纸头工作,便越来越多地使用了哈佛大学计算中心。计算中心与出版社一样,是威金斯副校长分管的机构。在卡罗尔时期,出版社想购买一台自己的计算机,但是威金斯没有批准。计算中心遇到的财务问题比出版社后来遇到的还要大,所以它特别需要出版社的业务。因此,被图书订单淹没又不知所措的出版社把所有的发票功能和库存记录功能都转给了计算中心。[24]

估算这项安排最终的净成本——与其他系统比较而言的优点和缺点——太复杂,本书难以胜任。起码实际支付给计算中心的费用是精确的。计算中心的记录显示,1968年2月—1972年6月,出版社支付给计算中心26.6万美元。其中,8.6万美元用于系统分析和编程,18万美元用于计算机的使用和数据处理。出版社仅在1969—1970财年,也就是出现22.09万美元赤字那一年,就支付给计算中心10.4万美元。

计算机问题还产生了间接成本。1969年夏季,系统投入运行时的错误太多了,以致出版社库房的发货有好几个月一塌糊涂。订单积压得令人震惊,客户的抱怨淹没了销售部。出版社的士气也很低落。业务人员非但没有通过引入电子系统而减少,反而增加了不少人,他们要把图书订单填进合适的表格,先是给库房,再给计算中心。

也有人尝试改进出版社和计算中心的关系,但是这两个机构极不信任对方,而且不管怎样,严酷的现实是对他们不利的。当时,将计算机技术应用于业务的做法还处于早期阶段。而且,在任何阶段——甚至是1980年代——困难都是常见的。哈佛大学出版社遇到的麻烦是一个经典的案例。出版社没有建立数据处理系统的经验。计算中心则昧于业务流程,至于具体到出版流程,经验就更少了。[25]

卡罗尔的助理克里斯托弗·伯恩斯推荐了马萨诸塞州劳伦斯的商业公司——因派克斯技术公司(Technical Impex Corporation),这家公司既有计算机也有仓库,而且为一些出版业客户服务过。伯恩斯和卡罗尔引入了这家公司来处理他们1971年春季启动的平装书系列。

1971年5月7日的董事会,就是要求卡罗尔准备一份平衡预算的那一次,是将出版社从顶峰掀到谷底的经济浪潮开始或骤然强化的信号。

会后第三天,卡罗尔向出版社理事会宣布,哈佛与其他许多出版社一样遇到了困境,财务状况需要政策上的变化——也就是说,如果"销售预期或财务支撑不足以使出版社收支平衡",将会减少向理事会提交的书稿品种。[26]这项新政策为专业编辑增加了他们原本并不熟悉的职责。他们再推荐书稿时,不得不附一张预算表,其中一栏标明预期收入(也就是预计销售册数乘以折后定价),另一栏标明生产部门估算的成本以及间接费用、版税和广告预算。这个办法是为了使收入和支出平衡——起码是在纸面上。

整个出版社都被要求提出省钱的建议方法,一份包括 27 项建议的清单也在社内传阅。[27]每年与尼曼学者的聚餐和给他们免费样书也停止了。电话分机的数量减少了;长途电话也不鼓励打了。出版社也不怎么派人员参加美国大学出版社协会的年会了。《博览群书》也被放弃了,这一被广泛阅读的销售和公关利器在出版社最需要它的时候被终止了,大家都感到很失望。

聘用运营经理的关键一招也在做了,因为董事会认为卡罗尔应该找到"一个合适的人来指导和控制从接到订单到图书发货的业务全流程,以及其他辅助性活动"[28]。卡罗尔也拿出了一份计划,与大学的审计师来共同分析出版社的运营。[29]

新面孔

1971 年 7 月 1 日,德里克·柯蒂斯·博克接替内森·普西担任哈佛大学校长,他是从法学院院长的职位上被提任的。在就任之前,他就通过即将卸任的加德·威金斯了解到了出版社的大额亏损。在繁忙的过渡期内,博克和卡罗尔都没有接触对方讨论出版社亏损的成因或其他任何事情。新校长把这件事交给了出版社董事会,尤其是他的新任行政副校长斯蒂芬·S.J.豪尔。

斯蒂芬·豪尔自动接替威金斯成为出版社董事长。1971 年加入的另一位新董事是利特尔-布朗出版社的司库乔治·豪尔。他是第一位非哈佛董事,是在卡罗尔的建议下被聘任的。

将出版社交由行政副校长来分管的主意并不是博克想出来的,这种安排在柯南特治下就开始了。但是,截至 1971 年,美国的大学出版事业已经几乎有一个世纪的历史了,拒绝任何看起来会将出版社的教育使命降级的举措是其一直以来的传统。几年前,美国大学出版社协会出版的一本手册就有这样的表述:"长期的经验表明,出版社宜由校长分管,由其他人分管都会出现问题。其他校领导不可能既拥有统摄大学功能的宽广视野,又拥有出版社所需要的权威。把表面上像商业机构的出版社交到大学行政官员的手上,是最容易犯的错误,事实也证明是最具破坏性的。"[30]

加盟哈佛大学之前,斯蒂芬·豪尔在希尔顿公司和国际电话电报公司被提拔得很快。像他的前任爱德华·雷诺兹和加德·威金斯一样,他在哈佛分管非教育类机构,也就是食堂、建筑与操场、保险与不动产、教师俱乐部、采购、警务、人事、规划和印刷所,以及出版社。豪尔对这些机构确立了较以前更严格、更中心化的管理控制。每个机构都要提出一个五年管理计划,包括第一年的预算以及月度预测,然后每月提交一份两页纸的进度报告。这些机构的负责人要对自己的绩效负责,每周要见一次豪尔讨论工作。卡罗尔只去过几次,后来就让大卫·霍恩代表出版社去,再后来是让布莱恩·墨菲作为代表。

豪尔使这个系统运转良好,只有一个例外,就是卡罗尔并不想成为这个团队的成员,而且不合作。[31]豪尔跟我说过:"在所有机构中,只有出版社我什么都不知道。我也没有出版过书。出版社归到这个团队不合适。这一点,马克知道,我也知道。这种关系很别扭,但是我们得去解决。"豪尔说,卡罗尔提交的管理计划报告都不能用。对豪尔来说,似乎卡罗尔"把自己看作新校长任期内学术自由和哈佛社自由的标准承担者"。豪尔否认他有教卡罗尔如何运营图书出版业务的想法,但是说他确实告诉过卡罗尔,只有大学的决策者们认为出版社的管理者知道出版社在做什么,出版社才能有自由。如果"目标"是亏损 50 万美元,这是一回事,"但是别跟我们说,你要去赚钱了,却又出现那么大的亏损,让我们感到意外。我们不得不关注整个运营,找出亏损的原因,填补上漏洞"。豪尔说,董事会无法让卡罗尔拿出数据分析原因。"马克确实遇到了一些实际问题。他在计算中心问题上左右为难。我们得知后,就提供了帮助。"关于亏损问题,"他要做的只是进来跟我说:'你知道,斯蒂夫,如果我们能够成立一个小型的委员会……'——我们就会站起来庆祝"。豪尔总结道:"在任何公司,马克如果是这种态度,都干不了三个星期。但是董事会非常希望看到马克能够成功,所以这种状况持续了六个月。"

从卡罗尔的观点来看,豪尔的办法和要求对学术出版既不适用,也不奏效。他认为出版人的作用是保护和发展文化,投入的精力和才能无法完全转化成重复性流程。这种运作不能被一般的成本会计所接受,因为某次投资的结果是不能确定地预测的,"知识的维度无法转换成财务报表中的一行"[32]。他觉得豪尔的总体办法是把书稿分成成功的和失败的两类,这种办法以及月度预算的要求是不可能实现的。确实,他不想成为豪尔团队的一员,因为他不仅对豪尔的管理理念缺乏认同,而且认为出版社应该直接向校长汇报。他把自己看作标准的承担者,不仅保卫出版社的自治,还代表了整个学术出版业,这也是事实。

还有个人因素。哈佛大学里的一些旁观者一直认为,豪尔和卡罗尔表现笨拙、自以为是、不肯让步,两个个人之间的争夺是整个事件的真正原因。无论如何,豪尔和卡罗尔从一开始就互相敌视。

在1971年10月1日的董事会上,董事长豪尔报告说,博克校长要求提交一份符合实际的预算,不要再让人意外。其他董事也表达了同样的愿望。也是在这次董事会上,经豪尔同意,卡罗尔建议聘用布莱恩·墨菲担任运营经理。董事会批准了。

墨菲是一个纽约人,当时在哈珀和罗出版社担任负责运营的助理副总裁。卡罗尔是通过猎头公司找到他的。墨菲有着25年的出版经验,先后在三家出版社供职。1946—1964年,他在哈考特-布雷斯出版社工作,做到了运营经理;1964—1967年,他在麦格劳-希尔出版社工作,

图 43 布莱恩·墨菲,1971 年 10 月马克·卡罗尔聘他担任运营经理。这张照片拍摄于 1985 年,他当时任运营副社长。他身后是"洛布古典丛书"

做过负责系统的总经理。在哈珀和罗工作四年后,他于 1971 年加盟了哈佛大学出版社,董事会几乎立刻就开始要求他调研现状、做出预测并提出建议。(后来,在亚瑟·J.罗森塔尔任社长期间,墨菲成为运营副社长。)

卡罗尔一心想跟哈佛计算中心决裂,到 1971 年秋季终于找到了一个更容易接受的办法。商业公司因派克斯已经在处理哈佛平装书项目了。现在,研究出版社运营的审计师建议将出版社的所有图书交由因派克斯公司负责,预计每年可以节省 20 万美元以上。墨菲调查了该公司并支持这种转换。出版社不仅可以利用这家公司的计算机,而且可以利用该公司在劳伦斯的仓库。换句话说,由因派克斯公司接手大部分图书的发货、开票、登记工作,出版社可以撤掉发货部,处理掉仓库(墨菲认为哈佛的仓库非常低效)。副校长豪尔和其他董事都批准了这一举措。[33]

由此,墨菲的第一项重要工作就是指导出版社订单处理的移交工作,以及 100 万册图书的搬迁工作(搬到原仓库以北约 25 英里处)。该工作始于 1971 年 12 月,遇到了各种拖延(因为发货部被要求把自己"裁撤"),并持续到卡罗尔离任之后。哈佛大学花 31.7 万美元买下了出版社的仓库,这笔款项被存入了储备金,后来用于建造新的仓库。出版社与因派克斯公司的协议持续到 1976 年,确有改善,但从未完全令人满意。

卡罗尔最后几个月的财务压力还催生了其他几件事。

1972 年 1 月,出版社在纪念堂进行了削价售书活动。这吸引了大批热切的读者,收入超过 5 万美元。

同月,自 25 年前董事会诞生以来从未考虑过财务问题的理事会也正式施以援手,投入削减开支的努力。1971 年 11 月,出版社召开了一次相当悲观的董事、理事联席会议(出版社部分员工也参会了,他们被斯蒂芬·豪尔和其他人关于出版社现状的发言震惊了),会上讨论了理事会可能扮演的角色。1972 年 1 月,应董事会的请求,理事会接受书稿时开始评估其学术价值是"卓越的"还是"可接受的"。对于"卓越的"书稿,出版社必须出版;对仅仅"可接受的"书稿,如果管理团队认为会带来亏损,就不一定出版了。[34](实际上,哈佛将这两类书稿都出版了。)

爆 发

当所有这些都在 1971—1972 年之间的冬天推进之时,卡罗尔在哈佛大学管理层心中的个人地位并没有改善。

斯蒂芬·豪尔告知出版社董事会,必须替换卡罗尔。董事会中的教授们让豪尔徐图之,他们想自己来调研。1月,博克和卡罗尔见了面。那是他们第一次真正的谈话,两个人都对之感到不满意。显然,校长还是困惑于大额的亏损,而更让他困惑的是,他从出版社社长那里得不到什么解释和评论。同时,董事们在非正式地征求理事们和其他人的意见,不过没有透露卡罗尔面临失去工作的处境。最后,除了斯蒂芬·豪尔之外的董事们在商学院一个隐秘的餐厅开会,一致决定出版社需要管理上的变革。这个结论也告知了豪尔和博克,博克也认为行动是必要的。他认为应该在其他任何人不在场的情况下,自己把此事告知卡罗尔。见面定在2月18日,星期五。

事后看来,哈佛大学决定换掉马克·卡罗尔有三个重要的考量:(1)大额的、持续的亏损;(2)卡罗尔没有预料到这些问题;(3)他们认为卡罗尔不太主动,起码不是一个有团队精神的人,不足以与学校管理层合作以扭转出版社的局面。

这个事件的公布处理得很糟糕。双方都不确定应该由谁、何时、以何种方式来发布消息。一周过去了,没有形成任何文字,其间充斥着纷扰和混乱。哈佛大学从未在公开声明中清楚解释在这一事件上的立场,出版社董事会的作用也没有公开提到。公众只知道卡罗尔被突然解雇了,哈佛内外的许多人都认为解雇很"残酷",认为学术出版事业成了受害者,哈佛大学出版社要被当作连锁酒店来运营了。

讽刺的是,这种残酷的印象是被不想残酷的初衷加深了。显然,博克不想让这一事件看起来像是在解雇人。同样显然的是,不论当时还是以后,他都不想公开批评卡罗尔。当博克让卡罗尔辞职时,卡罗尔不想有任何掩饰,但是校长似乎没有及时领会到这一点。卡罗尔请求允许他自己来写声明,博克同意了。接下来的一周,卡罗尔去了费城,这是早已计划好的假期,他没有告诉出版社任何人发生了什么。在那一周里,他用电话向校长办公室传送了一则简短的声明,称他被免职(terminate)了。博克显然对其用词很吃惊,但是也没发现什么特别不准确的。2月24日,斯蒂芬·豪尔来到出版社,在一个紧急召集的会议上宣读了卡罗尔的声明。第二天,卡罗尔在全体员工中传阅了签署于 2 月 25 日的声明,只有很小的改动。

声明中说:"一周之前,博克校长在他的办公室通知我,他希望我不再担任出版社社长,我的职责将被立即免去。在选出继任者之前,他任命大卫·霍恩担任代理社长,同时希望布莱恩·墨菲负责所有业务事宜。"

2 月 25 日,哈佛大学在《哈佛公报》上发布了通告,既没有提到解雇,也没有提到辞职。只是说霍恩已成为代理社长,取代了卡罗尔,而墨菲将继续管理业务事宜。通告还引用斯蒂芬·豪尔的话说:"像国内大多数大学出版社一样,哈佛大学出版社正在经历困难。出版社的基本方向会像过去一样保持不变,即致力于出版学术图书。但是我们必须将亏损最小化以确保品质。"

各日报则以《哈佛解雇学校出版社社长马克·卡罗尔》《博克解雇大学出版社负责人》等为题,做了不完整的、模糊的报道。校长开始收到表达吃惊、失望和愤怒的来信。卡罗尔本人则至少收到 90 封信,大多数都是表达义愤的。[35] 由于没有被征求关于解雇的意见,也没有在声明发布前被告知,几位理事到博克家里见了踝伤未愈的博克。解雇事件成为哈佛社区的热点话题,一些人甚至猜测出版社快要破产了。由于关于事实的信息的缺乏,不少人视斯蒂芬·豪尔为卡罗尔的厄运的象征,认为出版社被只会赚钱的人接管了。

"亚当斯档案"的主编莱曼·巴特菲尔德在"震惊与悲痛"中写道,这一举动肯定会使哈佛大学受伤,也可能会给出版社带来灾难,全国学术界都认为是粗暴不公的。沃尔特·穆尔·怀特希尔告诉博克:"马克·卡罗尔被突然解雇又无解释,看起来更像是军事独裁政权的作为,而不是哈佛大学的精神。""约翰·哈佛文库"的前主编霍华德·芒福德·琼斯曾做过马龙、威尔逊和卡罗尔三任社长的亲密同事,他跟校长说:"我在这里待了 36 年,从没见过如此粗野、残酷、不正当的做法。"琼斯在写给出版社的一封信中要求取消他正在写的一本书的出版合同,但是大卫·霍恩和莫德·威尔科克斯申辩得力,最终哈佛社也出版了这本书——《革命与浪漫主义》。[36]

出版社员工不相信要破产的流言,他们继续努力工作,出版图书;然而他们中间也有很多混乱和怨言,实际上士气极为低落,所以博克认为有必要在斯蒂芬·豪尔不在场的情况下,与大约15位骨干员工见个面。他们相当尖锐地质疑了校长。博克说,他的管理团队不认为出版社是一个纯粹的商业机构,多年来出版社在大学教学和研究功能中发挥了引领性的作用,他决心支持出版社,而管理上的问题正在解决的过程之中。[37]大概他跟理事会也是这么说的,但是没有发布公开声明。

美国大学出版社协会视哈佛巨变为所有人面临的危险的前奏。佛罗里达大学出版社社长、协会主席威廉·B.哈维致信博克说,解雇卡罗尔看起来是不妥的举措,无论是哈佛大学还是学术出版都因之蒙羞。普林斯顿大学出版社社长、协会候任主席小赫伯特·S.贝利致信博克说,这个新闻令他"目瞪口呆"。贝利说,他知道哈佛大学出版社前一年遭遇了严重的财务亏损,"几乎所有大学出版社都是如此,包括普林斯顿",但是他觉得哈佛大学出版社已经采取了必要的措施来扭转局面,而且正在恢复之中。[38]

在协会内部,关于如何应对解雇卡罗尔事件引起了一场争论。一些社长强烈要求协会管理层面见德里克·博克,要求得到全面的解释。另一些社长则认为这没什么用,也不合适。卡罗尔以致哈维的一封信结束了争论。他在信中说,他认为协会对哈佛大学的调查对哈佛、对他自己、对协会、对成员出版社都没什么好处。他认为任何结果都不会在哈佛大学或其他地方有权威性,转而建议认真检讨并巩固大学出版社在母体大学和出版界的地位。哈维对卡罗尔的政治家风度表达了敬意。[39]

由此,协会在1972年6月主题为"大学出版社的财务危机"的年会上通过了两项决议。一项决议是,鉴于协会认为卡罗尔"被迫辞职显得残酷,当局对学术出版社的理解和举措有误",协会希望向卡罗尔表达敬意和赞赏。另一项决议是,根据卡罗尔的建议,指定一个常设委员会来研究成员出版社与母体大学管理层的行政关系,提出关于大学责任的指导原则"以纾解和免除施加给学术出版的日益严重的威胁"。[40]一年之后，该委员会完成了一个小册子，并被协会采纳，题为《大学及其出版社的相互责任》。大学出版社都相当看重这份文件，每年的协会通讯录上都会重印（后又有修订版）。

协会使用的语言与哈佛大学的杜马·马龙和拉尔夫·巴顿·佩里在三四十年代使用的语言非常相似，提出"大学出版社存在的目的是出版学术著作，因此其意图本质上是学术性的，与母体大学的教育目标高度相关。不能与运动项目、宿舍管理和食堂等附属项目、机构混淆"。因为出版社承担了"母体大学的学术功能"，所以应该获得各种支持——"智力支持、财务支持、服务与空间的支持"，而且应该像图书馆一样"尽可能保护她不受短期的预算波动的影响"。如果出版社的汇报对象是一位行政官员，那么这位官员应该同时拥有学术和财务的权威。

这份声明也把出版社的责任表述了出来。出版社社长的职责之一是"高效管理总体出版运营，运营成本应在预算限度内"。大学出版社的管理"可能会比商业出版企业的管理困难更大"。出版社的管理者应该有出版经验，以应对出版社的特殊问题。要成功地应对这些问题，出版社必须"像商业机构那样"组织起来。[41]

同时，哈佛大学继续向卡罗尔支付薪水，直到 1972 年 7 月他被任命为位于华盛顿的国家公园管理局的专业出版物负责人。1978 年，他成为一个新的组织——学术出版协会的创会主席（该协会既包括商业出版社，也包括学术性出版社）。

1972 年的过渡期

博克校长指定了一个委员会来遴选出版社的下一任领导人。这是哈佛大学历史上第二次为遴选出版社社长指定专门的委员会。第一次选到了托马斯·威尔逊。博克指定了五个人——两位董事、两位理事和一位调查委员会的成员。这也给了他一个机会来表现对理事会重要性的认可，因为没有让他们参与对马克·卡罗尔的评议。

理事詹姆斯·Q.威尔逊是政府学教授和出版社作者,他进入了遴选委员会并成为其主席。在过渡期内,威尔逊还代理理事会主席,除了主持评估书稿的月度会议,还有其他作用。他成为理事会与遴选委员会的桥梁,也是消除哈佛社区对出版社的疑虑和担忧的有效力量。

在遴选委员会运作过程中,大卫·霍恩和奥斯卡·汉德林先后担任出版社的代理社长。

1972年2月24日,即斯蒂芬·豪尔在出版社宣布卡罗尔离任的那一天,副社长霍恩得到提任。一个月后,霍恩也宣布辞职,他将任新英格兰大学出版社社长。新英格兰大学出版社是新英格兰地区几家大学

图44 奥斯卡·汉德林,历史学家、出版社作者,积极服务于出版社

的联合出版社,在达特茅斯学院办公。[42] 在哈佛大学出版社工作了大约六年半之后,他于 5 月 15 日离任。在短暂担任代理社长期间,他与布莱恩·墨菲实际上是出版社的联合经理,墨菲负责管控财务以及全部业务运营。

历史学家奥斯卡·汉德林登场了,他与哈佛大学出版社的缘分也进入了新阶段。这段缘分始于 31 年前他在哈佛出版《波士顿移民》一书时。除了霍恩之外就没有副社长了,而遴选委员会则刚刚组建,出版社受到冲击之后仍然摇摇晃晃,希望动用其所有能够得到的稳定剂和声望。有人建议说:"为什么不选择一位大教授?"博克校长就找到了汉德林。

从 1972 年 5 月中旬到 10 月初,汉德林兼任代理社长。莫德·威尔科克斯在出版社遇到任何困难时都是坚定的支持者,被提名为代理执行编辑,在汉德林之下负责全部编辑运行工作。由此,在工作了 15 年之后,她取代大卫·霍恩获得了最高的编辑职位。她也担任理事会秘书。同时,她继续承担人文编辑的职责。

1972 年夏季,出版社快要 60 岁了,也进入了一个新的未知阶段。6 月 30 日标志着旧制度的彻底逝去。那一天,格蕾丝·A.布里格斯在服务 35 年之后退休了,谁都不记得她是从多早就开始处理版权和许可事务了,除了助理业务经理一职,她还担任过其他职务。同一天,担任了 24 年科学编辑的约瑟夫·埃尔德也退休了。此前,1967 年,沃伦·史密斯在服务了 43 年之后退休了;1970 年,埃莉诺·多布森·丘尔在服务了 34 年之后也退休了。1973 年,销售经理洛林·林肯将在服务 28 年之后到达退休年龄。这五位员工在出版社还很弱小、不成熟的时候就加入了,他们的服务时间加起来超过了一个半世纪,帮助出版社在其或好或坏的中年时期保证了水准。

新制度很快就开始成型了。遴选委员会找到了一位令博克校长满意的社长——一位成功的纽约出版人,长于为科学家和学者出版图书,他将自己的出版社出售了,正要开始新的事业。他就是 53 岁的亚瑟·J.罗森塔尔——基础图书出版社的创办人。

图45　1972年就任社长的亚瑟·J.罗森塔尔(左)与任命他的博克校长在一起,这是他们1981年5月在罗森塔尔获得(由美国出版商协会颁发的)"柯蒂斯·本杰明出版创新奖"的庆祝会上

　　罗森塔尔是由雅典娜神殿出版社的西蒙·迈克尔·贝西推荐的,后者是调查委员会的新任主席和遴选委员会的成员。罗森塔尔的任命是1972年8月底宣布的,10月1日他就到任了。

　　由此,卡罗尔时期结束,罗森塔尔时期开始。但是哈佛大学与卡罗尔的摊牌以及他拒绝忍气吞声引起的哗然并没有很快被遗忘。除了卡罗尔个人的痛苦和不幸以及哈佛大学声誉的受损,这一事件还有一些其他形式的影响。

　　上文已经描述了这一事件对于大学出版界的影响。美国大学出版社协会在其关于双方职责的声明中将大学出版社的双重性质写了下来,即大学出版社有"学术功能",同时必须"像商业机构一样"来组织和运行。

　　哈佛大学也深化了对哈佛大学出版社以及使其双重性质相统一的重要性的认识。过去,特别是在外部条件出现问题时,教育使命与对有效的业务管理的需求似乎一次又一次发生冲突。对于大学出版社的性质达成更巩固的共识可能会避免一些问题。

自从第一台印刷机抵达北美以来的几个世纪里,哈佛大学的图书出版事业转换了多种形式,即使在1913年之后,核心的出版部门的成熟也是一个缓慢而曲折的历程。艾略特校长创立了印刷所和出版办公室,而且如果有财力也会创立在组织上更为完整的大学出版社。洛威尔校长盼望创立大学出版社,但他是带着疑虑创立的,因为他担心出版社无法自立——他的担心也成了现实。柯南特校长试图抛弃哈佛大学出版社,因为他认为大学不应该涉足"商业"。但是他失败了,哈佛大学在他的任期的后半程第一次认识到需要给予足够的营运资金,从而壮大了出版社。普西校长直到任期即将结束的时候才有出版社财务之忧。博克校长接过了危机,也正是在此危机中,哈佛大学获得了更多的学术出版经验。他在1972年跟新社长说,他需要的是一个最卓越的学术出版社,同时也必须是一个非常专业化的出版社,这两大目标没有理由彼此冲突。

1972年事件的(迟到的)后果之一是,哈佛大学管理层终于被说服出版社不应该和建筑与操场、警务及印刷所等服务机构归为一类,由行政副校长分管。当时没什么改变,现在看来推迟改变的原因是管理层认为立即改变对于斯蒂芬·豪尔副校长来说是不公平的。那可能会被看成是对他的指责,而管理层并不希望对他个人有所责难。所以,改变在1976年豪尔离开哈佛大学之后才发生,出版社直属校长管辖了。汉德林教授取代豪尔成为董事长,而董事会也迎来了一位新成员——德里克·博克。

注释:

1 "亚当斯档案"主编 L. H. 巴特菲尔德致德里克·C. 博克,1972年2月27日(副本存于巴特菲尔德文件)。

2 德里克·C. 博克致巴特菲尔德,手写信,无日期,但很可能是1972年2月28日或29日(存于巴特菲尔德文件)。

3 这163种不包括仅收佣金而为哈佛院系发行的21种图书,这些书不需要理事会批准。本章描述的平装本项目图书也包括在年度出版总品种内(因为它们更像新版书而非重印书),除了仅有的几种同时发行精装版和平装版的图书(这些书只计一次)。

4　罗尔斯凭借《正义论》获得了优等生荣誉协会(Phi Beta Kappa)的拉尔夫·瓦尔多·爱默生奖和哈佛社的潘恩奖,并与 I. 伯纳德·科恩(《牛顿〈原理〉导论》的作者)分享了哈佛社的教师著作奖。卡罗尔时期出版的图书所获奖项还有:海伦·文德勒的《延长的翅膀:华莱士·史蒂文斯的长诗》获得现代语言协会的洛威尔奖,瓦尔特·杰克逊·贝特的《过去的负担与英国诗人》获得优等生荣誉协会的克里斯蒂安·高斯奖,卡尔·伍德林的《英国浪漫诗中的政治》一年后也获得该奖。

5　董事会纪要,1970 年 11 月 20 日。另见纪要,1970 年 5 月 18 日、1971 年 1 月 25 日。

6　马克·卡罗尔 1973 年 10 月 24 日、1982 年 5 月 7 日接受的采访。

7　D. H. 霍恩 1982 年 9 月 21 日接受的采访。

8　马克·卡罗尔致各部门,1967 年 10 月 23 日;娜宁·K.哈钦森 1982 年 9 月 22 日接受的采访。

9　如娜宁·K.哈钦森致笔者,1982 年 9 月 28 日。

10　《给哈佛社社长和员工的报告》,由比尔·艾伦、阿兰·福尔若、丹尼斯·加拉赫和帕特里克·麦克沃伊提交,1970 年 3 月 31 日。

11　包括笔者在内的编辑部的一些人对该调研得出哈佛社缺乏目标感的结论很吃惊,甚至表示蔑视,因为我们从没有怀疑过哈佛社的目标是出版学术好书。当然,我们应该高效地出版好书。

12　董事会纪要,1968 年 10 月 14 日;另见马克·卡罗尔致董事会,1968 年 5 月 17 日。所有关于实际销售、利润和亏损的数字都来源于哈佛社的记录(由运营副社长布莱恩·墨菲和总会计师凯瑟琳·塞拉提供)。

13　董事会纪要,1969 年 3 月 31 日。

14　同上,1970 年 3 月 2 日、5 月 18 日。

15 同上,1971 年 5 月 7 日。

16 威廉·本廷克-史密斯 1973 年 11 月 13 日接受的采访。

17 1971—1972 年的第一份预算见于董事会纪要,1971 年 3 月 14 日。这份预算与 1969—1970 年的预算一样,预期销售额差了 50 多万美元,但是方向是相反的。这份预算预计销售额略多于 300 万美元,然而实际上达到 366 万美元。但是低估的支出比低估的销售额还多,因此实际亏损为 34.99 万美元。卡罗尔将预期支出从 3172825 美元减少到 3035100 美元以实现预算的平衡。实际支出达到 400 万美元以上。

18 1967 年 6 月 30 日的累计利润为 31.2 万美元。哈佛社花了其中的 130647 美元用于将发货室搬到库房,以及为增加了的业务员工改造基特里奇馆,此外提供了 18500 美元的教育和房屋贷款给两位社领导。1969—1970 年的亏损花光了余额。

19 新老图书的定价都提高了。比较 1967 年和 1972 年的年度书目可以发现,已出版图书的价格几乎全面提高了——涨幅达 16% 以上。从 1967—1968 财年开始的四个财年,在总额中占据绝大部分比例的出版社拥有版权的图书的销售几乎没有增长。

20 统计局数据显示,高等教育机构从联邦政府获得的收入从 1968 年的 33 亿美元下降到 1969 年的 25 亿美元。美国商务部统计局《美国历史统计:从殖民时期到 1970 年(第一部分)》(华盛顿特区:政府印刷办公室,1975),页 384。

21 《哈佛深红》,1972 年 2 月 26 日。

22 莱布兰德、罗斯兄弟与蒙哥马利事务所《关于哈佛社的评论备忘录(结束于 1971 年 6 月 30 日的财年)》,页 6。

23 1972 年 7 月 11 日,在乔治·豪尔的动议下,董事会决定改变以注销为目的的计算库存成本的政策。哈佛社不再于六年后一次性注销图书全部成本,而是开始根据三种成本类型采取不同的时间表在六年间逐年注销。

24 董事会纪要,1968 年 3 月 25 日、10 月 14 日,另散见于 1969 年纪要。

25　哈佛商学院的约翰·毕肖普(在 1982 年 11 月 19 日的采访中)帮助笔者理解了哈佛社与计算中心之间的合作的失败。在 1969 年 6 月开始的一年半左右的时间里,毕肖普担任哈佛大学信息技术办公室主任,计算中心向他汇报。

26　理事会纪要,1971 年 5 月 10 日。

27　娜宁·K.哈钦森致哈佛社各部门,1971 年 5 月 21 日。

28　董事会纪要,1971 年 3 月 29 日。

29　同上,1971 年 5 月 24 日;马克·卡罗尔致全社员工,1971 年 6 月 2 日。

30　吉恩·R.霍斯《推动知识进步:美国大学出版手册》(纽约:美国大学出版社服务社,1967),页 55。

31　斯蒂芬·S.J.豪尔 1982 年 10 月 1 日接受的采访。

32　马克·卡罗尔在波士顿印刷协会的发言,1972 年 3 月 1 日,载于克里斯托弗·里德《哈佛社的问题》,《哈佛校友会刊》(1972 年 4 月),页 28。

33　董事会纪要,1971 年 10 月 1 日、10 月 28 日。

34　理事会纪要,1972 年 1 月 10 日。关于 1971 年 11 月 11 日的联席会议,参见:大卫·霍恩致员工,1971 年 12 月 1 日;董事会纪要,1971 年 12 月 1 日。

35　在马克·卡罗尔文件中,笔者阅读了 91 封他收到的信。笔者不清楚博克收到了多少封,但是笔者在卡罗尔文件中看到的复印件以及被提及的信共有 18 封,另外还有现已去世的巴特菲尔德和霍华德·芒福德·琼斯的信的复印件。文件中还包括博克的一些回信。这两个报道分别见于《波士顿环球报》(1972 年 2 月 25 日)和《哈佛深红》(2 月 26 日)。

36　致博克信的日期如下:巴特菲尔德,1972 年 2 月 27 日;怀特希尔,2 月 26 日;琼斯,2 月 25 日。关于《革命与浪漫主义》,参见:琼斯致大卫·霍恩,1972 年 4 月 3 日;霍恩致琼斯,4 月 7 日;莫德·威尔科克斯致琼斯,4 月 7 日(皆存于琼斯文件)。

37　大卫·霍恩,致全社员工的备忘录,1972 年 3 月 24 日。会议时间为 3 月 22 日。

38　哈维和贝利的信写于 1972 年 2 月 28 日。

39　所有这些信或其复印件皆存于卡罗尔文件。卡罗尔的信写于 1972 年 3 月 30 日。

40　引自美国大学出版社协会两项决议的正式版,1972 年 6 月 24 日通过。另见:《纽约时报》报道《大学出版社竭力克服财务危机》,1972 年 6 月 26 日;《出版商周刊》报道《美国大学出版社协会:应对危机》,1972 年 7 月 24 日,页 44—45。

41　引自《大学及其出版社的相互责任》,美国大学出版社协会的小册子,1983 年 1 月。

42　大卫·霍恩致全社员工,1972 年 3 月 27 日;哈佛新闻通稿,1972 年 3 月 28 日。

资料来源与致谢

在此，我谨向那些让我查阅档案的人、接受采访的人以及审阅书稿并帮助我改进的人表示感谢。

哈佛大学出版社自己的档案是不可或缺的。亚瑟·J.罗森塔尔领导下的出版社向我开放了理事会和董事会的纪要、合同文件、书稿记录、财务报表以及我想查阅的任何其他文件。每个人都很配合。我要特别向这些人致敬，他们是苏珊·梅茨格、莫德·威尔科克斯、布莱恩·墨菲、凯瑟琳·塞拉、琼·奥唐纳，还有格蕾丝·布里格斯——当我1973年开始这项研究时，她刚退休，但还是回到出版社拿出来很多文件和照片，否则我很可能找不到。

第一手材料的另一个基本来源是哈利·霍尔登领导下的哈佛大学档案馆。在那里，我发现了出版社早期的一些文件（它们已沉睡多年）以及大学的各种记录里的大量有关信息。包括哈佛大学理事会记录、校长的年度报告（每一份都包括出版社社长的年报）、司库的报表、书目、人事记录、教师会议纪要、出版社调查委员会的报告、校友毕业周年的报告，以及最重要的，校长关于出版社及其前身的通信。艾略特和洛威尔档案是对所有真正的学者开放的。柯南特和普西档案不开放查阅，所以我无法任意漫游于其中。但是它们对于理解哈佛出版太有必要了,所以大学理事会秘书罗伯特·申顿和曾任普西校长助理的威廉·本廷克-史密斯花费了大量时间,把其中与出版社有关的内容都告诉了我。如果没有这种合作,这本书就揭示不出那么多事情。

同样,我非常感谢唐纳德·斯科特的遗孀——已故的露易丝·斯科特。1912年她做哈佛商学院首任院长的助理时第一次见到斯科特。1973年她把斯科特关于出版社和商学院的个人文件交给了我,让我最终将其入藏商学院档案。我如约做了。斯科特夫人交给我的材料,现在名为"唐纳德·斯科特档案",其中包括的关于出版社的创立和托马斯·J.威尔逊的后半个任期的事实,别处是找不到的。

保罗·J.萨克斯档案收藏在福格艺术博物馆,也是非常重要的资料来源,讲述了出版社1942—1943年困境的内幕。这些萨克斯文件的发现是我研究的顶点之一,我征得博物馆的允许,引用了很多内容。

在北卡罗来纳的格林斯博罗,也发现了一批不多的收藏,即大卫·波廷杰写的信。他的女儿安·波廷杰·萨博是一位历史学家,也是哈佛大学出版社的作者,她在他的文件中发现了这些信件并分享给了我。

波廷杰和沃伦·史密斯在45年间先后担任出版社的二把手。很遗憾我没有机会采访波廷杰,他在我开始本项目之前很久就去世了。史密斯1924年就加入了出版社,直到1967年从副社长兼业务经理任上退休,他对我的帮助之多是难以尽述的。他将回忆录交给了我,而且我刚写完初稿时,他就审读了全部章节,还写下详细的备忘录。

本廷克-史密斯是哈佛史的权威,他于1940年代在出版社工作过一段时间。他审读了全部书稿,不但着眼于准确性,而且关注写作的有效性。出版社之外审读全部书稿并做出评论的还有奥斯卡·汉德林、罗洛·希尔弗、爱德华·梅森、马克·卡罗尔、贝茜·扎班·琼斯和罗伯特·申顿。新泽西州普林斯顿的小达图斯·C.史密斯是一位资深的学术出版家,出版社邀请他审读书稿,他主动说不介意我知道他的名字。我按照他的大部分意见做了修改，果然本书大为改观。对特定事件或时期熟悉的其他一些人也应我的请求审阅了部分书稿。

本书的"口述史"部分则涉及更多人。我采访过的一些人也是审读人，上文已经提到过，但是我想在下面几段里再一次指出他们的名字。

两位现在仍在出版社工作的员工大大丰富了我的理解——他们都接受了一系列的访谈。他们是从 1957 年起就在出版社工作的莫德·威尔科克斯，以及向我介绍了 1970 年代早期财务问题的布莱恩·墨菲。安·露易丝·麦克劳林的回忆也很有帮助。

至于出版社之前的员工，除了沃伦·史密斯和格蕾丝·布里格斯之外，还有杜马·马龙，他在弗吉尼亚州的夏洛茨维尔接受了两次采访，还写了好几封信回复我的问询。此外，还包括威廉·本廷克-史密斯、马克·卡罗尔、大卫·霍恩、洛林·林肯、马克·萨克斯顿、伯顿·琼斯、埃莉诺·丘尔、大卫·福特、克里斯托弗·里德、娜宁·哈钦森、劳伦斯·贝尔登、克里斯托弗·伯恩斯、贺瑞斯·阿诺德、贝茜·扎班·琼斯、玛丽·康兰和菲比·威尔逊。

除了出版社的员工，我还与下面这些人进行了交谈（有些人现在已经去世了）：霍华德·芒福德·琼斯、詹姆斯·布莱恩特·柯南特、德里克·博克、奥斯卡·汉德林、斯蒂芬·豪尔、大卫·贝利、爱德华·梅森、马克·弗里德兰德、凯斯·梅特卡夫、恩斯特·迈尔、伯特兰·福克斯、阿奇博尔德·考克斯、詹姆斯·麦克法兰、约翰·毕肖普、大卫·麦科德、菲利普·霍夫、鲁道夫·鲁奇卡、多萝茜·艾比和莱曼·巴特菲尔德。我还与其他一些人通了信，包括奥斯卡·肖、多萝茜·格林沃尔德和约瑟夫·埃尔德。

除了所有档案和访谈，另一个"来源"也应该提到，那就是我自己 1960—1973 年在哈佛大学出版社担任编辑的经历。

我要把最热烈的感谢送给我的女儿朱迪斯·A. 豪尔，她也是一位作家，在本项目的关键点上提供了慷慨而耗时的编辑上的帮助。

　　哈佛大学档案馆提供了图 1—5、7、17、27、31。哈佛大学出版社从档案中找出了社长和其他人物的照片,还拍摄了图书的照片,如图 12、15。哈佛大学新闻办公室拍摄了图 25、34—36、43 的照片。图 8 由乔治·L.哈丁提供,图 9、11 由多萝茜·艾比提供,图 18 由安·波廷杰·萨博提供。

主要译名对照表

英文	汉译
Harvard Corporation	哈佛大学理事会
Board of Overseers	哈佛大学监事会
Board of Directors	出版社董事会
Board of Syndics	出版社理事会
Visiting Committee	出版社调查委员会
Search Committee	社长遴选委员会
Chairman，Board of Directors	董事长
Chairman，Board of Syndics	理事会主席
Director	社长
Acting Director	代理社长
Executive Vice-President	常务副社长
Associate Director	副社长
Assistant Director	助理社长
Assistant to the Director	社长助理
Editor-in-Chief	总编辑

Executive Editor	执行编辑
Managing Editor	主任编辑
Acquisitions Editor	组稿编辑
Manuscript Editor	书稿编辑
Copy Editor	文字编辑
Specialist Editor	专业编辑
Science Editor	科学编辑
Social Science Editor	社会科学编辑
Humanities Editor	人文编辑
Editor for Behavioral Sciences	行为科学编辑
Biomedical Editor	生物医学编辑
Operation Manager	运营经理
Business Manager	业务经理
Production Manager	生产经理
Promotion Manager	推广经理
Sales Manager	销售经理
Charles Chester Lane	查尔斯·切斯特·莱恩
Harold Murdock	哈罗德·默多克
Dumas Malone	杜马·马龙
Roger Livingston Scaife	罗杰·利文斯顿·斯凯夫
Thomas James Wilson	托马斯·詹姆斯·威尔逊
Mark Sullivan Carroll	马克·苏立文·卡罗尔
Arthur J. Rosenthal	亚瑟·J.罗森塔尔
Alfred A. Knopf	阿尔弗雷德·A.克瑙夫出版社
Anchor Books	铁锚图书
Atheneum Publishers	雅典娜神殿出版社
Atlantic Monthly Press	大西洋月刊出版社
Bantam	矮脚鸡出版社

Basic Books	基础图书出版社
Belknap Press	贝尔纳普出版社
Bird & Bull Press	伯德和布尔出版社
Blakiston Company	布莱基斯顿出版社
Century Company	世纪出版社
Clarendon Press	克拉伦登出版社
Colonial Press	殖民出版社
Cosmos Press	宇宙出版社
D. Appleton & Company	D. 阿普尔顿出版社
D. C. Heath	D. C. 希斯出版社
Doubleday Anchor Books	双日·铁锚图书
Doubleday，Page	双日和佩奇出版社
Dover Publications	多佛出版社
F. S. Crofts & Company	F. S. 克罗夫茨出版社
G. P. Putnam's Sons	普特南出版社
George Grady Press	乔治·格雷迪出版社
Ginn & Company	吉恩出版社
Gregg Publishing	格雷格出版社
Harcourt，Brace & Company	哈考特-布雷斯出版社
Harcourt，Brace & World	哈考特-布雷斯和世界出版社
Harper & Row	哈珀和罗出版社
Henry Holt & Company	亨利·霍尔特出版社
Houghton Mifflin	霍顿-米弗林出版社
J. B. Lippincott Company	J. B. 利平科特出版社
Little，Brown & Company	利特尔-布朗出版社
Longmans，Green，& Co.	朗文-格林出版社
Macmillan	麦克米伦出版社
McGraw-Hill	麦格劳-希尔出版社
Mentor Books	导师图书
Meridian Books	子午线图书
Merrymount Press	梅里蒙特出版社

Neale Watson Academic Publications	尼尔·沃森学术出版社
New American Library	新美国文库
P. F. Collier & Son	科利尔出版社
Pelican Books	鹈鹕图书
Pelican Mentor Books	鹈鹕导师图书
Penguin Books	企鹅出版社
Penguin Books, Incorporated	企鹅图书股份有限公司
Penguin Signet Books	企鹅印章图书
Peter Smith	彼得·史密斯出版社
Pocket Books	口袋书出版社
R. R. Bowker	R. R. 鲍克出版社
Random House	兰登书屋
Reynal & Hitchcock	雷纳尔和希契科克出版社
Riverside Press	河畔出版社
Scribner's	斯克里布纳出版社
Time Inc.	时代公司
Torchbooks	火炬图书
Viking Press	维京出版社
Vintage Books	佳酿图书
W. W. Norton & Company	W. W. 诺顿出版社
Washington Square Press	华盛顿广场出版社
Weathervane Books	风向标图书公司
Weidenfeld & Nicolson	韦登菲尔德和尼科尔森出版社
William Heinemann, Limited	威廉·海涅曼有限公司

译后记

　　我是偶然在网络书店发现本书英文原版的。作为一个大学出版人，我通读此书之后，深感哈佛大学出版社有太多值得我们学习借鉴之处。另外，作者将历任社长、校长和出版社员工刻画得非常生动、如在目前，在写法上也是跌宕起伏、惊心动魄。每一次阅读，我都感到小心脏一会儿随着哈佛大学出版社的成就飞上了天，一会儿又随着他们遇到的波折跌到谷底，仿佛自己也是当事人。

　　研读之余，我曾撰一篇小文《哈佛大学出版的历史经验》，发表在《中国编辑》杂志(2017 年第 2 期)上。不过，这还没有满足我，总想自己动手翻译为中文，分享给更多的同好，所以就先联系到哈佛社，得知中文版权还在。由于浙江大学出版社出版过《老猫学出版》《我在 DK 的出版岁月》等令出版人、读书人爱不释手的好书，我就推荐给了张琛副总编辑，后来她又与许钧教授一起策划了"中华译学馆·出版史系列"，本书成为其第一种。

　　本书最大的贡献是通过重述哈佛大学出版社的发展历程，分析和宣示了大学出版社的使命和本质，将大学出版社应当如何在母体大学的总体发展中发挥重要作用，以及大学应当如何期待与支持其出版社，都清晰地呈现了出来。本书不仅是一部出版史，还反映了哈佛大学治理过程的方方面面,描绘了 20 世纪美国学术界和高等教育界的风貌。此外,本书还以哈佛出版人的坚守诠释了大学出版人应当拥有广阔的胸怀和视野,系心于学术思想、文化教育,着眼于四方上下、往古来今。

本书提示我们,大学出版社想要发展好,归根结底还是要处理好与大学、学术、商业之间的关系。大学出版在这三重属性的激荡中不断前进,促进了学术界、教育界和文化界的五彩斑斓。这三重属性统一于图书,一家卓越的大学出版社最根本的还是要出好书。只有出好书,出版人才能被记住,出版社才不会速朽;也只有出好书,才能带来真正持久的财务收益。如何在这三重属性之间的矛盾中游刃有余,是对出版人智力、能力、魄力、耐力、鉴赏力的终极考验,因为出好书最终还是要靠有积淀、有创意、有坚守、有个性的出版人。

像几乎所有书一样,这本书可能会被引用(相信本书将会介入当前关于我国大学出版业改革发展路径的讨论),也肯定会被误用,这没什么值得吃惊的,但确需引起警惕,全看谁来用、怎么用。哈佛彼时彼地有效的,其他出版社此时此地未必有效;哈佛无效的,其他出版社也未必就不适用。所以,当有人说哈佛如何如何时,我们必得"批判地"听,如同听到"兄弟在耶鲁的时候"一样。如果做好出版有一个公式,那也就没有出版家了,也不会有知名出版社了,顶多有"出版演算师"或者"人工智能出版社"。

在此,译者要向长期关怀我国大学出版事业发展并欣然为本书中译本赐序的邬书林副署长,慨然决策出版的鲁东明社长、袁亚春总编辑,擘划"中华译学馆"的许钧馆长,大力推荐本书的赵海云副局长、韩建民院长、金鑫荣社长、张玉国副总裁,在工作中多予我们指导和帮助的尊敬的领导和亲爱的同事们,一起切磋翻译的张曜、姜华、劳佳、张治、侯艳等学友,以及做了出色编辑工作的董唯女史,致以衷心的感谢。

至于翻译,我们以"清通可诵"为至高追求,张琛负责引言及第一、二、四章,我负责其余部分,完稿后我们又交替做了认真的校译,字斟句酌、数易其稿,将近两年的业余时间都花在了这本书上,不仅与日常的出版实务相对照,而且成为人生中一段冒险而美妙的旅程,这也正是出版的魅力之所在。特别要交代的是，我们在翻译和编辑策略上也做了一些探索，如部分古雅用词的保留、专名的简称、插图的排布、原文的括注等，留意编校的朋友见到应会会心一笑。尽管如履薄冰，囿于闻知有限，难免存在一些舛误，敬希读者诸君不吝教正。

　　谨以此译本献给我们必将钟爱一生的出版事业。

李广良

2020 年 4 月

图书在版编目(CIP)数据

哈佛出版史 /（美）马克斯·豪尔著;李广良,张琛
译. —杭州:浙江大学出版社,2020.4
ISBN 978-7-308-19664-2

Ⅰ.①哈… Ⅱ.①马… ②李… ③张… Ⅲ.①出版社
—史料—美国 Ⅳ.①G239.712

中国版本图书馆 CIP 数据核字(2019)第 236763 号

浙江省版权局著作权合同登记图字:11-2019-159 号

館學譯華中

哈佛出版史

[美]马克斯·豪尔 著

李广良 张 琛 译

策划编辑	张 琛	
责任编辑	董 唯	
责任校对	黄静芬	
封面设计	春天书装	
出版发行	浙江大学出版社	
	(杭州市天目山路 148 号　邮政编码 310007)	
	(网址:http://www.zjupress.com)	
排　版	浙江时代出版服务有限公司	
印　刷	杭州杭新印务有限公司	
开　本	710mm×1000mm　1/16	
印　张	17.25	
字　数	250 千	
版 印 次	2020 年 4 月第 1 版　2020 年 4 月第 1 次印刷	
书　号	ISBN 978-7-308-19664-2	
定　价	59.00 元	

浙江大学出版社发行中心联系方式　(0571)88925591;http://zjdxcbs.tmall.com